人际沟通与交流
（第5版）

范晓莹　李静玉　主　编
王春艳　刘芳娜　副主编

清华大学出版社
北京

内 容 简 介

本书根据人际沟通交流活动的基本过程和规律,结合实际案例具体介绍:人际沟通的基本原理,语言与非语言沟通,人际沟通的基本原则,克服沟通障碍的技巧,沟通技巧,演讲与谈判技巧,沟通礼仪,求职应聘,跨文化沟通等知识,并通过实训强化应用能力培养。

本书具有知识系统、理论适中、案例经典、注重应用等特点,既可作为高等院校、职业院校公共基础课教材,也可作为工商等各类企业员工在职岗位培训用书,还可为社会广大中小微企业、大学生就业创业者提供有益的学习指导。

本书封面贴有清华大学出版社防伪标签,无标签者不得销售。
版权所有,侵权必究。举报:010-62782989,beiqinquan@tup.tsinghua.edu.cn。

图书在版编目(CIP)数据

人际沟通与交流 / 范晓莹,李静玉主编. --5 版.
北京:清华大学出版社,2024.6. -- ISBN 978-7-302-66611-0
Ⅰ.C912.11
中国国家版本馆 CIP 数据核字第 2024AL3304 号

责任编辑:田在儒
封面设计:何凤霞
责任校对:刘　静
责任印制:丛怀宇

出版发行:清华大学出版社
网　　址:https://www.tup.com.cn,https://www.wqxuetang.com
地　　址:北京清华大学学研大厦 A 座　　邮　编:100084
社 总 机:010-83470000　　邮　购:010-62786544
投稿与读者服务:010-62776969,c-service@tup.tsinghua.edu.cn
质量反馈:010-62772015,zhiliang@tup.tsinghua.edu.cn
课件下载:https://www.tup.com.cn,010-83470410
印 装 者:三河市君旺印务有限公司
经　　销:全国新华书店
开　　本:185mm×260mm　　印　张:16　　字　数:385 千字
版　　次:2007 年 6 月第 1 版　2024 年 6 月第 5 版　　印　次:2024 年 6 月第 1 次印刷
定　　价:49.00 元

产品编号:098186-01

FOREWORD

前 言

随着"一带一路、互联互通"经济建设的快速推进,在我国加快构建以国内大循环为主体、国内国际双循环相互促进的新经济发展格局的背景下,社会经济发展对现代人际沟通与交流人才提出新的要求,国际化市场竞争急需大量有知识、懂业务、能策划、会执行的技能型人际沟通与交流专门人才。

美国著名学府普林斯顿大学对1万份人事档案进行分析,结果发现"智慧、专业、技术、经验"只占成功因素的25%,其余75%取决于人际沟通能力。哈佛大学就业指导小组调查结果显示,在500名被解雇的职员中,因人际沟通不良而导致工作不称职被解雇的占82%,这些数据都说明人际沟通能力的重要性。

交流有利于拉近人与人彼此之间的距离,沟通有助于增进员工相互理解、增强团队的凝聚力。交际能力是当今社会成功人士最基本、最重要的素质。然而,当今社会经营、就业等竞争的加剧使人群之间越来越有间隔,建立良好的人际关系是生存和发展的必要条件。经济发展需要人际沟通,社会和谐要求人际交流。许多院校注意到这一社会实际问题,为此增加了这门课程,本书的出版对帮助学生进入社会、学会做人做事、就业创业具有特殊意义。

人际沟通与交流既是高校各个专业非常重要的公共基础核心课程,也是大学生就业从业所必须具备的关键知识技能。人际沟通与交流作为一门综合性学科,不仅把公共关系、现代礼仪、心理学、人际沟通、商务交流等知识融为一体,而且包括极深刻的内涵。体现在强化团队意识、树立形象、提高竞争力、培养优秀外向型管理人才,也是"当今人"求生存、寻发展的一项重要社会实践。

本书自出版以来,因为写作质量高、强化实践、突出实践操作技能培养,所以深受全国各类高校广大师生的欢迎,目前已多次重印再版。此次出版,编者根据读者建议,审慎地对原教材进行了较大修改,更新案例、增补知识,以使其更贴近社会人文生活、更符合经济发展实际、更好地为国家经济建设与高等职业教育教学实践服务。

本书作为职业教育创新课程的特色教材,坚持学科发展观,严格按照教育部"加强职业教育、突出实践技能培养"的要求,结合中国共产党第十九次代表大会"坚定文化自信,推动社会主义文化繁荣兴盛"的号召。本书的出版对帮助学生提高人际沟通能力、掌握人际交流的人文体系知识、走上社会顺利就业、寻求职业岗位工作发展具有重要作用。

全书共十章,以应用能力培养为主线,根据人际沟通交流活动的基本过程和规律,结合实际案例,具体介绍了人际沟通的基本原理,语言与非语言沟通,人际沟通的基本原则,克服沟通障碍的技巧,沟通技巧,演讲与谈判技巧,沟通礼仪,求职应聘,跨文化沟通等知识;并通过实证案例分析和讨论、设计教学情境以及模拟角色等方式,让学生"做中学、学中做、学做结合",不断提高他们的人际沟通和交流的能力。

本书融入了人际沟通与交流的最新实践教学理念,力求严谨,注重与时俱进,具有知识系统、理论适中、案例经典、注重应用等特点。因此,本书既可作为高等院校、职业院校公共基础课教材,也可用于工商等各类企业员工的在职岗位培训,并为社会广大中小微企业、大学生就业创业者提供有益的学习指导。

本书由李大军筹划,范晓莹和李静玉担任主编,范晓莹统改稿,王春艳、刘芳娜担任副主编,郑强国教授审定。具体编写分工:牟惟仲(序言),周伟(第一章),范晓莹(第二章、第六章、第九章),李静玉(第三章、第八章),王春艳(第四章、第五章),张凤霞(第七章),刘芳娜(第十章、附录),李晓新(制作教学课件)。

本书再版过程中,我们参阅借鉴了国内外大量关于人际沟通与交流的最新书刊和网站资料,并得到有关专家教授及企业家的具体指导,在此一并致谢。本书提供配套教学课件,读者可以从清华大学出版社网站免费下载使用。因编者水平有限、书中难免存在疏漏不足,恳请专家、同行和读者予以批评指正。

编 者

2024 年 3 月

目　　录

第一章　沟通的基本原理 ……………………………………………………………… 1

　　第一节　沟通的一般原理 ……………………………………………………………… 2
　　　　一、沟通的内涵及重要性 …………………………………………………………… 2
　　　　二、沟通的过程 ……………………………………………………………………… 4
　　第二节　沟通的目标、原则及基本内容 ……………………………………………… 8
　　　　一、沟通的目标 ……………………………………………………………………… 8
　　　　二、沟通的原则——"7C"原则 …………………………………………………… 8
　　　　三、沟通的基本内容 ………………………………………………………………… 12
　　第三节　沟通的形式 …………………………………………………………………… 17
　　　　一、语言沟通和非语言沟通 ………………………………………………………… 17
　　　　二、人际沟通、人机沟通和组织沟通 ……………………………………………… 18
　　　　三、内部沟通和外部沟通 …………………………………………………………… 18
　　　　四、正式沟通和非正式沟通 ………………………………………………………… 18
　　　　五、纵向信息沟通、横向信息沟通和斜向信息沟通 ……………………………… 19
　　　　六、同文化沟通和跨文化沟通 ……………………………………………………… 20
　　本章小结 ………………………………………………………………………………… 23
　　复习思考题 ……………………………………………………………………………… 23
　　实践课程 ………………………………………………………………………………… 25

第二章　语言与非语言沟通 …………………………………………………………… 26

　　第一节　语言沟通 ……………………………………………………………………… 27
　　　　一、语言沟通的形式 ………………………………………………………………… 27
　　　　二、语言沟通的原则 ………………………………………………………………… 28
　　　　三、语言沟通的技巧 ………………………………………………………………… 29
　　第二节　非语言沟通 …………………………………………………………………… 32
　　　　一、非语言沟通的特点与功能 ……………………………………………………… 33
　　　　二、非语言沟通的类型 ……………………………………………………………… 34

三、正确解读和运用非语言 ……………………………………………………… 40
　本章小结 ………………………………………………………………………………… 46
　复习思考题 ……………………………………………………………………………… 46
　实践课程 ………………………………………………………………………………… 48

第三章　人际沟通的基本原则 ……………………………………………………… 50

　第一节　人际沟通原则的内涵和意义 ………………………………………………… 51
　　一、人际沟通原则的内涵 ……………………………………………………………… 51
　　二、坚持人际沟通原则的意义 ………………………………………………………… 52
　第二节　人际交往的主要原则 ………………………………………………………… 52
　　一、互相尊重原则 ……………………………………………………………………… 53
　　二、诚实守信原则 ……………………………………………………………………… 57
　　三、平等待人原则 ……………………………………………………………………… 63
　　四、宽容谦让原则 ……………………………………………………………………… 64
　　五、主动沟通原则 ……………………………………………………………………… 68
　　六、互利双赢原则 ……………………………………………………………………… 73
　　七、适度距离原则 ……………………………………………………………………… 75
　　八、择善而交原则 ……………………………………………………………………… 77
　本章小结 ………………………………………………………………………………… 78
　复习思考题 ……………………………………………………………………………… 79
　实践课程 ………………………………………………………………………………… 80

第四章　影响沟通的主要障碍及其克服技巧 ……………………………………… 81

　第一节　沟通障碍概述 ………………………………………………………………… 82
　　一、沟通中个体的信息接收过程 …………………………………………………… 82
　　二、个体行为对沟通的影响 …………………………………………………………… 82
　　三、影响沟通的主要因素 ……………………………………………………………… 84
　第二节　沟通中的心理障碍 …………………………………………………………… 84
　　一、嫉妒心理障碍 ……………………………………………………………………… 85
　　二、羞怯心理障碍 ……………………………………………………………………… 86
　　三、自卑心理障碍 ……………………………………………………………………… 88
　　四、恐惧心理障碍 ……………………………………………………………………… 90
　　五、猜疑心理障碍 ……………………………………………………………………… 93
　　六、孤僻心理障碍 ……………………………………………………………………… 95
　第三节　沟通中的其他障碍 …………………………………………………………… 96
　　一、语言障碍 …………………………………………………………………………… 96
　　二、不同国家、不同地区的习俗障碍 ………………………………………………… 98
　　三、环境障碍 …………………………………………………………………………… 99

本章小结	100
复习思考题	101
实践课程	102
阅读材料	102

第五章 沟通技巧 · 104

第一节 倾听与交谈 · 105
一、倾听技巧 · 105
二、交谈技巧 · 109

第二节 其他技巧 · 111
一、真诚地表露出对对方感兴趣 · 111
二、记住对方的名字 · 112
三、对人要笑口常开 · 113
四、慷慨地赞美对方 · 114
五、拒绝的技巧 · 114
六、发问的技巧 · 116
七、批评的技巧 · 117
八、学会自我克制 · 118

本章小结 · 120
复习思考题 · 120
实践课程 · 121
阅读材料 · 122

第六章 几种基本人际关系的沟通 · 125

第一节 实现与上级的有效沟通 · 126
一、与上级沟通的十个原则 · 127
二、与上级沟通的几个技巧 · 129

第二节 实现与下级的有效沟通 · 134
一、与下级成功沟通的六个原则 · 134
二、与下级沟通的几个技巧 · 137

第三节 实现与同级的有效沟通 · 141
一、与同事有效沟通的五个原则 · 142
二、与同事沟通的几个技巧 · 143

本章小结 · 149
复习思考题 · 149
实践课程 · 151

第七章 演讲与谈判技巧 · 152

第一节 演讲 · 153

一、演讲的含义及作用 ……………………………………………………… 153
　　二、演讲的准备 …………………………………………………………… 153
　　三、演讲的心理准备和上台演讲 …………………………………………… 156
　　四、培养演讲才能的方法 …………………………………………………… 160
　　五、如何克服演讲中的障碍 ………………………………………………… 161
第二节　谈判及技巧 ……………………………………………………………… 162
　　一、谈判概念 ……………………………………………………………… 163
　　二、谈判的基本作用 ……………………………………………………… 164
　　三、谈判的过程 …………………………………………………………… 165
　　四、谈判的策略与技巧 …………………………………………………… 169
本章小结 ………………………………………………………………………… 173
复习思考题 ……………………………………………………………………… 173
实践课程 ………………………………………………………………………… 175

第八章　沟通礼仪 …………………………………………………………… 176

第一节　礼仪的概述 ……………………………………………………………… 177
　　一、礼仪的起源与发展 …………………………………………………… 177
　　二、礼仪的概念 …………………………………………………………… 179
　　三、礼仪的新特点 ………………………………………………………… 180
第二节　礼仪的原则与作用 ……………………………………………………… 181
　　一、礼仪的基本原则 ……………………………………………………… 181
　　二、礼仪的地位与作用 …………………………………………………… 182
第三节　仪表仪容 ………………………………………………………………… 183
　　一、仪表与风度 …………………………………………………………… 183
　　二、仪容 …………………………………………………………………… 186
第四节　服装服饰 ………………………………………………………………… 187
　　一、服饰概述 ……………………………………………………………… 187
　　二、服饰穿戴的基本原则 ………………………………………………… 190
　　三、男士着装礼仪 ………………………………………………………… 191
　　四、女士着装礼仪 ………………………………………………………… 192
第五节　人际交往礼仪 …………………………………………………………… 194
　　一、相见时的礼仪 ………………………………………………………… 194
　　二、交谈与聆听中的礼仪 ………………………………………………… 196
　　三、打电话的礼仪 ………………………………………………………… 197
　　四、发短信（微信）的礼仪 ……………………………………………… 198
　　五、发电子邮件的礼仪 …………………………………………………… 199
　　六、拒绝与道歉的礼仪 …………………………………………………… 200
本章小结 ………………………………………………………………………… 201

- 复习思考题 ········· 201
- 案例分析 ········· 201
- 实践课程 ········· 202

第九章　求职应聘 ········· 204

第一节　自荐材料的准备 ········· 205
- 一、求职信 ········· 205
- 二、个人简历 ········· 209

第二节　应聘者的心理准备 ········· 211
- 一、必要的心理准备 ········· 211
- 二、角色转换的准备 ········· 212

第三节　应聘者的应试准备 ········· 213
- 一、笔试准备 ········· 213
- 二、面试准备 ········· 214
- 三、网络应聘 ········· 216

- 本章小结 ········· 219
- 复习思考题 ········· 220
- 实践课程 ········· 221

第十章　跨文化沟通 ········· 223

第一节　文化与文化差异 ········· 224
- 一、文化含义 ········· 224
- 二、文化的差异性 ········· 224

第二节　文化差异对跨文化沟通的影响 ········· 225
- 一、跨文化沟通的含义 ········· 225
- 二、跨文化沟通的意义 ········· 225
- 三、文化差异的影响 ········· 226

第三节　跨文化沟通的基本原则和策略 ········· 231
- 一、跨文化沟通的基本原则 ········· 231
- 二、跨文化沟通的总体策略 ········· 232
- 三、锻造跨文化沟通能力 ········· 233

- 本章小结 ········· 234
- 复习思考题 ········· 234
- 实践课程 ········· 235

附录 ········· 237

参考文献 ········· 245

CHAPTER 1 第一章

沟通的基本原理

🔑 **学习目标**

(1) 全面、深入理解沟通的全过程和各种影响因素。
(2) 充分认识有效沟通的重要性、难度和复杂性,领会沟通的基本原则和技巧。

🎲 **技能要求**

(1) 掌握沟通基本原理,发现自身存在的沟通缺陷、克服不足。
(2) 改善和提高沟通能力。

误解带来的麻烦

　　李涛在一家食品加工厂的包装车间当管理人员,王炜是车间里贴标签的工人。王炜刚犯了一个严重错误,包装流水线上的产品换了,他却没有换上相应的标签,于是李涛找王炜谈话。

　　李涛:你怎么可能让这种事情发生?我早就跟你说了,而且要你特别当心。

　　王炜:当时我以为要换流水线上的产品,打包工会告诉我,可他什么也没跟我说。

　　李涛:这不是我当时的意思,我说"打包者",指的是打包机,当产品换线时,它的红灯就亮了。

　　王炜:我想我大概误解了你的意思。不管怎么说,那天你跟我说这件事时,我为母亲急得要命,她正在医院里动手术,我真没想到,贴标签会惹下那么大的麻烦。

　　李涛传达给王炜的信息不清楚是什么原因引起的?李涛在当时应怎样做才能保证传达的信息准确到位?

　　每天我们的许多烦恼和问题皆是因为人与人的沟通过程中某个环节出了这样或那样的问题。也许更让我们费解的是,沟通不就是简单的对话吗,为什么还会惹出这么多麻烦?

　　怎样才能有效地沟通呢?英国大文豪萧伯纳说过:"假如你有一个苹果,我也有一个苹果,我们彼此交换,那么你我仍然是各有一个苹果;如果你有一种思想,我也有一种思想,而我们彼此交换这些思想,那么我们每个人将各有两种思想。"这段话就生动地说明了沟通的作用。

第一节 沟通的一般原理

一、沟通的内涵及重要性

(一)沟通的内涵

谈到沟通,人们通常认为它是一个应用非常普遍的词语,因为人们每天的生活和工作都离不开沟通。所谓沟通,是指人与人之间通过语言、文字、符号或类似的表现形式,进行信息、知识与情报等交流的行为及过程。为了生活、工作、学习的顺利进行,人们每天要面对不同的人、针对不同的事进行各种各样的沟通。

从一般意义上讲,沟通就是发送者凭借一定渠道(又称媒介或通道)将信息发送给既定对象(接受者),并寻求反馈以达到相互理解的过程。具体包含以下四点。

1. 沟通首先是信息的传递

沟通包含着信息的传递,如果信息没有传递到既定对象,那么也就没有发生沟通。

沟通的信息包罗万象。在沟通过程中,我们不仅传递信息,而且表达着赞赏或不快等情感,提出自己的意见和观点。所以,沟通的信息可分为以下两种。

1) 语言信息

语言信息是建立在语言文字基础上的,它包括口头语言信息和书面语言信息,两者所表达的都是一种事实或个人态度。口头信息沟通是沟通形式中最直接的方式,它的优点是快速传递和即时反馈。书面语言信息则具有有形展示、长期保存、可作法律依据等优势,在表达上书面语言比口头语言更周密,逻辑性更强,且条理清楚,还有利于信息的复制和大面积传播。

2) 非语言信息

非语言信息是指通过某些媒介而非讲话或文字来传递信息,包括副语言信息和身体语言信息等。语言在沟通中只起到了方向性或规定性作用,而非语言信息才准确地反映出话语的真正思想和感情。同样一句话,用不同的语速、语调、音高、面部表情和体态动作可以反映信息传递者不同的思想和感情。非语言信息在沟通中可以起到支持、修饰或否定语言信息的作用,有时可以直接代替语言信息,甚至表达出语言难以表达的情感内容。

2. 沟通的信息要能够被理解

沟通过程中,发送者首先要把传送的信息"编码"成符号,接受者则进行相反的"解码过程"。如果信息接受者对信息类型的理解与发送者不一致,就会导致沟通障碍和信息失真。

信息经过传递后,接受者所感知和理解的信息意义与发送者的初衷完全一致时,才达到了完美沟通的目的。

3. 有效的沟通是准确地理解信息的含义

许多人认为,有效沟通就是使别人接受自己的观点,或与自己达成一致的看法,或双方达成一致意见。其实,这种观点存在着认识上的误区。在沟通中你可以明确地理解对方所说的意思,但不一定同意对方的看法。如在一起车祸赔偿谈判中,受伤害一方要求责任方赔偿车辆损失、住院费、手术费、误工费等共计20余万元,责任方理解了对方提出的条件,但不完全接受。虽然双方没有达成一致，但责任方已理解了对方所表达的意思，这就是有效的沟通。

4. 沟通是一个双向与互动的反馈和理解过程

我们每天都在进行沟通，但并不表明我们是一个成功的沟通者。沟通不是一个纯粹单向的个体行为，而是一个双向互动的活动。例如你已经告诉对方你所要表达的信息，但这并不意味着对方已经与你沟通了。因为沟通的目的不在于行为本身，而在于结果。如果对方并未对你发出的信息做出反馈，那么就没有达成有效沟通。

（二）沟通的重要性

美国石油大王洛克菲勒说："假如人际沟通能力也是同糖或咖啡一样的商品，我愿意付出比太阳底下任何东西都珍贵的价格来购买这种能力。"由此可见沟通的重要性——成功者都是懂人际沟通并珍视人际沟通的人。

1. 职业工作需要沟通

各行各业，无论是会计、社会工作者、工程师，还是医生、护士、教师、推销员，沟通的技能非常重要。整体护理活动的实践表明，护士需要70%的时间用于与患者沟通，剩下30%的时间用于分析问题和处理相关事务。

2. 社会活动需要沟通

人们在社会生活中相互依存，居家、出行、学习、工作、社交每时每刻都离不开与他人沟通。但是，沟通本身也不是非常容易的事。比如，要向他人表达一个意思，始终说不清楚；要为他人办一件好事，但有可能弄巧成拙；本来想与他人解除原有的隔阂，但因方法不妥，可能把关系弄得更僵。所以说，现实的社会实践活动需要有一定的沟通能力。

3. 沟通是个人身心健康的保证

与家人的良好沟通能使你享受天伦之乐；与恋人的良好沟通能使你品尝到爱情的甘甜；在孤独时，与朋友沟通会使你得到安慰；在忧愁时，与别人沟通会使你得到快乐。

总之，沟通是人们分享信息、思想和情感的过程。这种过程不仅包括口头语言和书面语言，而且包括形体语言、个人习惯和方式、物质环境，即赋予信息含义的任何东西。

小贴士

"一带一路"

中国国家主席习近平在2013年9月和10月分别提出建设"新丝绸之路经济带"和"21世纪海上丝绸之路"的合作倡议。2015年3月28日，国家发展改革委、外交部、商务部联合发布了《推动共建丝绸之路经济带和21世纪海上丝绸之路的愿景与行动》。2015年10月19日，"一带一路"国家统计发展会议在陕西西安召开，国家统计局前局长王保安在会上倡议，"一带一路"沿线国家要进一步加强政府统计交流与合作，努力为各国可持续发展提供准确、可靠的统计数据。

习近平提议，"一带一路"沿线国家加强合作，实现道路联通、贸易畅通、资金融通、政策沟通、民心相通，共同打造开放合作平台，为地区可持续发展提供新动力。习近平

> 把"五通"("联通""畅通""融通""沟通""相通")这一系列中国本土文化概念,而不是"传播""交际""公关"等西化概念,当作推进"一带一路"倡议的关键。其中无疑蕴含着深刻的哲学原理。
>
> "传播""交际""公关"等西方概念,和中国文化中"融通""沟通"等概念相比,都属于浮光掠影。比如,"传播"的概念不仅肤浅,而且单向,把受众客体化而非人性化,把受众作为被涵养和精神征服的对象。而"沟通"等中式概念,包涵"平等、倾听、交流"这些双向性、协商性、深入性和真诚性等特点,追求心心相印,既注重过程也注重结果。
>
> "沟通"理念饱含共享与和谐共生等儒家价值观。由此可见,沟通乃是一带一路实施的润滑剂和推助器,也是打造世界命运共同体的必由之路。国与国之间已然如此,人与人之间就更应注重沟通。

二、沟通的过程

沟通的过程包括信息策划、信息编码、信息传输、信息解码、信息反馈和沟通干扰。发送者与接受者之间的沟通过程如图 1-1 所示。

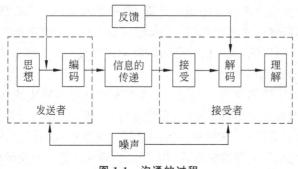

图 1-1 沟通的过程

(一)信息策划

1. 信息策划的重要性

信息是沟通的基础。在头脑中形成清晰、完整、有条理的信息是良好沟通的开始。信息策划就是对信息进行收集、整理、分析的过程,信息策划过程反映着信息发出者的逻辑思维能力的高低和信息量的多少。很多人在沟通过程中或之后经常会感到"我都不知道自己说了什么",这种情况多半是由于信息质量不高造成的。

按照信息能否被很容易地理解和掌握,可以将其分为明示信息和默示信息。明示信息是指那些很容易被理解和掌握的信息,如火可以灼伤人的身体,这一信息即使几岁的孩子也很容易理解和掌握。默示信息则是指不容易被理解和掌握的信息,如一个熟练的厨师可以很清楚地向别人讲解和展示一道菜的做法,而初学者往往感到很难掌握。

一般来说,信息越明确、标准化程度越高,其明示程度越强,越有利于沟通。

2. 信息策划的步骤

要想成为一个具备良好沟通能力的人,首先就必须提高信息策划能力。信息策划包括以下几点。

1) 确定信息范围

确定信息范围是信息策划的第一步,也是决定信息策划质量的关键一步。确定信息范围的实质是确定信息策划的目的,对要获得的信息的性质、质量和内容进行初步的判断,从而确定收集信息的范围。

2) 收集信息

根据确定的信息范围搜集符合要求的信息以备整理、分析。一位专家专门对美国罗斯福、杜鲁门和艾森豪威尔总统的信息收集习惯做过研究,他说,真正帮助总统分清问题利弊的并不是普通、综合性的信息,不是摘要、概要等经过咀嚼的信息,而是一些琐碎的但同时包含了大量实在细节的信息,这些信息在他们的头脑中拼装起来,显示出要处理的事件底层的东西。为了寻找答案,他们必须尽可能广泛地接触与总统有关的信息的片断,各种观点,甚至闲谈。他们必须是自己情报中心的总指挥。

3) 信息评估

信息评估是指对信息数据的真伪、准确与否等方面进行的评估。信息评估质量的高低直接影响信息策划结果的有效性。

4) 信息整理和分析

信息整理和分析是对收集到的合格信息进行加工、整理,其目的是从中获得一些有价值的结论。

(二) 信息编码

1. 信息编码就是将信息以某种形式表达出来

信息沟通过程是从信息的发出开始的。发出者具有某种意思和想法,信息要纳入一定的形式之中才能予以传送,这称为编码。编码最常用的是口头语言和书面语言,除此之外还要借助于面部表情、声调、手势等身体语言和动作语言(这些被称为非语言沟通)。

2. 信息编码在两个方面对沟通效果产生重要影响

一方面,编码方式会影响到信息占用信息载体的容量,如书籍的字数、计算机文件的字节数等。一般来说占用信息载体的容量越少,越有利于提高沟通的效果。如要实现视频文件的网上适时传输和播放,一是要提高网络信息传输速度;二是要利用数据压缩技术降低信息占用信息载体的容量。

另一方面,编码方式会影响到信息还原的质量,因为任何一种编码方式都会导致信息的损失,即失真,从而影响信息的接收者(包括信息的最初提供者)对信息的接收。

3. 信息沟通形式

根据信息编码符号的不同,信息沟通分为口头沟通、书面沟通及非语言沟通等形式。非语言沟通补充和支持语言沟通,但有时非语言沟通也可能弱化或抵消语言沟通,如言行不一致的做法,势必冲淡语言沟通的效果。另外在使用口头或书面语言来编码时,由于发送者自身语言表达能力的限制、语意模糊不清,或者有意过滤信息(如报喜不报忧)等原因,往往会造成信息沟通的障碍。

案 例

"面对面"沟通，用心为民办实事

"谢谢你们啊，我本以为那个交流会就是走个过场，没想到这么快就帮助我解决了大问题，多亏有你们参与督办，现在我可算是放心了。"袁某握着前来回访的张湾区纪委监委干部的手，感激地说道。

近日，湖北省张湾区纪委监委聚焦解决辖区企业和群众急难愁盼事项，以"我为群众办实事"实践活动为抓手，结合监督执纪问责业务工作，深入辖区监管单位张湾区人民法院，组织召开了一场法官与来访人"面对面"沟通解决问题的特别见面会。

"房屋只有变更登记才能彻底消除登记权利与真正权利不一致的问题，因为对方房子处于查封状态，一直没有变更登记，我这心里总是不踏实。"袁某在交流会上焦虑地说道。因执行局负责袁某案件的承办法官工作调动导致时间拖延，袁某的房屋迟迟没有完成变更登记。

4名来访群众及涉及的企业负责人依次表达信访诉求，由案件承办人、庭室负责人针对来访人的诉求进行解答或表态，承办法官们对前期所采取的措施和工作进展情况进行了通报，对来访人提出的疑惑及时进行解答，并对关于法律适用相关问题作出详细解释。区纪委监委派出第五纪检监察组全程参与，并将群众反映的问题逐一记录建立台账，跟踪督办，切实督促落实。

见面会后，区纪委监委派出第五纪检监察组张组长立即找到执行局该案件现在的负责人，询问案件办理进展情况。执行局法官当场表态："下周即解封房子！"

日前，区纪委监委干部找到袁某了解进展情况，袁某表示该房屋已解除查封，且已顺利办理了房屋变更登记手续。经过全程督办，一一回访，当天共有4件信访案件得到有效化解。

"对待群众问题要防止'一听而过'、杜绝'一访了之'，要确保群众反映的问题件件有着落、事事有回音，切实履行监督职责。"张湾区纪委监委负责人表示。下一步，张湾区纪委监委将进一步创新解决信访诉求方式，听民声、解民意、去民忧，督促监管单位对合理合法诉求及时解决，对合理建议认真吸纳，努力提升人民群众幸福感、获得感。

资料来源：http://hb.people.com.cn/n2/2022/0114/c194063-35095640.html，2022-01-14.

（三）信息传输

信息传输，即通过一定的传输媒介将信息从一个主体传递到另一个主体。

传送信息可以通过一席谈话、一次演讲、一封信函、一份报纸、一个电视节目等来实现。不同的沟通渠道适用于传递不同的信息。如大楼着火，需要电话紧急传输信息，用书面方式传递这一信息显然就不合适。

沟通过程有时需要使用两种甚至更多方式的沟通渠道。如对员工工作绩效的评价，管理者在做了口头评估之后可以再提供一份书面材料。再如面对面交谈，实际上同时使用口头表达与身体语言两种表达方式。

在通信技术迅速发展的今天，一条沟通渠道常可同时传送多种形式的信息，如电视电话会议和其他多媒体技术可把语言、文字、图像、数字等融合在一起传送，大大地便利了复杂信息的传递。但也应当看到,信息传递中的障碍也是经常出现的,如沟通渠道选择不当,或者沟通渠道超载,以及沟通手段出现问题,都可能导致信息传递中断、失真或无法传递至接收者。因此有效的沟通离不开可靠的信息传递渠道。

信息传输过程通常会造成信息损耗,如在古代社会,各种书籍主要是通过手抄的形式来传播的,手写字体不像现在的印刷体那样统一、易于辨认,而且当时的书写材料很容易损坏,因此,在文献的传承过程中就会出现遗漏和错误。再如在面对面的口头沟通中,信息传输的媒介是声音,音量、音调、语速、距离、环境等都会影响沟通的效果。

(四)信息解码

解码,即将收到的信息符号理解、恢复为思想,然后用自己的思维方式去理解这一信息。信息解码包含两个层次,一是还原为信息发出者的信息表达方式;二是正确理解信息的真实含义。如电报是采用莫尔斯电码传输的,发报人首先要把电报内容翻译成莫尔斯电码,收报人则要把收到的莫尔斯电码还原为原来的电报内容,这是技术上的解码过程。阅读电报的人还面临着正确理解电报内容的问题。对于同样的文字内容,不同的人往往会有不同的理解,这属于解码方式上的差异。

只有当信息接收者对信息的理解与信息发送者传递的信息含义相同或近似时,才可能进行正确的信息沟通。缺乏共同语言、先入为主和心理恐惧等,都可能导致接收者对信息的错误理解。

小贴士

> 你有一个苹果,我有一个苹果,我们交换各自还是只有一个苹果;
> 你有一种思想,我有一种思想,我们交换每人就有两种思想。
>
> ——萧伯纳

(五)信息反馈

前面讲过,信息传递并不是沟通最重要的目的,沟通的核心在于理解、说服和采取行动。信息接收者在获得信息后或根据信息采取行动后会根据自己的理解、感受和经验提出自己的看法和建议,这就是信息反馈。

信息反馈在连续的沟通中具有非常重要的作用,它既是对上一次沟通结果进行评价的重要依据,也是进一步改进沟通效果的重要参考资料。

(六)沟通干扰

人们在沟通过程中都可能面临一些干扰因素。这些干扰因素可能来自沟通本身,也可能来自外部环境。

沟通者之间的干扰有些是故意的,有些则是非故意的。如沟通者的语言表达能力比较差,语言不流畅或者不自觉地频繁出现一些干扰对方注意力的身体姿势、表情、眼神,这些都属于非故意的干扰。有些时候,沟通一方为达到自己的目的会故意给对方制造沟通障碍,如故意把某些内容说得含混不清,用身体语言分散对方的注意力等。

外部环境的干扰则比较常见，如沟通场所的噪声、强光、行人等，对沟通双方都可能产生干扰。信息传输工具的质量也会对沟通效果产生影响，如通信信号不够清晰等。

第二节　沟通的目标、原则及基本内容

一、沟通的目标

人们在不同的沟通活动中可能具有不同的目标，如传递、说明、教育、娱乐、解释、劝导、宣传、号召等。根据沟通深度和难度的不同，沟通目标可以分为传递、理解、接受和行动。

（一）传递

传递是沟通最初级的目标，也是最容易达到的目标。只要信息的发出者能够使信息到达特定的个人或组织，就可以视为达到了沟通的目的，而并不追求信息一定对其他人或组织产生影响。

当信息的发布者受法律等因素制约不得不发布某种信息，或者信息的内容很简单时，信息沟通常常以传递作为目标，如各种类型的通知、公告就属于此类。

（二）理解

理解是较深层次的沟通目标，它要求信息的受众能够广泛、深入地明了信息的性质、含义、用途和影响。文化教育、娱乐以及一部分解释、说明就属于这种性质的沟通。要达到使人能够理解的目标，就要求信息发出者在进行信息策划时，必须考虑符合信息受众习惯和能力的信息编码和表达方式。如从幼儿园到大学，所使用的教材中的图片资料越来越少，推理、论述越来越多，这就是考虑了不同层次读者的接受能力和习惯。

（三）接受

接受的含义是信息受众不仅要能够广泛、深入地明了信息的性质、含义、用途和影响，而且要认同、同意信息的内容。接受的核心是态度上的趋同。很多解释、说明、劝导就是以接受作为沟通目标的。

（四）行动

行动是沟通的最高层次的目标，它要求信息受众不仅能够接收、理解、接受信息的内容，而且会受到该信息的影响而采取某种行动。一些劝导、宣传、号召活动往往是以说服某些人采取某种行动作为目标的。如环保主义者通过各种形式宣传环保主张，号召人们改变生产、生活方式，以促进人类与环境的和谐发展。

二、沟通的原则——"7C"原则

为了更有效地进行沟通，在沟通过程中必须遵循一些原则。这些原则包括信赖、简明、准确、完整、有建设性、礼貌和体贴。

（一）信赖

信息的发送者和接受者之间要建立起相互的信赖（Credibility），这是进行有效的沟通

的基本前提。没有基本的信赖,信息发送者发出的信息可能会被主观地筛选或截留,信息接受者也可能对信息进行不准确的解码。

案例

冰墩墩如何定稿?多亏了这位"信息传输员"

北京冬奥会赛事如火如荼地进行着,各国运动员在赛场上挥洒汗水,赛场内外的"冰墩墩"憨厚可爱,冰墩墩相关纪念品更是出现了"一墩难求"的现象。

可爱的冰墩墩的定稿过程要从一位"空中飞人"说起。他就是冰墩墩团队设计人之一,何格。

生于1995年的何格是湖北天门人,大学毕业后考取广州美术学院艺术设计硕士,师从曹雪教授,也就是此次北京冬奥会吉祥物设计团队负责人。2018年,广州美术学院团队启动冬奥会吉祥物设计工作,何格随导师进入设计团队。

由于项目保密度非常高,不能通过互联网传输内容,冰墩墩的每次修改都需要人工传输。何格作为设计团队里唯一的男生,被委以"人肉信息传输员"的重任。每次,都由他将资料复制到计算机后,早上飞去北京征求组委会专家组意见,下午再带着修改意见飞回广州。频繁往返北京和广州,何格被团队笑称"空中飞人"。

"为了让设计更逼真,团队成员会到滑雪场体验滑雪运动,进行沉浸式创作。"何格说。不仅如此,设计团队还特意去四川大熊猫基地,认真捕捉熊猫的动作,完善冰墩墩造型,"在大熊猫基地,我们发现熊猫走路是'内八字',所以你们现在看到的冰墩墩也都是'内八字'。"

创作过程中,团队还收集了上万个不同的已有大熊猫形象,每天观摩,目的是规避已有形象。何格坦言,近一年的创作过程中,团队成员都脱了几层皮。当冬奥会开幕那天,何格看着冰墩墩闪亮登场,感觉自己付出的所有辛苦都值得了。

随着冬奥会的开幕,冰墩墩火了!何格的手机不停有电话、信息打听冰墩墩的购买渠道,"我目前只有一个原始签名版的冰墩墩,有点后悔没有提前多买一点"。

冰墩墩爆红之后,何格坦言感受到了一定的压力,但更多是动力。目前,何格就职于广州美院,位于广州国家广告产业园区。据他介绍,广州美院成立了冬奥视觉文化设计中心,对冰墩墩进行相关延伸研究,持续助力冬奥。

资料来源:http://hb.people.com.cn/n2/2022/0217/c194063-35137732.html,2023-02-17.

(二)简明

简明(Concise)是指表达同样多的信息要尽可能占用较少的信息载体容量,这样既可以降低信息保存、传输和管理的成本,也可以提高信息使用者处理和阅读信息的效率。

(三)准确

准确(Correct)是衡量信息质量最重要的指标,也是决定沟通结果的重要指标。不同的信息往往会导致不同的结论和沟通结果。

准确包括多个层面,首先是信息发出者头脑中的信息要准确;其次是信息的表达方式要准确,特别是不能出现重大的歧义。实践中,由于文化的差异、个人知识储备的差异等,同样的信息不同的人会有不同的理解,即信息在"译码"的过程中会容易失真。

案 例

冬奥会上的志愿者:真诚坚守,传递温暖

人民网重庆2月12日电 当前,北京冬奥会正在火热进行中。赛场上,运动员挥洒汗水、努力拼搏,赛场外,志愿者们真诚坚守、用心服务。

来自金科服务的冯诗诗和张璐瑶,是本次冬奥会中国体育代表团赛时保障营负责外事接待的工作人员。另外,在北京保障营闭环外支持中心、延庆,也都有金科服务志愿者的身影。

每天都很充实,觉得很自豪

1月30日晚7点,冬奥会中国体育代表团赛时保障营正式启动,冯诗诗也就此开始了每天的工作。"这里每天都有外事接待,多的时候一天是四场,忙的时候可能要到凌晨才能收工,但是每天都很充实,觉得很自豪。"冯诗诗表示。

本次冬奥会赛时保障营随赛区分布在北京、延庆和张家口三地的闭环内基地和酒店以及闭环外转运支持中心。保障营内除了有运动员、教练外,还承担了许多国际重要嘉宾的接待工作,这项工作对志愿者的要求是极高的。

"我们的主要任务就是提供全方位、精细化保障服务,为代表团参赛筑起坚强的后盾,为北京冬奥会发挥积极作用。"冯诗诗介绍。作为金科服务酒店管理板块的员工,她平时主要负责重要客户接待服务工作。在此之前,她曾在新加坡留学,拥有熟练的英语口语能力和外交能力。

在冬奥会期间,冯诗诗每每接到任务后都会表现出该有的沉稳和冷静。过往的接待经验让她对自己充满信心:"冬奥会是四年一度的国际体育盛事,所以每一项接待服务都必须高标准、高要求,同时也要有亲和力。"在这之前,冯诗诗也积极学习冬奥赛事知识,并对外事接待礼仪进行了全面的了解和学习。

哪怕是在幕后,家人也为我骄傲

大年三十晚上,冬奥会北京保障营闭环外支持中心的志愿者孙宁在与94岁的姥姥通电话时,姥姥特意叮嘱:"你能参与冬奥会保障工作的机会,一定要尽心尽力,不要怕吃苦。"

孙宁主要负责支持中心场馆的消杀、保障营闭环内的物资补给、运输车辆的消杀以及库房的整理等工作。她说:"为了保证进入闭环内的物资和食物是安全的,工作人员要对全车进行消杀,只要去了闭环内的车辆,回来第一时间我都要做消杀处理。"

从每天早上9点到晚上8点,孙宁的这项工作单一而繁重,但她乐在其中。"我本身的工作是金科服务的客服管家,消杀、巡检工作对于我来说是非常熟悉的,在这里,我每隔两小时,都要对四个展馆进行全面酒精消杀。"

得益于此前的工作经验,孙宁在冬奥会保障工作中更加认真负责。孙宁说:"能够运用自己的专业能力来为冬奥会做出贡献,哪怕是在幕后,我也非常自豪,家人们也为我骄傲。"

能服务冬奥,是值得骄傲一辈子的事情"

今年5月,25岁的张璐瑶将迎来人生的重要时刻——披上美丽的婚纱。原本该为自己的婚礼而忙碌着的张璐瑶此刻正在中国体育代表团赛时保障营,全力服务冬奥。

张璐瑶是金科服务合肥美科公馆的案场管理人员,丰富的客户服务经验和优秀的应变能力让她在此次冬奥会志愿者选拔中脱颖而出。"刚开始,我的未婚夫不同意我去,志愿者工作4月才完全结束,他一个人搞不定婚礼那些烦琐的事情,想让我好好把婚礼的事情准备好。"面对家人的忧虑,张璐瑶心底有过犹豫。毕竟拥有一场完美婚礼是每个女孩的梦想。但很快她便说服了自己和家人,"婚礼是很重要,但服务冬奥会的机会对于我来说这辈子可能也只有这一次了。"

有了家人的理解和支持,1月25日,张璐瑶便和志愿者同事们正式入驻中国体育代表团赛时保障营,负责各类接待和会务服务工作。从接待各国运动员及随行工作人员到安排重要贵宾再到参加各种会议,张璐瑶的一天被安排得满满当当。

"虽然比平时工作要辛苦,但觉得很值得。"张璐瑶说:"现在婚纱照都还没拍,婚礼很多事情都还没来得及准备,但能有机会服务冬奥,也是值得骄傲一辈子的事情。"

赛场上每一个精彩瞬间的记录都少不了志愿者们背后的默默付出。在精彩的冬奥会赛场之下,除了有常规的志愿者们挥洒青春的汗水,也有来自像金科服务这样的社会企业的志愿者们为保障营、支持中心提供暖心服务。他们响应号召,义无反顾地加入志愿者队伍,为冬奥会能够顺利开展默默贡献自己的力量,对他们来说,冬奥会是国家大事,贡献力量深感荣幸,亦是成长路上最难得的美好体验。

资料来源:http://cq.people.com.cn/n2/2022/0215/c367657-35134799.html,2023-02-15.

(四)完整

完整(Complete)也是对信息质量和沟通结果有重要影响的一个因素。我们都非常熟悉的"盲人摸象"的故事就是片面的信息导致判断和沟通错误的一个生动的例子。

(五)有建设性

有建设性(Constructive)实际上是对沟通的目的性的强调。沟通的目的是促进沟通双方的信息传播,态度、观念的转变以及可能采取的行动。因此,沟通中不仅要考虑所表达的信息要清晰、简洁明了、准确、完整,还要考虑信息接收方的态度和接受程度,力求通过沟通使对方的态度有所改变。

(六)礼貌

情绪和感觉是影响人们沟通效果的重要因素。礼貌(Courteous)、得体的语言以及姿态和表情能够在沟通中给予对方良好的第一印象甚至可产生移情作用,有利于沟通目标的实现。即沟通中要注重礼仪,说话讲技巧、有分寸。热情、文明、礼貌的行为不仅体现了自我的素质和修养,而且对工作的开展很有益处,同时企业员工的整体礼仪水平也体现了企业的文化水平。要注意自己的着装打扮、举手投足、语言谈吐等,从细节上严格要求自己,不断学习、改善。

（七）体贴

体贴（Considerate）在英文里有一个特别恰当的解释，就是"把你的脚放到别人的鞋子里"，只有你亲自试试别人的鞋才会真正体会他的感受。体贴就是要多为对方考虑一些，多站在对方的角度考虑和解决问题，换位思考，以心换心，而不是让人感觉你在说"风凉话""站着说话不腰疼"。只有这样才能拉近彼此间的距离，沟通的目的也就容易达到了。

> **小贴士**
>
> 一个人必须知道该说什么，一个人必须知道什么时候说，一个人必须知道对谁说，一个人必须知道怎么说。
>
> ——德鲁克

以上七个词汇在英文中都是以字母 C 开头，因此可以简称有效沟通的"7C"原则。

三、沟通的基本内容

要有效地进行沟通，不仅要遵循有效沟通的若干原则，还要明了沟通的基本内容，并进行细致的分析和准备。沟通的基本内容可以归结为 6 个问题，即何因（Why）、何人（Who）、何事（What）、何地（Where）、何时（When）、如何（How），即"5W1H"。

（一）何因

"何因"也就是沟通的目标或目的。沟通的目标是沟通的灵魂，是所有沟通计划、准备和实施过程都必须围绕的主题。如果目标不明，整个沟通过程就会徒劳无功。

确定沟通目标是一件非常重要但也比较困难的事情。成语"与虎谋皮"就是一个不恰当沟通目标的典型例子。

确定沟通目标首先要确定沟通各方的底线，包括沟通双方的沟通理解能力、态度转变、行动能力和意愿的空间，在谈判中也称为可谈判空间。确定这一点十分重要，因为，如果将沟通目标确定在了底线之外，就相当于去做不可能实现的事情。如一个幼儿园的老师对一个两三岁的孩子讲要学好文化、造福社会，这就超出了这个年龄的孩子的理解范围，恐怕是不会有什么结果的。但是如果这个老师以幼儿喜欢的一种食物或玩具作为奖赏去要求他背一首唐诗或一个英文单词则是可能的。

在大部分的商务活动中，沟通各方的底线是很不容易摸清的。需要收集大量的信息并做好调研工作。有时这个底线是在沟通过程中逐步了解和确定的，需要采取试探的方法，逐步摸清对方的意图和态度。这就要求沟通双方具有根据实际情况不断调整沟通目标的能力和技巧。

案例

正确沟通的三个要素

尽管有效沟通是众所周知的常识，但许多人并没有掌握沟通的基本要素。从字面上看,沟通指彼此的相连相通。在人际交往中,它具体体现为个人和群体之间信息、思想和情感的传递。

既然是彼此,就说明沟通至少有两个主体,需要一来一回,让两条或多条信息、思想、情感的"沟"相"通"。人与人沟通往往有一个设定的目标,而目的在于在信息、思想和情感的传递之后,彼此能达成共同的协议或意见。在这里,我们需要强调以下三个关于沟通的重要元素。

目标:一个既定的目标。

渠道:将信息、思想和情感通过不同媒介进行传递。

共识:沟通的最后,就是要达成对目标的共识。

目标,很容易理解。例如你希望经理批复你的休假申请,这就是你与经理沟通的目标。渠道,你可以通过电子邮件发送休假申请,或者发微信告诉经理你突发疾病,需要就医。共识,经理批准了你的休假,或者拒绝了你的休假,都是你们关于这件事情共同认识的明确结果。

沟通是达成共识的一个必经程序,在人际交往和工作中每天都需要进行很多"达成共识"的活动。

"爸,你早餐吃鸡蛋还是吃油条?""吃油条!"

"经理,今天晨会需要邀请销售经理吗?""不需要!"

"老婆,周五晚上的电影订几点的票?""8点以后!"

(二)何人

"何人"是指沟通的对象。使用同样的沟通信息、方法和过程对不同沟通对象产生的沟通效果是不一样的。在沟通过程中,很多人把注意力仅仅集中在自身的沟通目标和沟通信息的清晰、简明、准确和完整上,而忽略了对方的感受,这样的沟通必然是失败的。实际上,评价沟通效果的最终标准是接收信息一方的理解和接受程度,而不是信息传递一方表达的清晰程度,有时一个十分准确的表达方式所带来的结果只能是信息受众的一片茫然甚至误解。

 小贴士

> **沟通有多种多样的渠道**
>
> 语言和肢体表达是沟通最基本的渠道,现代科技的发展也给沟通渠道创造了许多新的媒介,比如微信提供了朋友间紧密的强沟通连接平台,微博提供了粉丝和博主的弱沟通连接平台。这些媒介因为形式的不同,也会对沟通产生不同的影响。每一种沟通渠道,都会造成不同程度的信息损失。比如文字沟通,因为无法看到对方的表情和肢体语言,会平均损失30%的信息。因此,沟通偏差就成了沟通中常见的问题,需要你在工作和生活中多加注意。

同样是对于一个科学原理的介绍,提供给专业人士使用的科学著作和提供给一般大众的科普书籍在写法上就存在很大的差异。前者的基本准则是尽量使用专业术语,力求逻辑和论证严谨;后者的基本原则是尽量减少专业术语,更讲究通俗易懂。如果我们说"鼻黏膜受到某种刺激而引起的防御性反射动作"大家可能不太明白,但如果说"打喷嚏"就无人不晓了。

在沟通之前,有必要弄清楚以下问题。

(1)沟通的对象是谁?

(2)他们属于哪一类人群?

(3)他们的性别、年龄、种族、民族、受教育程度、地位、身份、经历如何?

(4)沟通对象对沟通信息了解多少?

(5)沟通对象对沟通本身和沟通信息的内容持什么态度,是欢迎还是排斥?会如何反应?

小贴士

消除沟通偏差

有效沟通中的最大敌人一定是沟通偏差。虽然每个人都在沟通中竭力表达自己,但很多时候听者并不能百分之百地接收并理解沟通对象想要传达的信息。

在一个实验中,教授让20人站成一排,进行传声筒游戏。教授用悄悄话告诉第一个学生一句话,然后第一个学生同样用悄悄话传递给第二个学生,后面的学生依次传递下去。游戏结束,最后一个学生大声地说出他从上一位同学那听到的悄悄话。

实验开始了,教授对第一个学生悄悄地说:"昨天的作业,有个同学做得不好。"

最后一位同学大声说出了他听到的话:"校长要开除王某某,因为他和李某某早恋。"

乍一听,这两句话有天壤之别,但仔细回顾这个传递的过程,你就能明白偏差是如何产生的。

教授说:"昨天的作业,有个同学做得不好。"

然后,第一个学生小声转述给第二个学生说:"昨天的作业,有几个同学做得很不好,老师很生气。"

第二个学生小声转述给第三个学生:"最近的作业,有很多同学都做得不好,老师很生气。"

"好多同学都不做作业,老师要惩罚学生。"

"王某某和陈某某,总不做作业,老师要告诉校长。"

"王某某总不做作业,光顾着谈恋爱,校长找他的家长谈话了。"

最后一个学生大声说出来的是:"校长要开除王某某,因为他和李某某早恋。"

很多电视节目都设计这个传声游戏,沟通偏差往往成为其中的笑点。其实,在日常沟通中,我们很多时候像游戏中的那些人。但是当我们置身其中时,这种沟通偏差却一点也不好笑了,因为它会导致很实际的问题。

> 很多时候,你想到的内容很多,但由于语言表达能力不足和媒介传播时的内容损失,你实际上根本无法100%表达出内心所想。对方其实也有同样的问题,无法100%地表达他的想法。并且由于正确接收的信息也在逐步减少,因此,最后达成共识的区域,其实只是你大脑里所想内容的很小一部分。

(三) 何事

"何事"是指沟通的主题。主题是指沟通活动紧密围绕的核心问题或话题。在沟通活动中,主题的作用主要体现在它是串起所有相关信息的线索。在沟通过程中,主题作为基本的背景和对象,是帮助沟通者理解和记忆沟通内容并做出反馈的主要依据。

在时间比较长的沟通中,特别是作演讲和报告时,听众很难长时间全神贯注地倾听,会出现走神或中途退场的现象,如何才能继续下去呢,这时如果主题很清晰,听众就比较容易把新接收的信息与前面的信息联系起来,否则就会不知所云。

另外,有时由于交流过程中的不确定性和随意性,沟通过程随时可能转入细节或一个不相关的话题,确定明确的主题并保持主题意识,是实现高效沟通的重要途径。

(四) 何地

地点是指沟通活动发生的空间范围,包括地理区域、特定场所和室内布置等。

大的地理区域往往暗示着某种文化背景和区域特征,如法国常使人联想到浪漫、考究、富裕、艺术;非洲则容易使人联想到落后、干旱、豪放、自然。尽管实际情况不一定如此或者不一定当地的每个人都是这样,但还是有一定的代表性。在购买商品的过程中,人们也往往会根据产品的产地来判断产品的质量和价值。

特定场所往往暗示着一定的身份和地位。如同样一场商务洽谈,如果安排在一家五星级饭店,则暗示着主办方对此事非常重视,如果是在公司的普通会客室进行,则可能被理解为接待方不很重视。很多擅长沟通的人往往选择某些特定的场合作为见面或谈话的地点,以显示自己的特殊背景或关系。例如,一些商业掮客往往选择政府机构内部附设的营业场所或附近的地点作为与委托人见面的地点,以暗示自己与政府机构的关系密切。

室内场所的布局和陈设对沟通双方的心理也有影响。试想,如果一个企业的老板坐在硕大的老板桌后面的老板椅上,桌前放了一张很小的椅子给员工坐或者干脆让员工站着,那么,员工在与老板沟通的过程中一定会感觉到紧张和压力。反之,如果在办公室内呈垂直角度摆放两张完全相同的沙发或椅子,分别供老板和员工使用,则员工在与老板的交流中就会感受到较小的地位差距和压力,沟通起来会更加充分。

(五) 何时

时间对沟通效果的影响非常复杂且是多方面的。

(1) 不同的人在作息规律上存在很大差异,在同一时间不同沟通对象在情绪、体力、注意力等方面差异很大,如果时间选择不当就会影响沟通效果。

(2) 不同的人具有不同的时间观念。在很多沟通场合,当事各方并不一定能够准时在同一时间到达约定地点,有时还会迟到。在通常情况下,迟到会给另一方造成对方不尊重、不重视自己和心情烦躁的感觉,影响沟通的顺利进行。但是,迟到可能有多种原因,如遗忘、临时变故、交通堵塞、时间安排不当等,并不一定都是出于轻视。即使是迟到了相同的时间,由于不同的人具有不同的时间观念和生活、工作节奏,对此的理解和看法会有不同。

(3) 时间的长度对沟通效率也有很大的影响。一般来说,交谈或谈判的时间越长,人们的注意力越差,头脑反应越慢。有些时候,也有人利用拖延时间的战术来麻痹对方,在谈判中达到自己的目标。欧美国家的人士就经常抱怨与日本人进行谈判时对方总是不停地重复类似的内容,令人产生厌倦感,最终因不堪重负而做出让步。

(4) 不同的时间段会影响人们对信息的理解。例如,同事之间在工作时间所讲的内容往往被理解为正式的沟通,需要为此承担责任,而在休息时间或下班后所讲的话常常被理解为非正式的私人沟通,不需要为此承担责任。

(六) 如何

"如何"是指实现沟通目标的手段,也是最复杂、最困难的要素。

有效地组织和实施沟通,需要考虑以下主要因素。

(1) 信息的表现形式,如文字、图片、多媒体、身体语言、符号标志、模型等。

(2) 沟通的媒介。其主要分为口头和书面两大类。口头形式包括面对面交谈、语音交谈、远程多媒体视频交谈等;书面形式包括信件、备忘录、通知等。

(3) 信息的组织形式,可分为归纳法和演绎法。归纳法是从一个个具体的事例出发,经过分析、解释,得出主要观点或一般性结论;演绎法则从一般的结论或主要观点出发,对具体的事例进行解释、分析和说明。

(4) 沟通的语气和表达风格,如庄重、轻松、戏谑等。

(5) 沟通的场所布置和安排。

(6) 沟通时间的选择。

在对沟通过程进行计划时要特别注意,并不存在放之四海而皆准的最佳表达方式,应该根据不同的情况选择最合适的表达方式,特别是要根据沟通的需要创造出恰当的沟通气氛。

小贴士

沟通的共识

很多时候人们在接收信息之后,并不能完全理解或完全接收信息,而会根据自己的经验,在接收到的信息中加入主观的理解,这就在无形中改变了本来的信息。因此,主观理解是人们有效沟通中的"劲敌",也是沟通偏差的主要来源之一。

资料来源:https://www.sohu.com/a/516048618_120012602,2023-01-12.

在法师和年轻人的沟通中,年轻人要出家和法师收弟子是目的,和谐出家是共识,恰当的沟通是关键。

第三节 沟通的形式

按照沟通传递信息是否采取语言形式,可以分为语言沟通和非语言沟通;按照发生的主客体分类,可以分为人际沟通、人机沟通和组织沟通;按照沟通的正式性程度,可以分为正式沟通和非正式沟通;按照沟通双方在组织中所处的层次高低,可以分为纵向信息沟通、横向信息沟通和斜向信息沟通;按照沟通主体的文化背景是否相同,可以分为同文化沟通和跨文化沟通。

一、语言沟通和非语言沟通

(一) 语言沟通

语言是人类交流沟通的基本工具。很难想象没有语言,人们的生活会变得怎样。语言包括词汇和语法两个部分。词汇是语言的基本构成要素,每个词汇都代表着某一类特定的事物、动作、情感、特征或者关系。从沟通的角度看,语言实际上是人们表达思想的一种代码或编码形式。只有沟通双方赋予词汇相同的含义,沟通才能得以顺畅进行。由于词汇的有限性,并且很多词汇都存在多种含义,因此在每一个具体的语句中首先必须搞清楚每个词汇的含义,否则就会出现误解。

语言、词汇不仅存在多义性,而且随着时间的推移也会发生变化。例如汉语中的"汤"字在古代汉语中是热水的含义,而在现代汉语中则一般是指汁液状态的一种食品。此外,不同国家、不同地区甚至不同的个人对同一词汇的理解也不尽相同。很多国家都说英语,但同一词汇的用法和含义则可能有很大差别,即使在同一个国家也是如此。

例如,英文中的 dap 这个词汇,在英国的不同地区可能分别指 plimsoll(橡皮底帆布鞋)、tennis shoes(网球鞋)或者 pump(浅口无带皮鞋)。又如,对于社会上很流行的"酷"这个词,有人理解为新潮、前卫,是中性偏褒义的词汇,而有人则理解为"怪异",是中性偏贬义的词汇。因此,在沟通时,必须首先弄清楚沟通对象的语言习惯,否则不是词不达意就是误会不断。

语言沟通的形式可以分为两大类,即书面语言和口头语言。

(二) 非语言沟通

非语言沟通就是借助非语言符号系统进行的信息交流。这种形式一般表现为视觉——动作符号系统(手势、表情动作、体态语言等非语言交往手段)、目光接触系统(延伸、颜色)、辅助语言(说话的语气、音调、音质、音量、语速、沉默以及书写格式等)、空间运用(身体距离)以及标志符号等。

非语言沟通形式是最古老的沟通形式,早在人类诞生以前就产生了,如各种动物的沟通都具有自己的非语言表达形式。只不过与动物相比,人类的身体语言、表情等更加复杂。现在,人类已经创造了非常发达的标志符号体系。很多文字在早期都具有明显的符号特征,如红绿灯、交通标志、危险标志等。

比起语言沟通形式,非语言沟通形式更加直观、迅速、具有个性。

二、人际沟通、人机沟通和组织沟通

（一）人际沟通

人际沟通是指主要发生在两个人或两个组织之间的沟通。人际沟通是沟通的基本形式，人际沟通由于主要发生在两个个体之间，传递一次信息就可以形成交流，沟通过程比较简单，不容易发生传输错误。另外，在个体沟通中，由于沟通对象很单一，也比较容易根据对方的特点采取相应的沟通形式和风格，并对沟通过程加以控制。

（二）人机沟通

人机沟通是指发生在人与机器之间的沟通，如计算机的使用者和计算机之间的沟通。人机沟通的效果主要取决于设备、软件及使用者的技巧三个方面。

（三）组织沟通

组织沟通又称群体沟通，它是指组织成员之间的信息交流和传递。按照信息在组织内部传递的方向，组织沟通又分为下行沟通、上行沟通和平行沟通。下行沟通指组织中上级对下级命令、指示或通报等形成的沟通；上行沟通指下级向上级反映情况的沟通；平行沟通指组织同一层次之间的沟通。

在组织沟通中，随着个体数目的增加，如 3 个个体之间都发生一次沟通需要进行 3 次信息传递，4 个个体之间都发生一次沟通需要进行 6 次信息传递，5 个个体之间都发生一次沟通需要进行 10 次信息传递。不仅信息传递次数多，由于不同个体的背景和沟通习惯不同，在沟通中对表达方式的选择会变得十分严格，否则就会出现部分成员误解的情况。在组织沟通中必须进行有效的控制，也就是进行领导和协调，否则沟通很难顺利进行。

三、内部沟通和外部沟通

按照一个沟通过程所涉及的人员是否属于一个组织内部，可以分为内部沟通和外部沟通。所谓内部沟通，即同属于同一组织内部的人员之间的沟通；外部沟通则是不属于同一组织的人员之间的沟通。

内部沟通与外部沟通之间存在很大差别，正所谓"内外有别"。内部沟通由于彼此之间比较了解，因此，在沟通过程中对礼仪方面的要求比较低，在沟通风格上比较轻松自如。外部沟通的对象由于彼此之间存在一定生疏感，在沟通过程中通常十分注意礼仪。

此外，内部沟通的对象由于同属于一个组织内部，往往存在很多彼此之间心知肚明但不能明确说出的利益共享或冲突问题，因此，虽然在沟通形式和风格上可以比较随意，但一些敏感问题则是不可以轻易触及的。而外部沟通虽然注重礼仪，但在沟通的范围上则可以开诚布公，约束很少。

总的来讲，内部沟通要更多地考虑各种相关因素的影响，外部沟通的重点则是寻找共识或共同的礼仪。

四、正式沟通和非正式沟通

按照沟通的正式程度可以分为正式沟通和非正式沟通。

正式沟通是通过正式的组织程序，依照组织结构进行的信息沟通。这种沟通的媒介物和线路都是事先安排，因而被认为是正式且合法的。

非正式沟通是不按照正式的组织程序进行的沟通，其信息传递的媒介和路线均未经过事先安排，具有很强的随意性和自发性。在非正式组织中，其成员间的社会交往就主要采用非正式的沟通渠道，具体表现也往往是各种传闻或小道消息。

非正式沟通的明显特点是信息传递速度快，但失真比较严重。对非正式沟通可以采取"管理"的态度，以便更好地扬长避短。

区分正式与非正式的标准有很多。可以按照职位身份和个人身份来划分正式沟通和非正式沟通，如某位官员以自己的公职身份与媒体沟通属于正式沟通，以自己的私人身份与某位记者交流属于非正式沟通；可以按照一方或双方的重视程度来划分。如一位经理与一位员工在就餐时随意闲谈则属于非正式沟通；按照沟通内容的效力进行区分，如果沟通双方只是对内容的准确性十分确认，并准备受其约束，则为正式沟通，如果双方只是对内容进行简略地探讨则为非正式沟通；按照沟通方式、仪式、重要性的不同也可以划分为正式沟通和非正式沟通，如国家元首正式出访和非正式出访其他国家，在接待仪式上就有严格的差别。

一般来说，正式沟通由于双方都比较重视，沟通内容的约束性比较强，较为正规，因而沟通各方在沟通过程中都较为谨慎，一般适合于简单、初步的沟通和总结性的沟通；而非正式沟通则比较适合于深入沟通信息、探讨各种可能性的沟通阶段。

五、纵向信息沟通、横向信息沟通和斜向信息沟通

按照沟通双方在组织中所处层次的高低，可以将其分为纵向信息沟通、横向信息沟通和斜向信息沟通。

（一）纵向信息沟通

纵向信息沟通是指沿着组织的指挥链在上下级之间进行的信息沟通。它可以区分为自上而下和自下而上的两种形式。自上而下的沟通亦称为下行沟通，指组织内部同一系统内的较高层次人员对较低层次人员的沟通，如传达命令、布置计划和颁布程序规则等。自下而上的沟通亦称上行沟通，指组织内部同一系统内的较低层次人员向较高层次人员的沟通，如请示、汇报和意见申诉等。

（二）横向信息沟通

横向信息沟通是指组织内部同一层次人员之间的沟通，也称为平行沟通。这种沟通主要是为了促成不同系统（部门、单位）之间的协调配合和相互了解。如高层管理者之间、中层管理者之间、支线人员与参谋人员之间、生产工人与设备修理工之间以及任务小组和专项小组内部所发生的沟通，都属于这类沟通。

（三）斜向信息沟通

斜向信息沟通是指发生在组织内部既不同系统又不同层次的人员之间的沟通。斜向沟通对组织中的其他正式沟通渠道会起到一定的补充作用。如公司开发部，倘若以设计师

与试制车间主管之间的直接沟通取代传统的经由生产经理传递信息的办法,则沟通的线路和传递的时间会大大缩短。但是斜向沟通容易在部门之间尤其在实现职权与参谋权之间造成矛盾。

以上的横向沟通和斜向沟通是脱离组织的指挥链而跨系统发生的。在一些严格、正规的机械式组织中,它们并不被认为是正式的、法定的沟通形式,而常常被作为非正式的沟通渠道来看待。

六、同文化沟通和跨文化沟通

按照沟通主体的文化背景是否相同,沟通可以分为同文化沟通和跨文化沟通。不同文化背景的人在历史传统、思维方式、思想观念、生活环境、生活习惯、禁忌喜好、宗教信仰、工作理念、商业伦理、经济状况、受教育水平等方面存在明显的差异。

随着经济全球化的发展,不同文化之间的沟通更为密切和频繁,同时,文化上的差异表现得更为明显。这种文化背景的差异使得人们在沟通过程中对同一现象或表达方式在解读上会产生明显的差异。为了更好地进行跨文化沟通,人们必须以一种更加开放的心态努力了解不同文化背景的人群。

小贴士

测试:你属于哪种沟通类型的人

思考一下你在日常事务中是如何与他人沟通的。下面有18组论述,根据你的性格类型,为每组中 A、B 两个论述评分,评分的范围从 0 分到 3 分;0=从不;1=很少;2=有时;3=经常。每组论述的评分相加应该等于3。

1. A:_____ 我坦诚地去了解每个人并且与他们建立关系。
   B:_____ 我不会坦诚地去了解每个人并且与他们建立关系。
2. A:_____ 我的反应很慢而且会慎重地做出反应。
   B:_____ 我的反应很快而且会自然而然地做出反应。
3. A:_____ 我对别人占用我的时间并不在意。
   B:_____ 我不会轻易地让别人占用我的时间。
4. A:_____ 我在社交性聚会中向别人介绍自己。
   B:_____ 我在社交性聚会中等待别人向我介绍他们。
5. A:_____ 我与别人交谈时,注重他们所感兴趣的话题,即使交谈偏离了即将进行的业务或主题。
   B:_____ 我与别人交谈的重点总是离不开即将面临的工作、事务、业务或主题。
6. A:_____ 我并不果敢,而且对慢条斯理的人很有耐心。
   B:_____ 我很果敢,而且有时对慢条斯理的人很不耐烦。

7. A：_____ 我依据事实或证据做出决定。
   B：_____ 我依据感情、经验或人际关系做出决定。
8. A：_____ 我经常在群体中交谈。
   B：_____ 我很少在群体中交谈。
9. A：_____ 我比较喜欢与别人一起完成工作，在可能的时候向他们提供帮助。
   B：_____ 我比较喜欢独立地工作或根据其他相关人员的工作表现对他们进行指导。
10. A：_____ 我以提问的方式或者用更加试探性的、含蓄的谈话与别人沟通。
    B：_____ 在与别人沟通时，我会做出有力的陈述并且直截了当地表达我的观点。
11. A：_____ 我主要注重沟通中的想法、观念或结果。
    B：_____ 我主要注重与我沟通的人、我们之间的关系及感情。
12. A：_____ 我用手势、面部表情以及语调来强调重点。
    B：_____ 我不用手势、面部表情以及语调来强调重点。
13. A：_____ 我接受别人的观点（想法、感情和所关心的事情）。
    B：_____ 我不接受别人的观点（想法、感情和所关心的事情）。
14. A：_____ 我用小心谨慎的态度来对待危险和变化或者对它们做出事先的预见。
    B：_____ 我用不断改变的态度来对待危险和变化或者对它们不做出事先的预见。
15. A：_____ 我比较喜欢将自己的感情和思想藏在心底，只有在我愿意的时候才与别人分享。
    B：_____ 我发现与别人分享和谈论我的感情十分自然而且简单。
16. A：_____ 我想获得新鲜的或不同的经历和环境。
    B：_____ 我选择已经了解的或相似的环境和人际关系。
17. A：_____ 我对别人要做的事情、兴趣以及关心的问题很敏感。
    B：_____ 我只注意自己要做的事情、兴趣以及关心的问题。
18. A：_____ 我对冲突的反应慢而且不直截了当。
    B：_____ 我对冲突的反应快并且直截了当。

评分及说明：

人们在成长过程中为巩固其行为而培养出与别人沟通的习惯方式。可以通过观察你有多么坦率或沉默寡言以及多么直截了当或拐弯抹角来了解你的沟通类型。

为了确定你的坦率和直截了当的程度，把你在上面问卷中的得分填到下面的表中。然后，计算O、S、D、I每列的总分，如表1-1所示。

表 1-1 沟通类型评分表

O	S	D	I
1A _____	1B _____	2B _____	2A _____
3B _____	3A _____	4A _____	4B _____
5A _____	5B _____	6B _____	6A _____
7B _____	7A _____	8A _____	8B _____
9A _____	9B _____	10B _____	10A _____
11B _____	11A _____	12A _____	12B _____
13A _____	13B _____	14B _____	14A _____
15B _____	15A _____	16A _____	16B _____
17A _____	17B _____	18B _____	18A _____
总计 _____	总计 _____	总计 _____	总计 _____

对比 O 列和 S 列的总分,将较高的分数写在下面的横线上并在相应的字母上画圈:_____ O S。

对比 D 列和 I 列的总分,将较高的分数写在下面的横线上并在相应的字母上画圈:_____ D I。

在沟通的时候,O 列的总分较高,表明你更坦率;S 列的总分较高则意味着你更沉默。

当一个坦率的人进行沟通时,他(她)倾向于人际关系,支持别人的需要并且愿意与别人分享感情;一个沉默寡言的人倾向于工作,他的态度很冷淡并且不喜欢与别人分享感情。

在沟通的时候,D 列的总分较高,表示你更直截了当;I 列的总分较高则表明你更拐弯抹角。

直截了当的人性格外向并且非常强烈地表达他们的思想和感情,拐弯抹角的人性格抑郁,并且显得更加内向。直截了当的人十分果断甚至非常自信,而拐弯抹角的人则相反,他们不太果断甚至很被动。

这四种不同的沟通类型可以通过你的直截了当和坦率的程度辨别出来。如果你在这两方面得了最高分,你就是一个果断的并且倾向于人际关系的社交者。如果你在沉默寡言和直截了当方面得的分数最高,说明你是一个果断的并且倾向于工作的领导者。如果你在拐弯抹角和沉默寡言方面得分最高,说明你是一个倾向于工作但不够果断的思想家。如果你在拐弯抹角和坦率方面得分最高,你就是一个不够果断并且倾向于人际关系的健谈者。

本章小结

学习完本章,你应该对沟通的概念有了比较清楚的了解。沟通可被认为是涉及信息传递和某些人为活动的过程。沟通是人为的,没有人为行动,也就无所谓沟通。

本章讲述的是在信息经济中成为一名有效的沟通者的重要性。在当今的动态的工作环境中,许多的变化围绕处理和沟通信息进行。为了改善沟通技能,应该了解沟通的过程、存在的问题以及解决这些问题的方法。21世纪是一个充满激烈竞争的时代,要成为一名成功人士,不仅要有应对问题和挫折的能力,还要与客户、同事、合作伙伴和供应商等建立良好的人际沟通关系,这是事业成功的重要保证。

沟通并不是一种本能,而是一种能力。也就是说,沟通不是人天生就具备的,而是在工作实践中培养和训练出来的。也有另外一种可能,即我们本来具备沟通的潜在能力,但因成长过程中的种种原因,这种潜在能力被压抑了。

别人能够理解你的问题,能够接受你的想法,这完全靠沟通取得成果;沟通的基本问题是你的心态对不对,其基本原理是你有没有关心别人,对于别人的主动要求,你是否会主动支持和主动反馈;世界上没有天生的沟通高手,成功的沟通不外以下两点:第一,讲话的人要让别人听懂你在讲什么;第二,听的人要理解别人在说什么。

复习思考题

(1) 简述沟通的重要性。
(2) 什么是信息编码?
(3) 简述沟通的基本内容。
(4) 简述沟通的"7C"原则。
(5) 沟通的形式有几种?

拓展阅读

实现建设性沟通　需要双方的共同努力

王岚是一个典型的北方姑娘,从她身上可以明显地感受到北方人的热情和直率。她喜欢坦诚,有什么说什么,总是愿意把自己的想法说出来和大家一起讨论,正是因为这个特点,她在上学期间很受老师和同学的欢迎。今年,王岚从西安某大学的人力资源管理专业毕业了。她认为,经过四年的学习,自己不但掌握了扎实的人力资源管理专业知识,而且具备了较强的人际沟通技能,因此她对自己的未来期望很高。为了实现自己的梦想,她毅然只身去广州求职。

经过将近一个月的投简历和面试,在权衡了多种因素的情况下,王岚最终选定了东莞市一家研究、生产食品添加剂的公司。她之所以选择这家公司是因为该公司规模适中、发展速度很快,最重要的是该公司的人力资源管理工作还处于尝试阶段,如果王岚加入,她将是人力资源部的第一名员工,她认为自己施展能力的空间很大。

但是到公司实习一个星期后,王岚就陷入了困境。

原来该公司是一个典型的小型家族企业,企业中的关键职位基本上都由老板的亲属担任,其中充满了各种裙带关系。尤其是老板给王岚安排了他的大儿子做临时上级,而这个人主要负责公司的研发工作,根本没有管理理念,更不用说人力资源管理理念了。在他的眼里,只有技术最重要,公司只要能赚钱其他的一切都无所谓。但是王岚认为,越是这样就越有自己发挥能力的空间,因此在到公司的第五天,王岚就拿着自己的建议书走向了直接上级的办公室。

"王经理,我到公司已经快一个星期了,我有一些想法想和您谈谈,您有时间吗?"王岚走到经理办公桌前说。"来来来,小王,本来早就应该和你谈谈了,只是最近一直扎在实验室里,就把这件事忘了。"经理回答到。

"王经理,对于一个企业尤其是处于上升阶段的企业来说,要持续企业的发展必须在管理上下功夫。我来公司已经快一个星期了,据我目前对公司的了解,我认为公司主要的问题在于职责界定不清;雇员的自主权力太小,致使员工觉得公司对他们缺乏信任;员工薪酬结构和水平的制定随意性较强,缺乏科学合理的基础,因此薪酬的公平性和激励性都较低。"王岚按照自己事先所列的提纲开始逐条向王经理叙述。

王经理微微皱了一下眉头说:"你说的这些问题我们公司确实存在,但是你必须承认一个事实,我们公司在盈利,这就说明我们公司目前实行的体制有它的合理性。"

"可是,眼前的发展并不等于将来也可以发展,许多家族企业都是败在管理上。"

"好了,那你有具体方案吗?"

"目前还没有,这些还只是我的一点想法而已,但是如果得到了您的支持,我想方案只是时间问题。"

"那你先回去做方案,把你的材料放这儿,我先看看然后给你答复。"说完王经理的注意力又回到了研究报告上。

王岚此时感受到了不被认可的失落,她似乎已经预测到了自己第一次提建议的结果。果然,王岚的建议书石沉大海,王经理好像完全不记得建议书的事。王岚陷入了困惑中,她不知道自己是应该继续和上级沟通还是干脆放弃这份工作,另找一个发展空间。

资料来源:https://www.asklib.com/view/86b428ce8469.html,2023-08-24.

点评:沟通是一个互动的过程,实现建设性沟通需要双方的共同努力。本案例中,沟通双方可以在以下几个方面做出改进。

1. 王岚应做出的改进

(1) 在沟通之前做好信息准备工作。这些信息包括公司中的各种裙带关系和家族成员间的利害关系;公司以前是否有人提出过改革建议,结果如何;了解直接上级的性格和脾性以及他在公司中的地位和影响力;公司中存在的可以说明问题存在性和严重性的各种事实。

(2) 事先提出解决问题的草案。比起听下级挑毛病,上级更希望下级拿出解决问题的具体方案,而不仅仅是指出问题所在。

(3) 先咨询后建议。作为一个刚毕业的大学生,到公司还不到一个星期,对许多事情的认识还只是停留在表面,甚至过于理想化。因此,不要把自己当作专家而是要事事抱着谦虚的态度。所以在与王经理的沟通过程中,王岚可以先咨询后建议。也就是说,先向王经理请教有关管理方面的问题,这样一方面可以避免王经理把这次谈话当作一次抱怨,另一方面也可以探知王经理对公司管理的看法和态度。有了这一层铺垫后,王岚再根据王经理的态度决定是否现在就提出建议、以怎样的方式提出建议,以及提出哪些建议才是合适的。

2. 王经理应做出的改进

(1) 认识到王岚作为一个刚刚毕业的大学生,因此具有强烈的成就动机,对她的这种敢想敢说的精神给予肯定和赞扬。这样一方面使王岚希望得到认可的心理需求得到了满足,另一方面又为培养王岚以后的创新和工作积极性打下了基础。

(2) 对王岚的谈话给予积极的反馈,鼓励王岚把自己的观点表达清楚。

(3) 在肯定王岚行为的前提下,以列举公司中的事实的方式来提醒王岚应该多关注公司的实际,不要过于理想化。

(4) 给王岚提供一些工作指导,让她明白以后工作中应该注意哪些方面的问题。

实 践 课 程

自 我 介 绍

(1) 时间把握:第一节课。
(2) 方法:教师示范,学生登台,面对大家简要介绍自己。
(3) 要求:在短时间内以简洁、形象的语言介绍自己,要给大家留下深刻印象。
(4) 目的:培养学生的沟通意识,训练如何有效地向别人介绍自己。

训练二

撕 纸

1. 目的

体验不同沟通方式的沟通效果。

2. 程序与规则

1) 第一阶段

(1) 给每位同学发一张 A4 白纸。
(2) 教师发出单向指令。
① 大家闭上眼睛(避免相互借鉴)。
② 全过程不许提问,按照指令做。
③ 把纸对折。
④ 再对折。
⑤ 再对折。
⑥ 把右上角撕下来,旋转 180 度,把左上角撕下来。
⑦ 睁开眼睛,把纸打开。
(3) 教师会发现有各种各样的答案。

2) 第二阶段

重复上述指令,唯一不同的是,这次学员可以提问。

讨论:

(1) 我们只有靠听来交流时,是否会感到困惑,为什么?
(2) 为什么单向交流很难进行?
(3) 即使双向交流也不能保证彻底的理解,这种情况下可以采用哪些方法使交流更为有效?

第二章

CHAPTER 2

语言与非语言沟通

🔑 **学习目标**

(1) 明确语言沟通技巧在沟通中的合理运用,领会什么是有效的表达。
(2) 重点掌握如何正确解读和运用非语言沟通的方法。
(3) 领会非语言沟通的态度要求,明确非语言沟通的各种方法和使用范围。

🎲 **技能要求**

(1) 学会针对客体运用适当的语言沟通方法,熟练运用两种以上非语言沟通的方法。
(2) 学会根据情况选择适当的非语言沟通方法。

培养良好的个性、体验沟通的快乐

东北师范大学大三学生小董已经连续3个假期没回家了。"我不愿见父母,每次站到回家的站台上,似乎都是一次煎熬。他们根本不理解我,我也没脸见他们。我觉得,这3年来自己一事无成,我也想学习,可没有动力了,有时我真不知道怎么办。"小董一脸伤感地说,"我能做的就是跟女朋友倾诉,我认为只有她才能了解自己,才能真正和自己交流"。

像小董一样,很多大学生都表示"和父母交流有困难"。据报道,2021年3月,上海市心理咨询中心曾在市内主要高校大学生群体中做过一项调查,结果显示,约有69%的大学生感到无法与父母交流和沟通,其中27%的学生表示从不与父母交流。

无独有偶,2022年举行的第二届上海市重点(示范性)中学学生会主席在论坛上也传出消息,"当代青少年与父母之间存在明显的沟通障碍"。有63%的高中学生认为心里话只能和同学说,与父母说的只占21.9%。看来,大学生难与父母沟通,是在高中就"打下了基础"。

随着工作节奏不断加快,竞争压力日益增大,许多父母不得不将更多的时间和精力投入工作中。家住长春的李女士表示,由于工作忙,孩子很小的时候就由保姆照看。一直以来她都觉得,自己给孩子的已经比同年龄孩子得到的多很多,但她与孩子之间的隔阂却慢慢升级,她觉得很不理解,想改变,但力不从心。

大学生不愿与父母交流，也有自身的原因。长春大学大二的刘同学对记者说："大学里事情很多，我却找不到生活的目标，非常郁闷没心情和父母交谈。"学法律的小张也眉头紧锁："上了大学，开始参加了很多社团，后来逐渐放弃了，再后来，就忙着应付各种各样的过级、考试，很少和家里人交心。一是自己话本来就少，二是觉得没必要让他们知道我的情况，那样反而让他们操心。"对于大学生来说，要培养良好的个性、建立良好的家庭关系，还应主动找时间和父母聊天，体验沟通的快乐。

资料来源：https://easylearn.baidu.com/edu-page/tiangong/composition?id=aececdfecdcae17576146666051235110&fr=search, 2022.12.31.

第一节 语言沟通

一、语言沟通的形式

语言沟通是指以语词符号为载体实现的沟通，主要包括口头沟通、书面沟通和电子沟通等。

（一）口头沟通

口头沟通是指借助语言进行的信息传递与交流。口头沟通的形式很多，最常见的如人与人之间的交谈，此外还有电话、会议、广播等。

（二）书面沟通

书面沟通是指借助文字进行的信息传递与交流。书面沟通的形式也很多，如通知、文件、通信、布告、报刊、备忘录、书面总结、汇报等。

口头沟通的过程通常包括表达和领会两个方面的意思，具体包括说话、倾听和反馈三个过程，而书面沟通则主要包括写作和阅读两个过程。

（三）电子沟通

电子沟通是以计算机与电子通信技术组合而产生的信息交流技术为基础的沟通。具体包括传真、闭路电视、电子邮件等。

以上三种主要的语言沟通形式在实际应用中要恰当地选择，以提升沟通的效果。关于三者的比较如表2-1所示。

表 2-1 三种主要语言沟通方式比较

沟通方式	优　点	缺　点
口头沟通	快速传递、快速反馈、信息量大	传递过程中经过层次越多信息失真越严重、核实困难
书面沟通	持久、有形、可以保存	单向传递、效率低、缺乏反馈
电子沟通	快速传递、信息容量大、传播范围广、成本低	单向传递、容易形成信息泛滥

二、语言沟通的原则

语言作为沟通的工具,最讲究的就是表达得是否有效。无论你出于怎样的目的,都不希望自己的讲话没有效果,甚至适得其反。说话的目的有四个方面:引起听者行动;提供知识或信息;引起共鸣、感动与了解;让听众感到快乐,不论说话者是否意识到,说话一定具有其中的一个或几个目的。

案 例

为共建"一带一路"培养语言人才

习近平总书记强调:"要大力培养掌握党和国家方针政策、具有全球视野、通晓国际规则、熟练运用外语、精通中外谈判和沟通的国际化人才,有针对性地培养'一带一路'等对外急需的懂外语的各类专业技术和管理人才。"语言作为沟通工具,是实现基础设施"硬联通"、规则标准"软联通"和共建国家人民"心联通"的基础。推动共建"一带一路"高质量发展,要求我们更加重视外语人才的储备和培养。

"一带一路"沿线国家和地区语言多种、文化多样,很多地方的通用语言或官方语言属于"小语种"。目前,我国的小语种人才储备相对欠缺,加快与优化人才培养的必要性日益凸显。这就要求我们必须更加重视小语种,不仅要在学科建设、专业建设、课程教学等方面持续完善、加大投入,同时要为学习小语种的学生在实习、就业等方面提供更多机遇和更好保障。特别是要为包括小语种在内的外语专业人才更好地参与共建"一带一路"搭建平台、畅通渠道。让外语人才有更大的舞台、更广阔的天地,吸引更多年轻人投身其中,为共建"一带一路"奉献青春和力量。

在共建"一带一路"过程中,无论是推动"硬联通""软联通"还是增进"心联通",都需要以语言服务作为支撑,也离不开建立在语言研究基础上的国别与区域研究。这要求我们培养的外语人才不仅要掌握语言,更要对语言背后的社会文化、风土人情、习俗习惯等加以深入的理解认识与调查研究。特别是在推动规则衔接和加强政策协调方面,语言背后的民族文化、价值观念、思维方式等因素显得更加重要。只有熟悉当地政策与国情、了解当地历史和文化、通晓国际规则、熟练运用外语、精通中外谈判和沟通,才能在相关领域的合作中发挥更大作用。培养更多具备法律、经贸、金融、管理、科技、历史、新闻等专业背景的复合型、应用型外语人才,已经成为高校外语人才培养的当务之急和重中之重。

培养跨学科的复合型外语人才,不仅是推动具体合作的重要支持,也是加强我国国际传播能力建设课题的关键方案。精准传播取决于有效叙事,有效叙事依赖于语言通达。面向"一带一路"沿线国家和地区的受众,只有用他们听得懂、能接受的语言深入阐释共建"一带一路"的理念、原则、方式等,才能真正讲好共建"一带一路"故事,传播好中国声音。这就要求外语人才不仅要充当语言的翻译,更要充当文化的使者,以多语种为基本工具实现分众化、精细化、定制化的精准传播,激发情感共鸣和价值共鸣,更好地向世界展现可信、可爱、可敬的中国形象,从而增强国际传播的亲和力和实效性。

语言的魅力是巨大的,在达意的同时还可以传情,在通事的同时还可以通心。"一带一路"是推动构建人类命运共同体的重要实践平台,外语人才尤其是小语种人才大有可为。

构建与共建"一带一路"相适应的外语教育战略,培养、造就、储备一批掌握党和国家方针政策、具有全球视野的复合型外语人才,必将推动共建"一带一路"高质量发展从而不断取得新成效,为构建人类命运共同体作出新的更大贡献。

资料来源:http://yn.people.com.cn/n2/2022/0217/c372441-35137502.html,2022-02-17.

要做到语言沟通有效,必须遵循以下原则。

(一)目的性原则

沟通是一种传递信息的手段,要为其目的服务,语言沟通也不例外,要遵循目的性原则。如需要别人帮忙、请求别人的谅解、命令对方行动、从对方处获取信息、改善双方的关系等,这些目的都可以通过有效的语言沟通来达到。

(二)情境性原则

情境是指语言沟通过程中所涉及的时间、地点、沟通双方的状态等因素组成的沟通环境。适当的沟通环境会对沟通效果的提升起到积极的推动作用。相反,如果沟通环境不合适,如沟通环境与语言沟通的方式不相匹配,则会对语言沟通目的的达成起到制约作用。

(三)正确性原则

语言沟通的正确性是指语言表达中要符合相应的语言规范,也就是要符合语法习惯。任何语言只有遵循语言规范,才能被准确无误地接受和理解,否则就容易造成沟通中的障碍。

(四)得体性原则

正如在社交场合要求穿着得体一样,语言沟通中同样要遵循得体性原则。东方语言是一种高情境的语言,相同的语言可能会因为表达方式的不同,受众不同所解码出的信息大相径庭。

三、语言沟通的技巧

(一)巧妙地攀谈

说话时,如果你能使对方谈到他感兴趣的事情,就表示你已经很巧妙地吸引了对方。此时,你再以问询的方式诱导对方谈论有关他个人的生活习惯、经验、愿望和兴趣等方面的问题。对方如果对你的问题有兴趣,自然愿意叙述自己的一切,他会因为你表示出的关怀备至而开怀畅谈,甚至因此而对你表示出崇敬之意。

少数人的口才可以说是天赋,但多数人的口才却是勤于训练的结果。一个当众不敢说话的人,最大的原因是出于惧怕心理。要使自己成为一个活跃的人,使自己获得成功,关键在于训练自己的口才。自己的理由充分,而别人尽讲歪理,但因为自己的口才拙劣,反而被别人辩得无地自容,这样的事例是很多的。历史上诸葛亮"舌战群儒"和"骂死王郎"就是著名的口才争辩所取得的辉煌成果。我们虽然并不想去做辩士和说客,但必须明白,一个人的一生,离不开言语和沟通。

(二)词必达意

在日常生活中,每个人都免不了会遇到需要自己说几句话的场合,这时候,如果话说得适当,就能使事情获得圆满的结果。擅长说话的人,总可以流利地表达出自己的意愿,也能够把道理说得比较透彻、动听，使别人很乐意地接受；有时候他还可以从谈话中立即判断出对方的意图，或从对方的谈话中得到启示；而且，他能够通过谈话增加彼此之间的了解，和对方建立良好的关系。

我们常常看到一些不擅长说话的人，所遭遇的情形恰恰相反。他们说话时不能完整地表达自己的意图，往往使对方费神去听，而又不能使对方明白他所说的话的意思，这就使沟通出现了困难。遇到有事情和别人洽谈，或有事情需要别人合作的时候，说话流利的人，总可以很愉快地把许多事情洽谈成功；而不会说话的人，其结果却往往是不欢而散。那么，怎样说话才算合适呢？

首先，要正确地发音。对于每一个字，你都必须发音准确、清楚，可以依靠平时的练习、注意别人的谈话、朗读书报、多听广播来达到。

其次，说话的时候要使每一句话都明白易懂，避免用一些生涩的词汇。你不要以为用了这些词汇，就显得自己有学问。其实，这样说话不但叫人听不懂，有时反而会弄巧成拙，引起别人对你的错觉和疑虑，或认为你故弄玄虚。

融洽的谈话，应该以大方、熟练和生动的语言来表达你的意思，使你说的话多彩多姿、扣人心弦。说话的速度不宜太快，也不宜太慢。说话太快会使对方来不及反应，而且自己也容易疲倦。有些人以为话说得快一些可以节省时间，其实说话的目的是使对方领悟你的意思。此外，不管是讲话的人，或者是听话的人，都必须用脑子思考，否则就不能确切地把握说话的内容。当然，说话太慢也是不可取的，既浪费时间，也使人听得不耐烦。

"信口开河""放连珠炮"都是不好的说话方式。"信口开河"并非表示你很会说话，相反，却证明你缺乏诚意，不真实、不负责任。至于说话像"放连珠炮"，那只会使人厌烦，因为在公共场合说话，你要顾及周围的安宁，声音不要太大。假如你是与很多人沟通，你要注意自己说话的声音是否每一个人都能听得到。形容一件事或者一个人都必须恰到好处，别以为夸大其词就可以收到预期的效果，事实上，言过其实，必定会受人轻视。

案 例

运用非语言传播，轻松成为说话高手

我们都知道，人类交际最重要的工具是语言。然而，一个好的传播者还会利用各种非语言的技能表情达意。一般来说，非语言传播就是除了语言传播之外的一切交流形式，是人类沟通的重要工具。

在日常生活中，我们交流中很大一部分是非语言的。每天，我们都会对上千种非语言暗示和行为做出反应。以下介绍的这些行为都属于非语言传播的范畴。

首先是面部表情：表情在非语言交际中占很大比例，我们在听到别人说话之前，第一眼先看到他的表情，微笑或皱眉都能传达情绪。其次是动作和手势，较为随意的动作和手势也能传达信息。处于亲密关系中的人，经常会做出抚摸等亲密动作。

还有一种辅助语言，指与实际语言分离的语音交流，包括音调、响度和音高等因素，强烈的语调或犹豫的语调都会对句子意义产生很大影响。另外是眼神，眼睛是心灵的窗户，诸如注视、凝视和眨眼等都是非语言行为。当人们遇到自己喜欢的人或事物时，眨眼的频率会增加，瞳孔也会放大。

通过眼神,你可以判断别人究竟是喜欢你,还是讨厌你。外观也是属于非语言传播的范畴,颜色、服装、发型以及其他影响外表的因素,也被认为是一种非语言交流的方式。工人戴安全帽,警察穿制服,医生穿白大褂。仅仅看一眼,我们就能分辨他们的职业。外表也会影响人们对你的看法,这也是第一印象的影响因素之一。

从握手到发型,非语言细节揭示了我们是谁,并影响着我们与他人的关系。如何提高你的非语言沟通技巧?下面的建议可以帮助你。

首先,注意非语言信号。人们可以通过多种方式交流信息,所以,在和他人交流时,要注意眼神交流、手势、姿势、身体动作和语调等,这些信号都能传达语言无法表达出的重要信息。

其次,注意自己说话的语气。一个人的语气可以传达丰富的信息,你可以试着用语气来强调自己的想法。如果你想吸引人们关注一件事,就用生动的语调展现热情,这样可以使听者对你的话题产生兴趣。

另外,进行良好的眼神交流。逃离别人的目光好像在试图掩饰,而过多的眼神交流可能会显得具有威胁性。事实上,眼神交流的最佳时间间隔为4~5秒,有效的眼神交流会让你和对方都感到舒服。最后,使用肢体语言。语言和非语言沟通共同传达信息,肢体语言可以辅助话语,提高口语交流能力。当你在做演讲时,这一点尤其受用。

良好的沟通技巧,对个人生活和职业生涯都会有很大帮助,运用好非语言传播,你才能成为说话高手。

资料来源:http://jysh.people.cn/n1/2019/0718/c404390-31240770.html,2019-07-18。

(三)适时地结束

说话时最糟糕的情形是,很多人往往沉溺于自己的谈话中,而不知如何结束话题或做一个结论。他们讲起来,就像打开了水龙头,让水一直流个不停。聪明的人,要能够适时、完美地结束话题。

有许多人信口开河,讲得精疲力竭,仍然继续说个不停。你对这种人是否曾有过这样的感觉:"糟糕!那个喜欢唠叨的人又来了。他只热衷于自己的话题,每次一开口就不知道适可而止,真是讨厌!"

这一类喜欢长篇大论的人,不但不受欢迎,而且惹人厌烦。如果我们一次只谈一个话题,并以此问题征求对方的意见,而且进一步请求对方阐明对这一问题的看法,那么我们就一定能赢得对方的欢心,而你也达到了说话的目的。这种说话的态度,不但给予对方发表意见的机会,同时也使自己能专心倾听对方所说的每一句话。要知道,一个善于倾听并且能让对方有说话机会的人,必定能受到众人的爱戴与欢迎。

(四)看人说话

有一位学者说过这样的话:"如果你能和任何一个人连续谈上10分钟而不使对方失去兴趣,你就是一流的沟通人才。"这句话看来简单,其实也并不容易做到。因为"任何人"这个范围是很广的,他也许是个工程师,也许是个律师,或是教师、艺术家,等等。总之,你能和他谈10分钟并能够使他一直感兴趣,真的不是一件容易的事。不论困难还是容易,我们总是要渡过这个难关。常常看到许多人因为对于对方的事一无所知而相对默然,这是很痛苦的。其实如果你肯下功夫,这种痛苦的事情就会减少,你也有可能成为一流的交际人才。

"工欲善其事,必先利其器",这虽是一句老话,但至今仍然适用。所以,首先我们必须充实自己,做到"利其器"。一个胸无点墨的人,当然不能希望他应对如流。学问是一个利器,有了这个宝贝,一切皆可迎刃而解。你虽然不可能对各种专门学问都有精湛的研究,但是对一些常识是有必要掌握的。有了常识性学问,如果能巧妙地运用起来,那么应付任何人10分钟有趣的谈话,想必也不困难。

社会在不断进步,这是你充实自己的很好的机遇。每月所出的各种著名杂志,都是你应该阅读的,这是最低限度的准备工作。国际和国内的动向,一般的经济发展趋势,科学上的新发明和新发现,世界所关注的事件和新闻人物以及艺术名作、电影戏剧等内容,皆可在每日的报纸和每月的杂志中看到。

你不能对每一种人都谈论同样一件事。一个科学工作者,不会对做生意感兴趣。同样,一个生意人,对他谈哲学的大道理,他也不一定有兴趣。

这里有一个小笑话。某君以口才伶俐而见长,有人向他求教交谈有什么诀窍,他说:"很简单,看他是什么人,就跟他说什么话。例如同屠夫就谈猪肉,对厨师就谈菜肴。"那位求教的人又问:"如果屠夫和厨师都在座,你谈些什么呢?"他说:"我就谈红烧肉。"

从上面的故事中可以看出,我们要成功地应付社会上形形色色的人,就要具备多方面的知识。如果你能做到这一点,那么应付各种人物自然就能得心应手了。虽然不一定要样样精通,但运用全在你自己。你不懂法律吗?但遇到了律师,你不妨和他谈最近发生的某件案子或提供给他案情(这全是从报纸上看到的),其余的问题就让他去说好了。

日本东京有一家美容院,生意兴隆为当地之冠。有人便问他们生意兴隆的原因,院长坦率地承认,这完全是由于他的美容师在工作时善于和顾客攀谈之故。但怎样使工作人员善于说话呢?"简单得很,"院长说,"我每月把各种报纸杂志买回来,规定各职员在每天早上工作前一定要阅读,就当日常功课一样,那样他们自然会获得最新鲜的谈话材料,攀谈时就会博得顾客的欢心。"

这不过是千百个例子中的一个。知识是任何事业的根本,你要使谈吐能适应任何人的兴趣,更要多读一些报纸杂志,使天地间的知识储存在你脑海中,一旦到应用的时候,就可以有选择地打开话匣,与人对答如流了。

第二节 非语言沟通

非语言沟通主要是指借助语言之外的肢体、人际空间距离、超语言和类语言,同时也包括衣着、灯光、颜色、气味等,作为人际沟通的媒介和渠道。非语言沟通具有不同于语言沟通的特点,在人际沟通中发挥着重要作用。

研究发现,在面对面的交流中,语言传递的信息量只占7%,非语言传递的信息量占93%。生理和心理学的研究结果也表明,人们获取外部信息的渠道是:80%通过视觉、20%通过听觉及其他渠道。

一、非语言沟通的特点与功能

（一）非语言沟通的特点

1．无意识性

例如，与自己不喜欢的人站在一起时，保持的距离比与自己喜欢的人要远些；有心事时，不自觉地会给人忧心忡忡的感觉。

正如弗洛伊德所说，要了解说话人的深层心理，即无意识领域，单凭语言是不可靠的，因为人类语言传达的意思大多属于理性层面，经理性加工后表达出来的语言并不等于存在于心中的声音。

2．情境性

与语言沟通一样，非语言沟通也展开于特定的语境中，情境左右着非语言符号的含义。相同的非语言符号，在不同的情境中会有不同的意义。同样是拍桌子，可能是"拍案而起"，表示怒不可遏；也可能是"拍案叫绝"，表示赞赏至极。只有联系具体的沟通情景，才能了解其确切的含义。

3．可信性

当某人说他毫不畏惧的时候，他的手却在发抖，那么我们更相信他是在害怕。根据英国心理学家阿盖依尔等人的研究，当语言信号与非语言信号所代表的意义不一样时，人们相信的是非语言所代表的意义。

由于语言信息受理性意识的控制，容易作假，人体语言则不同，人体语言大都发自内心深处，极难压抑和掩盖。没有人可以隐藏秘密，假如他的嘴唇不说话，则他会用指尖说话。一个人的非言语行为更多的是一种对外界刺激的直接反应，基本都是无意识的反应。

4．个性化

一个人的肢体语言，同说话人的性格、气质是紧密相关的，爽朗敏捷的人同内向稳重的人的手势和表情肯定是有明显差异的。每个人都有自己独特的肢体语言，它体现了个性特征，人们时常从一个人的形体表现来解读他的个性。

（二）非语言沟通的功能

（1）使用非语言沟通符号来重复语言所表达的意思或起加深印象的作用，如人们使用语言沟通时，附带有相应的表情和其他非语言符号。

（2）替代语言，有时候某一方即使没有说话，也可以从其非语言符号，如面部表情，看出他的意思，这时非语言符号起到代替语言符号表达意思的作用。

（3）非语言符号作为语言沟通的辅助工具，又作为"伴随语言"，使语言表达得更准确、有力、生动、具体。

（4）调整和控制语言，借助非语言符号来表示交流沟通中不同阶段的意向，传递自己的意向变化的信息。

（5）表达超语言意义，在许多场合非语言要比语言更具有雄辩力。高兴的时候开怀大笑，悲伤的时候失声痛哭，当认同对方时深深地点头，都要比语言沟通更能表达当事人的心情。

二、非语言沟通的类型

要想与他人建立良好的沟通,就需要对非语言符号及其使用意图有所了解。但是,非语言符号多种多样、丰富多彩。心理学家通过研究发现:仅是人的脸部,就能做出大约25万种不同表情,再加上由于文化、性别、职业、时代等造成的差异,要想对此驾轻就熟并不是一件简单的事情,但如果我们掌握了一些最主要的非语言符号,便会对人际沟通交往大为有利。

(一)肢体动作

肢体动作也常被称为体态语言,是非语言沟通中最为人们所熟悉的,肢体动作的主要类型有以下几个。

1. 眼神

眼睛是心灵的窗户。在人的五官当中,眼睛最能传达或者泄露心灵的秘密。还有人说"眼睛会说话",凡此种种都是在说明眼神在人际交往中具有神奇功能。

美国电影《胜利大逃亡》中当轮到德军足球队罚点球时,那位盟军的守门员一语不发,却用一种愤怒、仇恨、无坚不摧的目光直盯着对方,看得德军主罚队员丧魂落魄,胆战心惊,因此踢出的球疲软无力,被守门员轻易接到。可见,眼神有时会有一种摄人魂魄的震慑力量,使心虚的人望之丧胆。

炯炯有神的目光是对生活和事业充满热情的表现,麻木呆滞的目光是对生活心灰意冷的反应。心怀博大、正直的人,眼睛是明澈坦荡的;心胸狭窄、虚伪的人,眼神则显得狡黠、阴诈。故弄玄虚人的眼神,乃是骄傲自大的体现;神秘莫测的眼神,则是狡猾奸刁的标志。坚定执着的目光,是志怀高远的表示;飘忽不定的目光,是为人刻薄浅薄的流露。如剑出鞘、灼灼逼人的目光,是正派敏锐心理的写照;如蛇蝎蛰伏、灰冷阴暗的目光,是邪恶刁钻的表露;坚毅的眼神,预示着自强自信;晦哀的眼神,则预示着自毁自堕。眼神是多样的,表达的情感也是复杂多样的。

一个人的目光游移不定,说明这个人也许心怀鬼胎,也许神志恍惚,也许性格怯懦,缺乏足够的自信心,怀有自卑感;而目光坚定有神,则显示了这个人的自信心或良好的精神状态;突然睁大眼睛,则可能是有什么东西或所谈论的话题激起了他的兴趣、好奇心或对他至关重要;眯起眼睛成一条线,说明有什么东西引起了他的思考或警惕;斜斜地、快速地一扫,说明他对此并不在意甚至瞧不起。一般认为,躲闪目光的人性情怯懦,等等。

如果你在与人谈话时,希望别人也能参与其中,则可以在你谈话停顿的时候正视一下对方。如果不希望自己的讲话被别人干扰,要么你就此停止发言,要么你可将目光不停地在那些人身上扫视,或者干脆将目光停在那个地方,知趣的人都会马上集中注意力来听你的高见了。有经验的教师都很会用这种目光来对付在课上不认真听讲、小声讲话或者做小动作的学生。

目光也可以用来表示彼此的距离。有人用目光"拒人于千里之外",表示自己与他人的距离。目光也可以表现出对别人不屑一顾,显示自己的优越感。

通过闪避视线接触,可以表示自己处于卑屈地位。如在对方的瞪视之下垂下视线,表示退让和服从。人在遇到困难或感到恐惧时,会通过长时间地凝视来向别人求援,这往往可以增加得到帮助的可能性。

2．面部表情

在所有的身体姿态中，人们了解最多的就是面部表情。因为，常人的喜、怒、哀、乐、爱、恨、痴、狂往往会形之于色，令人一望即知。面部表情最为直观地展示出了人们的心理状态及其变化过程。脸部表情，可以说是心理变化的晴雨表。

俗话说："人逢喜事精神爽。"如果春风得意，必定是双眉舒展并面带笑容；如果内心悲哀，则必定是双眉紧锁、脸带愁云；如果是怒火中烧，一般来说会脸红脖子粗，面部肌肉抽搐不止，双眉竖立、做咬牙切齿状；如果是有愧于心，也许会脸热心跳，呼吸急促，两耳发热，脸上多半会出汗，这就是古人为什么用"汗颜"来形容羞愧的道理；如果是恐惧，通常会脸色苍白，体温下降，呼吸不畅，嘴唇颤抖……不一而足。

第十一届美国总统林肯曾说："一个人到了四十岁以后，就要为他的长相负责。"相貌虽是父母所赐，但一个人的生活经历、学识修养、品格习性，也会在脸上留下痕迹。这也正如俗话说的："善人有善相，恶人有恶相。"一个人心地善良宽厚，还是邪恶狡诈，热情随和还是冷漠高傲，是乐于交际还是孤僻不合群，甚至一个人从事何种职业，很多时候是可以从面部表情分辨出来的。

人类的笑是面部表情最主要的一种形式。通常一个人在高兴时，嘴角后伸，上唇提升，双眉展开，两眼放光，即所谓笑容满面。

从早到晚，从生到死，一个人在一生中笑过多少次，很难计算。人类笑的种类也达几十种之多，如微笑、开怀大笑、甜蜜的笑、愉快的笑、顽皮的笑、嘲讽的笑、含羞的笑、偷偷地笑、神秘的笑、歉意的笑、幽默的笑、自嘲的笑、阴险的笑、伪善的笑、温和的笑、惬意的笑、自满的笑、鄙夷的笑、逗趣的笑、无奈地笑、憨笑、傻笑、强笑、狞笑、冷笑、谄笑、干笑、苦笑，等等。在不同的笑容后面，隐藏着不同的思想信息，具有不同的含义。

心理学家指出：对于那种嘴唇完全向后拉、唇部形成长椭圆形的笑容要留神。这种笑容其实就是所谓的"皮笑肉不笑"，这完全不是一种发自内心的笑容。当一位下属不得不向上司献媚、讨好时，当一个人假装欣赏别人的言论或举动时，当一个男人对身边的女性不怀好意时，常常露出的就是这种笑容。

然而，微笑却是一种典型的会心的笑。当我们静坐独处，回想起儿时一件有趣的往事时；当我们对自己所取得的阶段性的进步感到满意时，都会情不自禁地微微含笑；微笑也是一种社交的礼貌表示。在初次相识时，在舞会、聚会等社交场所，人们往往用微笑来表示自己的端庄和严肃，以及对别人的接纳和尊重。

在拥挤的餐厅，当你挨着一个陌生人坐下时，你很可能会首先冲他微微点头一笑，意思是："对不起，我只能坐在这里了，因为别处没空位。"在公共汽车上，你踩了别人一脚，你会立刻致以歉意的一笑，意思是："实在对不起，我不是故意的，请你原谅！"当朋友把令他愉悦的事讲述给你时，纵然你当时本来心境不佳，但是你也会出于礼貌和友情而为他展露出笑容。同样的，你正处于苦恼之中，但是当你的上级领导出现在你面前时，你也很可能会赔上笑脸。

笑，能传递愉快；笑，能打破僵局。相比较而言，会笑的人，在社会交往中比严肃的人有更大的优势，更有利于促进人际关系的和谐和增进朋友情谊的发展。

> **小贴士**
>
> 研究者认为,人说谎时瞳孔会放大,儿童则常常会眨眼睛,9岁以下的儿童想说谎却怎么也说不像。

3. 手势

人们在讲话时常配以手势和表情。比如高兴时,手舞足蹈;愤怒时,握紧双拳或拍案而起;表示敢作敢当时,用手拍胸脯;表示懊悔时,拍大腿;手指轻敲桌面是由于内心烦躁不安;手指发颤是内心不安、吃惊的表现;手臂交叉可能是一定程度的警觉、对抗的表示。

在社会生活中,人们还常常用一些约定俗成的手势来代替语言行为,如招手表示让对方过来;摆手表示不要或禁止;挥手表示再见或致意;竖大拇指表示第一或称赞;伸小指表示最小或厌恶;摊开双手表示无能为力;鼓掌表示赞扬或欢迎,等等。若男性喜欢夹杂着手势说话,说明这个人多少有点骄傲自持。一旦别人持相反意见,便容易生气。若是女性喜欢用手势表达,则意味着她个性活泼,喜欢照顾别人。

握手,是人们经常用到的一种手势,由于交际背景不同,彼此关系的性质不同,同样是握手却传递着不同的信息。美国著名盲人女作家海伦·凯勒曾写道:"我所接触过的手,虽然无音,却极有表现性。有的人握手能拒人千里,我握着他们冷冰冰的指尖,就像和凛冽的北风握手一样。也有些人的手充满阳光,他们握住你的手,使你感到温暖。"海伦·凯勒对握手带给人的感觉表述得很精彩。事实的确如此,握手的力量、姿势、时间长短能够表达出握手人的不同态度和思想感情。

如主动伸出手,显得热情大方,是性格外向的人,可以认为他不仅有丰富的社交经验和交际能力,而且有较强的自信心。相反慢出手则表示不情愿、冷漠或者害羞。紧握对方的手,眼睛看着他的脸,对方会感到你从心底里尊敬他、欢迎他;相反,如果轻轻握着对方的手,眼睛又看着其他人,如此漫不经心的握手显得轻狂、不真诚,对方会感到难受、不满。握手十分用力,而且时间较长,表明对对方感情很深,或者是有某种需要。

通过握手传递某种微妙的信息,有时甚至胜过有声的语言,具有很强的感染力。如朋友的亲属去世了,你前去探望,虽然彼此相对无言,但两手相握(有时甚至是两双手紧紧地握在一起),彼此心照不宣,你对于死者的怀念,对朋友的安慰之情,你心底的感情激流,对方已经心领神会了。再如与好友离别时,彼此握住对方的手,叮咛、话别,直到列车开动了才依依不舍地松手,这样很自然地就把自己惜别的深情注入了对方的心田,留下了永难忘却的美好回忆。

触摸是指通过皮肤的接触进行沟通的一种方式。研究表明,皮肤接触与心理状态有密切的关系,接触对方身体可以起到巨大的心理沟通作用。如婴幼儿与母体的皮肤接触能使其有十足的安全感;恋人之间的皮肤接触产生亲密与爱意感;多年不见的好友不期而遇,双方紧紧地拥抱在一起,充分表达了多年不见的思念、往日的情感以及相见的兴奋与激动。

人体触摸所表达的情感归纳起来主要有以下三点:一是表示亲近、关系密切;二是表明一种关怀和服务,如医患之间的触摸;三是表明爱意。当朋友或同事的亲属去世时,如何安慰对方？此时大多通过触摸的方式来进行沟通。大多情况下，都是默默地站在朋友的身旁，紧紧地握住对方的手或双手搭在对方的肩上。这种触摸能使失去亲人的人感受到同情、安慰和关切。一个病人来到门诊部，医生如果在询问病情时用手轻轻地触摸一下病人的额头，既了解了患者的体温，又会使病人感到关切和良好的服务。

4．坐姿、站姿与步态

在与人交谈时，坐的姿势要端正、自然、大方。不论坐在椅子上还是沙发上，最好只坐一半，上身挺直。坐的时间长了，可靠在座椅上，但不可双脚一伸，半躺半坐，更不可歪斜地靠着。坐时，两腿要并拢或稍分开。男性可跷二郎腿，但脚不可抖动；女性小腿可交叉，但不可伸直。落座要轻要稳，落座后两眼要平视，注意你的交谈者或发言者。

对于一个人的坐姿而言，若他的身体略微倾向交谈的对方，并伴随着微笑、注视等，是在表示热情和兴趣；微微欠身表示谦恭有礼；身体后仰表示若无其事与轻慢；侧转身子表示厌恶和轻蔑；背朝别人表示不屑理睬。

正确的站立姿势应该是表情自然，闭嘴，颈部挺直，收下颏，挺胸，收小腹，臀部略突出，两臂自然下垂，上臂稍向后，双手自然放松，两腿并拢，足跟靠拢，足间夹角为 45°～60°，身体重心在两足中间脚弓前端的位置上。站的时间长了，腿及手臂的动作可以有所变化，如允许两腿略微分开或呈丁字步，重心可以在两条腿上，也可以放在一条腿上，手臂可弯曲在体前交叉，也可以自然下垂在体前交叉，但头部及上体要始终保持正确的姿势。

步态，即走路的姿态。无论男女，手插进口袋或裤袋都不雅观。脚步要干净利索，有鲜明的节奏感，拖泥带水、重敲如锤都不宜。几个人一起走时，力求步伐协调，过快或过慢显得与大家格格不入。走路步伐要分场合，脚步的轻重、快慢、幅度及姿势，必须同出入的场合相宜。上下楼梯时，上身均应保持挺直，且靠右侧行走，勿低头看楼梯，眼睛应平视前方，落脚要轻，并且要用眼睛的余光找好每一步落脚位置。不要弯腰驼背，不要手扶楼梯，注意在楼梯行走时与他人的距离。上下楼梯要保持头正、背直、收腹、胸微挺、膝部自然弯曲的姿态。

以上罗列了一些常见的肢体动作及其象征意义。人的体态语言并不神秘，其实，在日常生活中，有许多体态语言是我们所熟知的，只不过是很多人只是无意识地做出反应而没有认真想过。如果大家有兴趣，建议进一步去阅读有关非语言沟通方面的专门著述，当然，更重要的是应在实际的生活中加以用心观察和把握。

（二）人际空间距离

在非语言符号系统中，人际空间距离是一种特殊的无声语言，对人们传达情感和思想、建立关系具有重要的作用。若想与他人顺利交往，懂得对方的空间语言是十分必要的。缺乏对他人空间语言的了解，势必会引起误会和争执。比如在阅览室里，当你发现某个座位上放着一块手帕或一本书时，你就会自动地寻找另一个座位，因为那个座位上的东西无声地暗示已有人占用了这个座位，如果你视而不见硬去强占，定会引起物主的反感与恼怒。

小贴士

> 社会地位不同，交往的自我空间位置也有差异。

人际空间距离的远近受文化背景的影响。一般而言,在个人要求的空间范围方面,中国人和日本人(甚至大多数亚洲人)要比西方人小得多。中国人在与西方人交往时,总认为西方人与他们的身体距离拉得过大,使人感到不好接受,不那么友善。

人际空间距离的远近因性别而异。男人需要的"安全圈"要比女人大一些,特别是同性之间更是如此。相形之下,女人的"戒心"不强,在大街上她们更喜欢拉手搭肩而行,甚至是陌生人之间,都可以表现得亲亲热热。若干男人处于一间小屋里,会令他们焦躁不安,情绪易于冲动,而同等数目的女性,依然在那间屋子里,反而会使她们的关系更加亲密融洽。女性往往靠在她喜欢的人的旁边,而男性则选择在他喜欢的人对面坐着。女性最反感陌生人坐在自己旁边,男性则最不喜欢陌生人占据自己对面的位置。

人际空间距离的远近受到场所的制约。在非常拥挤的公共汽车上或繁华的闹市中,人们已不存在私有和公有空间,素不相识的人挤挨在一起。但是,请注意:此时人们常常会把视线转移到别的地方,一般不会四目相对,从而达到自己心理上自我意识的空间。

最主要的是人与人之间的空间距离远近因双方关系亲疏不同而各异。两个陌生人之间的空间距离比两个熟人之间的空间距离远;一般关系中的人交往比好朋友会站得远;一般同志关系的人交往会比情人幽会站得远。此外,两个人的关系不同,选择的方位也不一样。两个人如果是合作办事,往往会站在一边;相反,两个竞争者往往是面对面的。在谈判中,双方代表总是分别坐在桌子的两边。

美国心理学家霍尔教授把一般人常用距离划分为亲密的距离、私人的距离、礼貌的距离、一般的距离四种不同情况。

(1) 亲密的距离,即亲昵区,范围在 0~0.45m,这种距离通常是在极亲密的亲人和朋友之间。

(2) 私人的距离,即亲近区,范围在 0.45~1.21m,朋友间非正式接触,两个熟人在街上遇到停下来聊聊天,常采用这种距离。

(3) 礼貌的距离,即社会区,范围在 1.20~3.00m,这种距离通常是人们处理非个人事务时采用。例如接见并不很熟的客人、家庭主妇礼貌地见店员或送货员,这种距离也用于较正式的社交和业务往来,一个公司经理常用一张大办公桌子与职员保持这种距离,表示高人一等。在办公室中接待来宾也常保持这种距离。

(4) 一般的距离,即公众区,是正式场合公开讲话的距离,如老师对学生讲话或者领导人对部下讲话,常采用这种距离。

(三) 辅助语言和类语言

辅助语言又称副语言,是指语言的非词语方面,它包括发声系统的各个要素,如音质、音量、声调、语速、节奏等。它所关心的是事物如何被说出来,而不是说什么。它是语言表达的一部分,不是语言的词语本身。在人际沟通中,辅助语言对于提高语言表述的意义和艺术性具有十分明显的作用,它可以表达语言本身所不能表达的说话者的情绪状态和态度。

在日常生活中,有时我们要形成对于一个人的印象,在很大程度上是根据对他的讲话声音的感知,特别是在缺乏视觉信息时。打电话就是很典型的情境。打电话时,对方的声音是决定我们对他印象的关键。这时,对方说什么固然重要,但是他怎么说,如他的音调、节奏、音量大小以及语气等,同样具有很大影响。可以从他的声音中判断出他的性别、年龄、当时的情绪状态,甚至判断出他的才能、兴趣、外貌和人格特质。虽然这种判断常常不够准确,但是,当我们接触陌生人时,我们还是会不由自主地从他的声音来评价这个人。

一般来讲,人们会放大声音谈话,以便在远处或吵闹场合能被听到;在生气时人们会大声讲话;在充满爱意时则轻声低语,在悲哀时音调低沉、吐字慢;在快乐、害怕或紧张时可能语速比较快;而在不确定或强调重点时,语速比较慢。一个人在想掩饰什么时,有时会不由自主地降低声音或故意说得含混不清;有时则故作镇静,反而提高声音。刺耳、严厉的声音往往意味着生气;柔和的、带有气音的音质往往意味着善意和邀请;嗡嗡的鼻音常与抱怨和哀怨连在一起。

在什么场合,同什么人谈话,应采用什么语调,是快是慢,是高是低,是缓和是犀利,产生的效果会很不相同。请看下面几句话,其中画线处表示重音。

我知道你会唱歌(别人不知道你会唱歌)。

我知道你会唱歌(你不要瞒着我了)。

我知道你会唱歌(别人会不会唱歌我不知道)。

我知道你会唱歌(你怎么说不会呢)。

我知道你会唱歌(会不会唱戏我不知道)。

由上述可见,不同的重音表达着不同的含义。

类语言是指无固定意义的发音。如说话中的停顿、咳嗽、哭声、笑声、叹息、呻吟以及各种叫声。类语言对于语言意义的表达和情感意义的表露影响很大。

(四)装饰性符号系统

装饰性符号系统主要包括衣着、颜色、气味等方面。俗话说:"人凭衣裳马凭鞍。"同样一个人,穿着粗俗不堪不会给人以美感,针对自己的身材、年龄、性别、身份等特点精心选择适度的服饰,会使人平添几分风采,在交往中给人造成良好的第一印象。

衣着的选择会传达出某种信息,在人际沟通中,人们会根据一个人穿着的方式来辨别一个人的职业、出身、家境,而且会通过衣着来判断对方的性格、人品、情绪和作风。过去,人们往往以为穿西装、打领带的人很风流,穿牛仔裤的人十分开放,穿所谓奇装异服的人必定不正经。

当然,衣着确实具有一定的心理学与美学意义。一般来说,深沉、稳重的人,穿戴比较庄重、大方;活泼开放的人,穿戴往往新颖别致。但是,没有绝对的标准,人们根据自己所处的文化背景、生活条件、个人的审美价值定向和爱好做出不同的选择。无论如何,衣着都在一定程度上反映着人的心理特征和社会特征,在一定程度上影响着人际沟通。

颜色在人际沟通中也有一定的作用。颜色包括人的肤色、装饰物的色泽和环境的色调。在种族歧视的社会里,肤色是影响人际沟通的一个重要因素。不同肤色的人种沟通的效果与同一肤色的人种沟通的效果很不相同。即使在同一种族,肤色好看的人更令人喜爱,往往被认为修养更好、地位更高贵。

不仅如此,由于受社会文化和个人理解的影响,人们还对不同颜色赋予了不同的含义。比如在我国,红色是吉庆、热情的象征,同时因为血是红色,红色意味着流血,引申为革命。绿色一般是生长中的植物的主色,因此绿色代表着活力、生长、宁静、青春。蓝色是天空和深水的颜色,能给人静止、平缓、安定、忧郁等感觉,同时因为冰雪常给人以浅蓝的错觉,蓝色也有冰凉的意思。而黑色来自黑暗体验,使人感到神秘、恐怖、空虚、绝望,有精神压抑感。同时一直以来人类对黑暗有所敬畏,所以黑色有庄重肃穆感。

与颜色相联系的光线,对人际沟通也有一定的影响,在不同的色泽、光强度下,人们的心理反应是不同的,沟通行为和效果也就不同。一般而言,选择在光线柔和之处并配有优美轻松的音乐,其沟通效果最佳。

在人际沟通中,交际者身上的气味对于对方的心理感受也有很大影响。人们往往对狐臭者、口臭者、汗味重者,或者口中散发大蒜、生葱味道的人敬而远之。

在人际沟通中的自我修饰也是必要的,庄重得体、适合时宜的化妆修饰既显示自尊自爱,也是对对方友好尊重的表示。

"爱美之心,人皆有之。"人际沟通活动中,美感是第一吸引因素。每一个沟通者大概都希望对方是完美的,无论是容貌服饰、言谈举止,还是个人道德修养。然而事实并非如此,世上才高八斗貌若潘安的人毕竟是少而又少,大多数人都是普通人。要符合大众审美标准,被别人接受和欢迎,就要加强自我修饰,不断完善自己。

容貌修饰一般有两种方法,一种是整容,另一种是化妆。整容效果显著,一劳永逸,但是风险大、费用高、个人不能完成。化妆则简单易行,成本较低,又无毁容风险,是广大女士喜欢采用的一种自我修饰方法。

化妆的目的是使自己容貌更美丽,所以要扬长避短、突出优点、修饰不足。化妆的基本原则是和谐自然,整洁雅致,要符合自己的年龄、身份、职业,要考虑妆后参与的场合。如果是日妆或者是工作妆,宜淡不宜浓,宜自然不宜夸张。不能浓妆艳抹,弄得面目全非,唐人"却嫌脂粉污颜色,淡扫蛾眉朝至尊"之说就是对淡妆的肯定。化妆的最高境界就是了无痕迹。

三、正确解读和运用非语言

非语言在沟通中的所占比例较大,表明了非语言行为比语言本身传递的信息量更大,而且更可信、更有效。那么在实际交往中,准确解读和运用好非语言行为以达到最佳的沟通效果就显得十分重要。

(一)非语言沟通的态度要求

非语言沟通在整个人际沟通中占有十分重要的地位,即使是语言沟通,有时也要通过表情、动作等非语言行为来体现沟通内容。为了达到更好的沟通效果,应采取以下态度。

1. 自然、放松、大方

非语言行为的运用,说到底是为了配合语言进行更好的沟通。要达到这个目的,沟通时首先应做到自然、放松、大方。只有这样,才能使信息、情感真实地流露出来,沟通双方也才能较准确地捕获和把握彼此的信息和情感。如果非语言行为运用得扭曲变形,或装腔作势,该用时不用,不该用时乱用,都会是滑稽可笑的。

2. 相互尊重、礼貌待人

我国古代思想家墨子提出过"兼相爱,交相利"的交往原则,意思是说,人们在交往中要相互尊重、互惠互利。人作为社会的主体,自我展现追求认同的欲望是普遍存在的心理需求,但展现自我需要控制在大家的自尊心能够承受的限度,也就是说,要想展现自我、追求认同,必须尊重他人,以礼相待。只有这样,才能更好地展现自我,追求他人的认同,以实现沟通。因此,沟通中,不管用何种非语言行为,都应以相互尊重、礼貌待人为基础,如站要有站相,坐要讲究坐姿,沟通时要面对面等。

3. 坦诚、平等

美国社会心理学家皮注森曾以问卷的形式做过社会调查,问卷结果表明,人们评价最集中、也最喜欢的人是真诚的人。在社会活动中,人们总是喜爱那些坦诚可靠的人,这是个心理规律。也就是说在人际交往中,我们运用非语言进行沟通,应该做到坦率、真诚,把自己真实的需要传递给对方。

沟通双方要坦率相待。因为就其沟通本身来讲,沟通双方的地位都是平等的。要想运用非语言达到预期的沟通效果,就要把心态放正,以平等的态度对待沟通的对方,才能实现沟通;盛气凌人,欲把自己的信息、情感强加于沟通对方,都是不利于沟通的。

案 例

李可:足球是最好的沟通语言

26岁的"入籍"球员李可首次以"国脚"身份出现在媒体记者面前,他也成为第一位用英语接受记者采访的中国国脚。关于与球队其他成员的交流问题成为媒体关注的热点,李可的回答充满智慧,他说:"足球是世界上最好的语言。我和队友、教练间没有沟通的障碍。"

在国足集训公开训练课开始前,里皮按惯例成为全队首个接受媒体采访的代表。而次日,接受采访的代表换成了李可。李可是中国男足历史上首位入籍球员,他也由此成为足记们追逐的"焦点"。

被新闻官召唤到媒体区域前,李可一面小跑一面整理训练服的衣领。很显然,他格外重视此次在媒体面前亮相的机会——这是26岁的后腰球员首次身披中国队队服接受媒体采访。而从对话内容来看,李可做了精心准备。

在被问及首披中国队球衣的感受时,李可回答道:"我感到非常荣幸,非常骄傲。穿上这件球衣让我和我的家人无比骄傲。"

尽管中英两国有7个小时时差,但在确认入选中国队后,李可仍迫不及待地将喜讯通过电话告诉远在英国的母亲,毕竟他的终极目标是代表国足参加世界杯。李可说:"对我来说,我的第一步梦想的确实现了。"

在采访过程中,国足意大利语翻译吴扬彬始终陪伴在李可身旁。算上吴扬彬,国足共有4名意大利语翻译。球队虽然没有特聘英语翻译,但因为4名意大利语翻译本身的语言天赋出众,且吴扬彬熟练掌握包括英语等多种外语,因此有他相伴,李可能够对媒体清晰地表达自己的所思所想所感。

那么,在平日的训练、生活中,李可与国足团队成员有没有交流障碍呢?李可给出了否定的答案。他解释说:"足球本身就是一种语言。在俱乐部和国家队,我可以用英语与队友交流。而在场上,我们都可以利用足球来进行沟通。"

李可对于国足的训练氛围也非常满意。他回忆说,在球队首度合练中,里皮安排他到自己喜欢球队阵容位置上。对于里皮,李可也是格外钦佩。他说:"和主教练已经有了很好的交流。今天上午是第一次合练,主教练给我安排的位置很熟悉。每场训练,我都希望有所进步,也希望从队友身上学到东西。"李可还透露,他个人最中意的球衣号码是8号,那是一个标准的主力中场号码。

资料来源:https://www.sohu.com/a/318838019_148781,2019-06-06.

(二) 说话语气及音色的运用

在人际沟通过程中,语言传递的信息、思想、情感所占的比例是不同的,更多的信息、情感是通过肢体语言传递给对方的。所谓的肢体语言不仅包括动作、表情等,还反映在说话的音色和音量及必要的抑扬顿挫上。不同的声音会产生不同的沟通效果。音色、音量给对方留下的是一种思想感情,而不仅仅是简单的信息。这就要求沟通双方要依据谈话的内容及沟通对象来确定所用的音色和语气,注意听觉效果上的和谐和沟通对象的接受程度。

说话时要注意抑扬顿挫,如一句话中你想突出某一地方或某一内容,就应强调其中的一个字,加重其语气;还可以把这个字说得时间长些,如"他不会这样做的",把"他"读的时间长些并重读,表达的意思是:他不会这样做,别人有可能这样做。

(三) 眼睛的表情达意

眼睛是心灵的窗户,是内心的透视镜。人际沟通中肯定要有目光的接触和交流,如何运用眼睛表情达意进行沟通呢?应根据沟通对象和沟通场合的不同,决定沟通时用什么方式注视对方的恰当部位。

1. 商务式

商务式沟通一般都很正规,故此目光要注视对方的双眼以上到额头的三角区域。这样既表明了在认真听,又不失威严。

2. 社交式

社交式沟通大多发生在礼仪式场合。这种场合下的沟通,目光一般应注视对方的嘴与双眼之间的三角区域。这种目光给人一种平和的姿态,很容易被对方接受。

3. 亲密式

亲密式沟通主要发生在感情亲密的人之间。这时的沟通目光大多停留在眼睛至胸部的区域内,过高或过低都会使对方不好意思或不知所措。

(四) 如何运用面部表情进行沟通

运用好面部表情有助于沟通的顺利进行,达到预期的沟通目的。通常的面部表情主要有喜、怒、哀、乐四种。一般情况下,把握好这四种面部表情基本能应对大多的沟通场合。

1. 喜的面部表情的运用

喜的面部表情极易在面部表现出来。俗话说"人逢喜事精神爽",说的就是当人遇有喜事时,面部显现出的轻松、愉快、精神十足。在实际沟通中,要想表现欢喜的内心,首先要放松面部肌肉,舒展额头,眉毛轻轻上扬,眼睛微眯,嘴角微微上翘。当然,这几种面部动作的运用有一个幅度问题,一般情况下幅度越大,表情越丰富,表现出的内心喜悦情绪越强烈,具体应该用多大的幅度来表现内心的喜悦应根据情景来确定。

2. 怒的面部表情的运用

喜、怒、哀、乐是人之常情。生气时,人们常常会表现出愤怒的面部表情。像面部肌肉紧张、额眉紧锁、怒目圆睁、嘴微微张开、喘息急促、嘴角微微颤动等都属于发怒的面部表情。在实际沟通中,我们应尽可能地降低怒的幅度,以实现顺利沟通。

3. 哀的面部表情的运用

当人们遇到悲痛、伤心之事或遇有挫折时,人心好像背上了十分沉重的负担。这时,在其脸部就会自然而然地表现出一种悲哀的面部表情,如眉毛、眼角、嘴角都微微下垂,面部肌肉也呈松懈状态。实际沟通中遇有这类场景时,要根据沟通的目的,灵活运用哀的面部表情。

4. 乐的面部表情的运用

喜到了一定的程度就会成为乐。当你遇到特别开心的事,仅仅用喜很难表现这种激动心情时,在你的脸部就会"喜笑颜开",肌肉会更加放松,额眉更加舒展,双眼会眯成一道细缝,嘴半张开,嘴角也会上扬。要根据沟通实际情况,适度运用乐的面部表情。

(五) 手的动作语言的运用

在沟通中,手的动作运用十分普遍。要恰当地运用好各种手势以达到顺利沟通的目的,必须掌握以下四点。

1. 了解手掌行为沟通的作用

手掌的行为是一种沟通作用很强的肢体语言,一般表现为掌心向上、掌心向下和手掌合拢伸出食指三种情况。

(1) 掌心向上,表示坦诚和服从,不会给沟通对方任何压力和威胁感。

(2) 掌心向下,表示一种优越感和控制欲,易给沟通对方造成高高在上或命令的感觉。

(3) 手掌合拢伸出食指,代表指责、压制或者命令,这种手掌行为易使对方自尊心受到伤害,沟通中慎用。

以上三种手掌行为的运用要根据不同的沟通对象和沟通目的来选择。

2. 正确运用大拇指

(1) 手臂交叉于胸前,大拇指朝上,表示既有防卫意识,又有高傲的感觉,易给对方造成保持较大距离的感觉。

(2) 双手插兜,拇指外露,表示有主见,不会轻易被对方左右,并且有支配和操纵他人的欲望。

(3) 拇指指向身旁或身后的人或物时,含有嘲弄的意味,有时有人谈到自己高兴的事情时,也会以此姿势来表示个人的荣耀。

(4) 拇指和食指相捻,并且不断地摩擦,是谈论金钱时常见的一种信号。一般情况下,很少使用这种盲目的语言。

3. 掌握握手的技巧

握手是最常见的非语言沟通方式,不同的握手方式表示了不同的沟通目的。沟通中要依据不同情况和对象,选择与之相应的、恰当的握手方式(具体握手方式将在礼仪中讲解)。

4. 其他手部姿势的灵活运用

(1) 摩拳擦掌,表示一种急切的心情,是一种积极期待的肢体语言。

（2）双手交叉相握，掌心相扣，是克服负面影响的一种非语言信号。两手相抵，呈塔形，是一种自信的心理暗示。塔形向上，一般用于发表意见时，塔形向下，一般用于倾听时。

（3）倒背双手，双手在背后交叉相握，一般表现为自信、狂妄。一只手握住另一只手的腕、肘、臂部，表示自己极力克制着某种感情。握的部位越高，表示心情越紧张。

（4）双手抱头，双手交叉放于脑后，显示某种强烈的优越感或者自信。

（5）裸露手腕，露出腕部，是一种积极的心理暗示，以显示自己的实力或威信。

（六）空间和距离的恰当运用

1．把握好亲密距离

沟通双方的空间和距离范围为0～0.45m属于亲密领域。这个距离之内接触的只能是你的亲人或是特别要好的朋友，而且大多有身体上的接触。一般人是不允许闯入这个空间的，否则就会使人感到焦虑不安，因此不要轻易越过这道防线。

2．把握好人际距离

正常沟通时，人际双方的距离范围为0.45～1.21m。这个距离是非正式交谈时经常保持的距离。这个距离既能和对方亲切交谈，又能和对方保持适当的安全距离，以免双方紧张。这个距离是各种宴会或非正式场合站立交谈时的最佳距离。

3．把握好社会距离

沟通中有很多正式的社交场合，如谈判、访问等。这种场合下的沟通双方距离应保持范围为1.20～3.00m。这个距离能体现双方一定的地位和尊严，而且能使人头脑清醒、理智，从而达成理想的沟通目的。

（七）选择恰当的礼品

馈赠是人际交往中表达感情的常用方式。一份得体的礼品，可以传递对他人的尊重、祝福、关心、喜爱和谢意多种信息。人与人之间，单位与单位之间，国家与国家之间，馈赠都是必不可少的。从传情达意到扶贫济困，从人际沟通到国际关系，馈赠起着十分重要的作用。如何馈赠才能达到最佳效果呢？

"宝剑赠侠士，红粉赠佳人"。赠送礼品等要根据不同对象进行精心挑选或制作。只有礼品选择的合适，才能让收礼者感觉愉快幸福，从而达到馈赠的目的。

1．选择恰当的礼品和赠送方式

要注意对方的品位和兴趣，如果对方爱好收藏，可以为其选择一些精美独特、别具一格的礼品，或者直接赠送其收藏品。如果对方喜欢体育运动，可以赠送一些体育用品，也可以赠送有品牌或有纪念意义的运动服装。若对方是一位绝对的音乐发烧友，不妨选几张精品光碟赠之。如有可能，赠音乐会的门票也是很不错的，但一定要档次高。

总之要投其所好，物予识家。否则，给从不喝茶的人送碧螺春，给从不沾酒的人送人头马，把姚明的球衣给从来不看篮球的人，馈赠的意义就不大了。虽然馈赠是一种礼仪形式，但毕竟又是传情达意的手段。

赠送礼品的方式有四种：当面赠送、邮寄赠送、托礼品公司赠送、托别人赠送。

2．馈赠应该注意的问题

（1）赠送别人礼品应该包装起来，而且要尽量精美一些，既显示出赠送者的精心细致，又显示出对受赠者的重视,让对方感到馈赠的情谊。

(2)赠送物品时一定要把礼品上的价格标签除去。现在有人赠送礼品不但不除标签,而且还带上发票,或者告诉对方"不适合可以去换",这样的做法是失礼的。

(3)赠送礼品时要采用站姿,双手递送,面带微笑。如果用一只手塞过去,或者扔过去,看也不看对方会让对方感到被轻视。

(4)语言要得体。"这是我家里多余的""没花几个钱,也不是什么好东西",这样的说法是极不合适的。

(5)礼金最好用专用袋或信封装起来,不能当面清点。

(6)不要将自己不喜欢的物品赠送他人。

(7)送鲜花要注意花语。我国常见的花语有:红玫瑰象征爱情,水仙花象征吉祥如意,牡丹花象征富贵,康乃馨象征母爱、健康,满天星表示纯真、幸运,白百合表示纯洁、可爱,金百合表示信赖、安全、幸福,百合花还有百年好合之意。萱草表示勿忘我,梅花象征坚强、刚毅,向日葵象征光明、自由,荷花象征高洁纯真,兰花表示正气,海棠花表示苦恋,万年青表示友谊长存,杜鹃花表示前程万里……懂得了花语,送鲜花时才不会闹出误会。

(8)注意谐音禁忌。不要给年长多病之人送钟表,"钟"与"终"谐音;不要给参加比赛的人送书,"书"与"输"谐音;不要给新婚夫妇送梨,"梨"与"离"谐音;不要给好朋友送伞,"伞"与"散"谐音……

(9)不要给有生理缺陷的人送他们无法使用的东西,这样会伤害他人的自尊心。不要送带有威胁之意的物品,如刀、剪之类物品。

(10)送礼时不要超越与对方的实际关系。如果男性上司给女秘书送上一套法兰绒内衣,就显得暧昧。

小贴士

下面介绍一些手势的含义,在讲话时穿插一些正确的手势,可以为你增添几分风采。

(1)仰手式。即掌心向上,拇指张开,其余几指微曲。手抬高表示欢欣赞美,手部平放表示诚恳地征求听众意见,手部降低表示无可奈何。

(2)覆手式。即掌心向下,这是在有必要抑制听众情绪时以达到控制场面的目的而做的手势。

(3)切手式。即手掌挺直全部展开,手指并拢,像斧子劈,表示果断、坚决、快刀斩乱麻等。

(4)啄手式。即手指并拢呈簸箕形,指尖向着听众。这种手势具有强烈针对性、暗示性,但容易形成挑衅、威胁,一般只有演说某种关联时才使用。

(5)剪手式。五指并拢,手掌挺直,掌心向下,左右两手同时运用,随着有声语言左右分开,表示强烈拒绝。

(6)手抓式。五指稍弯、分开、开口向上,这种手势主要用来吸引听众,控制大厅气氛。

> (7) 手压式。手臂自然伸直,掌心向下,手掌一下一下向下压去。当听众情绪激动时,可用这种手势平息。
>
> (8) 抚身式。五指自然并拢,抚摸自己身体的某一部分。以这种手势把手放在胸前,往往成为一些演讲者的习惯手势。双手抚胸表示沉思、谦逊、反躬自问,如果抚头则表示懊恼、回忆等。
>
> (9) 挥手式。手举过头挥动,表示兴奋、致意,双手同时挥动表示热情致意。
>
> (10) 拳举式。单手或双手握拳,平举胸前,表示示威、报复。高举过肩、挥动、直捶或斜击,表示愤怒、呐喊等。这种手势有较大的排他性,演讲中不宜多用。

本章小结

本章内容主要涉及人际交往中主要的沟通方式是语言沟通与非语言沟通。

语言作为沟通的工具,最讲究的就是表达得是否有效。无论你出于怎样的目的,都不希望自己的讲话没有效果或者适得其反。说话的目的有四个方面,不论说话者是否意识到,说话一定具有以下四个目的中的一个或几个:引起听者行动;提供知识或信息;引起共鸣、感动与了解;让听众感到快乐。

语言对于人际交往很重要。但是,在人际沟通中,除语言之外,人们还时常运用非语言符号来表达自己的情绪情感、态度兴趣和思想观念。人际沟通始终离不开非语言符号,非语言沟通是人际沟通中不可缺少的一个方面。非语言在沟通中所占的比例较大,表明了非语言行为比语言本身传递的信息量更大,而且更可信、更有效。在实际交往中,准确解读和运用好非语言行为以达到最佳的沟通效果就显得十分重要。

非语言沟通主要是指肢体动作、人际空间距离、超语言和类语言,同时也包括衣着、灯光、颜色、气味等,作为人际沟通的媒介和渠道,非语言沟通具有不同于语言沟通的特点,在人际沟通中发挥着重要作用。

非语言符号在人际沟通中起着重要作用,要想与他人建立良好的沟通,就需要对非语言符号及其使用意图有所了解。但是,非语言符号多种多样、丰富多彩。心理学家通过研究发现:仅是人的脸部,就能做出大约25万种不同表情,再加上由于文化、性别、职业、时代等造成的差异,要想对此驾轻就熟不是一件简单的事,但如果我们掌握了一些最主要的非语言符号,便会对交往大为有利。

复习思考题

(1) 如何恰当地选用空间和距离进行沟通?

(2) 结合实际谈谈非语言沟通的态度要求。

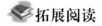 拓展阅读

表情包沟通,尽在不言中

最近,一项调查发现,超过70%的大学生会借用表情包表达自己的情绪,60%以上的受访者认为表情包便于表示友好并且习惯通过表情包缓解尴尬。

网络提供了多媒体运用的技术基础,让图片甚至动图传播变得简单、容易,人类整体正在步入读图时代。在此基础上,表情包作为副语言,它的扩张是合理甚至必然的。它的出现本意是为了更好地沟通,可以看作是线上文字交流的重要补充。但随着各类表情包层出不穷,其潜台词变得越来越丰富和难以琢磨。在实际使用过程中,很多表情已经不再代表原有的含义,有了一层更隐晦的表达。

例如,"微笑"这个表情包最为大众接受的解释是,既表达了内心的喜悦,又不夸张大笑。但现在年轻人解读认为,如果你仔细看此表情的眼睛,眼轮匝肌(眼角附近的肌肉)没有动,口轮匝肌(嘴附近的肌肉)变紧,这是在挤出微笑的信号。所以这个表情包在长辈眼里,是微笑、鼓励,到了年轻人眼里,是"尴尬而不失礼貌的微笑"或者"鄙视、嘲笑,甚至是讨厌"。

同理,那个"微笑挥手"的表情包,表面意思是"微笑着说再见",但在年轻人眼里,是"再见,不送,请快走开"的意思。

知道了实情的中年人,谁不大呼"原来如此!"并附上一个翻白眼的表情包。

年轻人自有一套社交语言密码。对他们来说,文字是理性的,表情包是表达感性的最好方式,是跨语言和纯粹的。有了表情包,一些自称"社恐"的年轻人成了上下翻飞的线上社交小蝴蝶,有时营造了人狠话不多的气场,有时又成为复杂社会和现实生活的一道面具,通过自嘲和解嘲,宣泄负向情感,实现自我疗愈。

表情包发展至今,已通过符号拼贴、嫁接、挪用等在社会语境中重新赋意。表情包的可解释性、隐晦性和不确定性,成为人们愿意使用表情的原因之一。最常用的表情,恰是含义模糊的,而具有确定性的表意符号,人们并不常用。这样的表达方式,实际上是对既有语言环境的一个反抗,是亚文化对主流文化表达的不在乎、不屑,甚至是无法或不愿与之合流的态度的流露。

更进一步,借由网络技术为青年群体赋权,每一个人都可以参与到表情包的生产与分享之中。图文符号一定程度上消解了严肃的话语方式,为年轻群体的表达带来更大的自主性。这种在表达中的反客为主,是年轻一代所乐在其中的。

年轻人的表达值得理解。但我们也需注意到,在大规模使用表情包表达情绪的同时,可能伴随着语言组织能力的退化。若李白面对奔腾的瀑布,只是甩出几个"给力"的表情包,我们又怎能读到"飞流直下三千尺,疑是银河落九天"的诗句;若苏轼面对妻子的早逝,只是打上"流泪"的表情包,又哪有"十年生死两茫茫,不思量,自难忘"的悲词。

字斟句酌,是一种训练。由图像信号传达语义,较之更加抽象的文字,有便捷、直接的优势,但是正如文字脱胎于图像一样,对复杂事物、细腻情感、深邃思想,图像力有不逮。图像为代表的表情包终究只能是正常文字表达在特定范围内的一种补充。互联网把原有的语言生活圈层拉平了,导致原本不相干的语言行为同处一室。年轻人更应重塑语体意识,在

什么场合说什么话,用特定的语言形式表达。

当表情包已经强势地在生活中占据一席之地,我们不能不开始警惕与反思。

资料来源:https://s.cyol.com/articles/2021-12/17/content_DMRN9ofn.html,2021-12-17。

实践课程

训练一

语言沟通

游戏规则和程序如下。

(1) 将学员分成3人一组,但要保证是偶数组,每两组进行一场游戏,并告诉他们,他们正处于一场商务场景当中,比如商务谈判;老板对员工进行业绩评估。

(2) 给每个小组一张白纸,让他们在3分钟内用头脑风暴的办法列举出尽可能多的会激怒别人的话语,比如"不行""这是不可能的"等,每个小组要注意不使另外一组事先了解到他们会使用的话语。

(3) 让每一个小组写出一个1分钟的剧本,当中要尽可能多的出现那些激怒人的词语。时间约10分钟。

(4) 告诉大家评分标准如下。

① 每个激怒性的词语给1分。

② 每个激怒性词语的激怒程度给1~3分不等。

③ 如果表演者能使用这些会激怒对方的词语表现出真诚、合作的态度,另外加5分。

(5) 让一个小组先开始表演,另一个小组的学员在纸上写下他们所听到的激怒性词汇。

(6) 表演结束后,让表演的小组确认他们所说的那些激怒性的词汇,必要时要对其做出解释,然后两个小组调过来,重复上述的过程。

(7) 第二个小组的表演结束之后,大家一起分别给每一个小组打分,给分数最高的那一组颁发"火上浇油奖"。

相关讨论如下。

(1) 什么是激怒性的词汇?我们倾向于在什么时候使用这些词汇?

(2) 如果你无意间说的话被人认为是激怒行动,你会如何反应?你认为是你自己的看法重要,还是别人对你的看法重要?

(3) 当你无意间说了一些激怒别人的话,你认为该如何挽回?是马上道歉吗?

训练二

非语言沟通训练一

(1) 游戏步骤。

① 将学员分成若干组,每组学员5~8名,并每组选派一名组员担任监督员。

② 所有参赛的组员按纵列排好,队列的最后一人到教师处,教师向全体参赛学员和监督员宣布游戏规则。

(2) 游戏规则。

① 各队代表到主席台来,教师:"我将给你们看一个图片、数字,你们必须把所看到的信息通过肢体语言让自己组里的组员都知道,并且让小组的第一个队员将这个信息写到讲台前的白纸上,写上组名,看哪个组速度最快、最准确。"

② 全过程不允许说话,后面一个队员只能够通过肢体语言向前一个队员进行表达,通过这样的传递方式层层传递,直到第一个队员将这个信息写在白纸上。

(3) 小组讨论。

谈谈你在这个过程中的感受。

训练三

非语言沟通训练二

(1) 形式:14~16个人为一组比较合适。

(2) 时间:30分钟。

(3) 材料及场地:摄像机、眼罩及小贴纸和空地。

(4) 操作程序。

① 让每位学员戴上眼罩。

② 给他们每人一个号,但这个号只有本人知道。

③ 让小组根据每人的号码按从小到大的顺序排列出一条直线。

④ 全过程不能说话,只要有人说话或脱下眼罩,游戏结束。

⑤ 全过程录像,并在点评之前放给学员。

相关讨论如下。

(1) 你是用什么方法来通知小组你的位置和号数的?

(2) 沟通中都遇到了什么问题?你是怎么解决这些问题的?

第三章 人际沟通的基本原则

CHAPTER 3

🔑 学习目标

（1）了解人际交往的基本原则，并能在日常交往中用心体验。
（2）掌握人际交往的一些技巧，并能灵活运用。
（3）领会在日常交往过程中人际交往原则和技巧的重要性。

🎲 技能要求

（1）能灵活应用学到的人际交往技巧与各类人接触。
（2）客观地分析自己的做人原则，并能加以改善。

主动沟通，真诚沟通

小贾是公司销售部的一名员工，为人比较随和，不喜争执，和同事的关系处得都比较好。但是，前一段时间，同一部门的小李老是处处和他过不去，有时候还故意在别人面前指桑骂槐，合作的工作任务也都有意让小贾做得多，甚至还抢了小贾的好几个老客户。

起初，小贾觉得都是同事，没什么大不了的，忍一忍就算了。但是，看到小李如此嚣张，小贾一赌气，告到了经理那儿。经理把小李批评了一通，从此，小贾和小李成了冤家。

小贾所遇到的事情是在工作中常常出现的一个问题。在一段时间里，同事小李对他的态度大有改变，这应该是让小贾有所警觉的。但是，小贾只是一味地忍让。而忍让不是一个好办法，正确做法应该是多沟通。

小贾应该考虑是不是小李有了一些什么想法或者误会，才让他对自己的态度变得这么恶劣，他应该主动及时和小李进行沟通。任何人都不喜欢与人结怨，可能他们之间的误会和矛盾在比较浅的时候通过及时的沟通便可以消除了。

我们每一个人都应该学会主动地沟通、真诚地沟通、策略地沟通，如此一来就可以化解很多工作与生活中完全可以避免发生的误会和矛盾。

资料来源：https：//www.educity.cn/souti/C503E80B.html，2021-07-20。

第一节　人际沟通原则的内涵和意义

沟通(communication)是指人们用来相互分享信息、思想以及情感的过程。这种情感过程不仅包含了口头语言和书面语言,同时还包含了人的形体语言、个人生活习惯和生活方式以及不同的生活环境等这些能够赋予信息含义的任何东西。

沟通是一种相互作用,这不仅仅包括身体方面的相互沟通,还包括心灵方面的相互沟通:相互之间的印象是通过沟通在参与沟通者的头脑中形成的,人们对另一个人的所思和所想直接影响着他们之间的沟通。人际沟通的原则简单的概括起来是六个词,分别是:清晰、简明、准确、完整、有建设性和礼貌。

一、人际沟通原则的内涵

(一)沟通中应当遵循的行为准则或行为规范

原则就是指经过长期检验所整理出来的合理化现象,是说话或行事所依据的法则或标准。沟通原则是指在沟通过程中,沟通双方或多方应当遵循的行为准则或行为规范。

在现实生活中,人们可能有不同的世界观、人生观和价值观,在不同的生活环境甚至不同的文化背景下成长,可能会养成不同的生活习惯,造成不同的性格特点,具有不同的行为倾向。尽管如此,在沟通过程中评价沟通对象时,大多数人还是有着共同的评价标准,那些多数人都认可的、经得住实践检验的沟通行为准则就形成了沟通的原则。

(二)沟通原则根据一定的伦理道德观念形成

中国汉民族的伦理观念比其他民族发展得早,而且比较完善。孟子说:"使契为司徒,教以人伦——父子有亲,君臣有义,夫妇有别,长幼有序,朋友有信。"就是说,父子之间有骨肉之亲,君臣之间有礼义之道,夫妻之间挚爱而内外有别,老少之间有尊卑之序,朋友之间有诚信之德,这些观念成为某一特定时期人际沟通的行为准则。

孔子讲的"仁义道德"都是从自身做起,自我修身,"反诸求己""己所不欲,勿施于人"。他不仅严于律己,也不去伤害别人。而且它有一个其他文化没有的特点,就是没有宗教色彩。在天道下修身养性,正己为人,它强调的是以德治人。这种宽容文化,任何社会、宗教、国家、民族都可以接受。如此来说,儒家文化作为天下文化当之无愧,它是可以担当对话沟通的平台的。

时至今日,中国的"孔孟之道"还深深地影响人们的日常交往,成为指导人们交际行为的准则。理解别人,为他人着想,这是营造良好的人际关系的关键。无论何事,你希望别人怎样待你,你也要怎样待人,像你期望别人对待你的方式一样对待别人。

(三)沟通原则具有时代特点

值得注意的是,沟通的原则是与时俱进的,具有时代性的特点。不同的社会有不同的社会价值观,也就有不同的社会认知。随着社会的发展,人们的观念也在不断地更新,人们的需求也有不同程度的变化。在不同的社会背景下,法律和道德等会有所不同,一个时期内这样做是对的,而同样的做法放到另外一个时期就可能是错误的,甚至是违法的。

所以，人际沟通的原则也要随着变化着的社会而有所调整。如封建社会遵循的"君臣等级""妇随夫便"的伦理关系，在现代社会中却演变成领导与下级之间、夫妻之间相互尊重、互为平等的沟通原则。

（四）沟通原则具有文化性的特点

中西方的伦理观念具有很大的差异性，因此在处理人际关系上也会有所不同。如中国人特别注重"长幼有序"，而西方人更看重"自由、平等、独立"，因此父子之间常常直呼其名，子女满十八岁便自谋生路，父母也不再干涉其行为，这是他们遵循的沟通原则。但是，随着国际交往的日趋频繁，东方人和西方人对家庭内部的沟通原则也相互融合。现在，一些中国的家庭内对子女的教育反而学习了一些西方人的沟通原则。

（五）沟通原则还具有民族性、地域性特点

所谓"一方水土养一方人"，中国是一个多民族国家，每个区域都有不尽相同的民族习惯。如处于雪域高原的藏民族几乎全民族信教，一些教义教规无形中影响着他们的沟通原则，所以在处理不同民族、不同地域的人际关系中也要尊重本民族、本地区的沟通原则。再如不同的民族都有自己的语言，即使是同一个民族，由于地域的不同，语音也有很大差异。所以当不同民族、不同地域的人们进行交流时，由于语言或语音上的差异，肯定会对沟通造成一定的影响。因此，沟通过程中要注意民族和地域的差异性。

小贴士

> 将自己的热忱与经验融入谈话中，是打动人的速简方法，也是必然要件。如果你对自己的话不感兴趣，怎能期望他人感动。
>
> ——戴尔·卡内基

二、坚持人际沟通原则的意义

《孙子兵法》有云："上兵伐交，中兵伐谋，下兵伐城。"此"交"即为谈判、沟通，可见古人对沟通的重视。人际沟通原则如同人生的风向标，引导我们为人处世的方向。掌握了这些沟通原则有利于我们在沟通过程中规范自己的行为，完善自己的人格，更有利于我们鉴别沟通对象、选择合适的朋友。我们应该在沟通中运用这些原则、审视自己的行为、指导自己的沟通实践，以实现有效的人际沟通。

需要注意的是，沟通各个原则之间并不是相互独立的，有些原则之间是辩证统一的关系。如人际沟通基本原则中讲到的"主动沟通""互利共赢"与"适度距离"看起来似乎是矛盾的，但是仔细分析发现三者是辩证统一的。所以我们在人际沟通中，使用单一原则不一定会奏效，只有综合地理解和运用这些原则，才能真正地实现有效沟通。

第二节 人际交往的主要原则

如同莎士比亚所说："我的慷慨像海一样浩瀚，我的爱情也像海一样深沉；我给你的越多，我自己也越富有，因为这两者都是没有穷尽的。"

在社会组织中,有的领导班子关系好,与群众交往密切;有的领导班子不团结,与群众疏远。在家庭中,有的婆媳亲密,全家和睦;有的夫妻不和,婆媳争斗。在日常交往中,有的人朋友遍及五湖四海,有的人是孤家寡人。为什么不同的人有截然不同的人际关系呢?因为人际交往是一门艺术,有原则、有方法、有技巧。一个人原则用得好,方法用得恰当,技巧用得灵活,就会有好的人际关系;相反,就会人情淡薄,关系疏远。

本章的所有原则都是建立在这一基础思想之上的。在人际交往中,以己之心,度人之心,以人之所欲给予满足。这样,你就会为自己架起人际之桥,你就会发现在保持自己自尊的同时,维护别人的自尊;喜欢自己的同时,也用心地去爱护别人;听取别人的意见,适时地赞赏别人,你的付出必有丰厚的回报。

人际关系是一种错综复杂的社会现象,其存在和发展受多种规律所支配。原则也是多种多样的,重点介绍几种主要原则。

一、互相尊重原则

尊重是一缕春风,一泓清泉,一颗给人温暖的舒心丸,一剂催人奋进的强心针。它常常与真诚、谦逊、宽容、赞赏、善良、友爱相得益彰,与虚伪、狂妄、苛刻、嘲讽、凶恶、势利水火不容。给成功的人以尊重,表明自己对别人成功的敬佩、赞美与追求;给失败的人以尊重,表明自己对别人失败后的东山再起充满信心。

尊重是一种修养,一种品格,一种对人不卑不亢、不俯不仰的平等相待,对他人人格与价值的充分肯定。任何人都不可能尽善尽美,完美无缺,我们没有理由以高山仰止的目光去审视别人,也没有资格用不屑一顾的神情去嘲笑他人。假如别人某些方面不如自己,我们不要用傲慢和不敬的话去伤害别人的自尊;假如自己某些方面不如别人,我们也不必以自卑或嫉妒去代替应有的尊重。一个真心懂得尊重别人的人,一定能赢得别人的尊重。

俗话说:"种瓜得瓜,种豆得豆。"尊重别人就会得到别人的尊重,瞧不起别人反而会被别人瞧不起。

案 例

站在对方的角度上想问题

在赵孝成王元年(公元前265年),赵国国君惠文王去世,他的儿子孝成王继承王位,因为年纪轻,故由太后执政。赵太后即赫赫有名的赵威后。当时的赵国虽有廉颇、蔺相如、平原君等人辅佐,但国势已大不如前。

秦国看到赵国正在新旧交替之际,国内动荡不安,孝成王又年少无知,认为有机可乘,于是派遣兵将"急攻之",一举攻占了赵国的三座城池,赵国危在旦夕,太后不得不请求与赵国关系密切的齐国增援。

齐王虽然答应出兵,但提出赵国必须派太后的幼子长安君到齐国去作人质。赵太后不同意,大臣们极力劝谏。太后对身边近臣说:"有再说让长安君为人质的,我定朝他脸上吐唾沫!"

左师触龙拜见太后。他走入殿内就用快走的姿态慢慢地走着小步,到了太后面前道歉说:"老臣的脚有毛病,不能快走,很长时间没能来拜见您了。我私下原谅了自己,但是怕太后的贵体有什么不适,所以想来看看您。"

太后说:"我也是脚有毛病全靠坐车走动。"

触龙说:"您每天的饮食该不会减少吧?"

太后说:"就喝点粥罢了。"

触龙说:"老臣近来特别不想吃东西,还是强迫自己走走,每天走三四里,稍微增加了点食欲,身体也舒适些了。"

太后说:"我做不到像您那样。"太后的脸色稍微和缓了些。

触龙说:"犬子舒祺,年龄最小,不成器;可是臣已衰老,私心又疼爱他,希望您能让他补充黑衣卫士的人数,来保卫王宫。我冒着死罪来禀告太后!"

太后说:"可以!年龄多大了?"

触龙回答:"十五岁了。虽然还小,但想趁我未死之前来托付给您。"

太后说:"男人也疼爱小儿子吗?"

触龙回答:"比妇人爱得厉害些。"

太后笑着说:"妇人更厉害。"

触龙回答:"老臣认为您疼爱燕后超过爱长安君。"

太后说:"您错了,不像疼爱长安君那样厉害。"

触龙说:"父母爱子女,就要为他们考虑得长远些。您送燕后出嫁时,她上了车还握着她的脚后跟为她哭泣,惦念、伤心她的远嫁。送走以后,每逢祭祀您一定为她祈祷,祈祷她千万不要被赶回来,这难道不是从长远考虑,希望她有子孙相继为王吗?"

太后说:"是这样。"

触龙说:"从现在算起往上推三代,一直到赵氏建立赵国的时候,赵王的子孙凡被封侯的,他们的子孙还有能继承爵位的吗?"

太后说:"没有。"

触龙又问:"不仅是赵国,其他诸侯国君的被封侯的子孙的后继人有还在的吗?"

太后说:"我没有听说过。"

触龙说:"他们当中祸患来得早的就会降临到自己头上,祸患来得晚的就降临到子孙头上。难道国君的子孙就一定不好吗?根本的原因是他们地位高贵却没有功,俸禄优厚却没有劳,而且拥有的贵重宝器太多了啊!现在您把长安君的地位提的很高,并且把肥沃的土地封给他,还给他很多贵重的宝器,却不趁现在让他有功于国,一旦您百年之后,长安君凭什么在赵国立身呢?老臣认为您为长安君考虑得太短浅,所以认为您对长安君的爱不如燕后。"

太后说:"您说得对。任凭您指派他吧!"

于是太后为长安君备车一百乘,到齐国去作人质,齐国出兵。

为什么别的大臣强谏没有结果,而左师触龙一番话,太后心悦诚服地听从呢?

别的大臣的出发点是要太后以江山社稷为重,以当前的形势为重。而左师触龙说话的出发点则是以儿子的利益为重。自己的小儿子趁他还没死就来托付给太后,给他安排好差事,为他的前途做好打算。为人父母,就要为他们考虑将来前途和长远利益。触龙站在和太后同样的角度去看问题,设身处地地为太后儿子的长远利益作打算,太后能不听他的吗?我们站在对方的立场上想问题,就能化被动为主动,迅速博得谅解与认同。

资料来源:http://www.360doc.com/content/22/0612/14/30212047_1035715819.shtml,2022-06-12.

尊重是人的基本需求。美国心理学家马斯洛在对人类的千差万别、纷繁复杂的需求进行仔细的研究后提出了著名的"马斯洛需求层次理论"。他认为人有五种基本需求,并按照人的发展需求,由低级到高级排列是生理需求—安全需求—社交需求—尊重需求—自我实现需求,如图3-1所示。在马斯洛看来,人的尊重的需求是人的一种高级需求,其地位仅次于自我实现的需求。

图 3-1　马斯洛的需求层次图

人人都希望自己有稳定的社会地位,要求个人的能力和成就得到社会的承认。尊重的需求又可分为内部尊重和外部尊重。内部尊重是指一个人希望在各种不同情境中有实力、能胜任、充满信心和独立自主。内部尊重也叫人的自尊,即尊重和维护自己的人格、尊严等。外部尊重是指一个人希望有地位、有威信,受到别人的尊重、信赖和高度评价。

马斯洛认为尊重需求得到满足,能够使人对自己充满信心,对社会满腔热情,体验到自己生活得有价值、有意义。

人际沟通过程中,损害他人自尊心往往会导致沟通失败。如果我们在沟通中伤害了某人的自我意识,那么就别指望能够与他进行良好的沟通,甚至可能会因此付出惨重的代价。如一位丈夫在走上犯罪道路之前,听到的最后一句话是"你这个没出息的东西,一个男子汉连老婆也养活不了,又债台高筑,干脆打光棍儿算了!"这句话严重伤害了男子的自尊,或许是导致他挥舞砍刀杀人的导火索。

"爱人者,人恒爱之;敬人者,人恒敬之。"在沟通中,尊重是相互的。人在社会上要和各种各样的人和事打交道,尤其是在人与人的交往过程中,互相尊重尤为重要。无论是家人之间、朋友之间还是同事之间,或者是和陌生人打交道,尊重他人都是与人相处的最基本原则。

常言道:"你敬我一尺,我敬你一丈。"如果人们在和别人交往的过程中,人人都能做到年少不轻狂,年长不卖老!互相尊重,心平气和,就会少许多对抗局面,多许多和谐的气氛。其实,当你开始轻视别人时,也就开始了轻视自我。尊重他人实际上就是尊重自己,当你待他人彬彬有礼,他人待你不可能横眉冷对。"抬手难打笑脸人!"这是老一辈人常给我们讲的道理。

为了做到对他人的尊重,在人际沟通中应该做到以六点。

(一)尊重他人的价值观念

为了表示对他人的欣赏,我们必须依照他人的价值观念去接受他人,不要总想着去改变任何人,尽管我们可能不赞同他人的行为或信仰,但是我们仍然要学会接纳与自己观念或观点不尽相同的人。

(二)尊重他人的人格

每个人在人格上都是平等的。无论任何情况下,无论对待任何人,即使对方有很多不足,我们都应该尊重其人格。

(三)尊重他人的个性差异

不同的人有不同的性格特征,各种性格都有各自的优势,彼此都会有适合自己的工作岗位和领域。如追求完美、做事认真仔细的人会在科研、教师、会计、医疗等方面做出不俗的业绩;性格活泼、开朗的人会在市场营销、娱乐等领域有所成就。尊重他人的个性差异就要接纳不同个性的人,对他人不同的性格给予认可和理解,这样才能够和谐相处,才有利于彼此的生活和工作。

小贴士

> 施于人,但不要使对方有受施的感觉。帮助人,但给予对方最高的尊重。这是助人的艺术,也是仁爱的情操。
>
> ——刘墉

(四)尊重他人的劳动成果

人们对辛勤劳动所获的成果都有一种成就感,因而倍加珍惜。如老师讲课、同学发言时,我们要注意倾听;在公共场所爱护环境就是对环卫工人的劳动成果的尊重;爱护庄稼、节约粮食就是对农民劳动成果的尊重。

(五)尊重他人的权利

对待沟通对象,无论长幼、亲疏、地位高低,我们都应该尊重对方的权利,包括知情权、隐私权、自主权。在对待子女方面,西方人的一些原则值得我们借鉴,他们充分尊重子女的选择,充分尊重子女的隐私。

(六)尊重他人的感情

在沟通中,无论说话还是做事都要考虑到对方的情绪感受,避免激起强烈的情绪反应。遇到事情应该换位思考,正所谓"己所不欲,勿施于人"就是这个道理。尊重他人要学会"见什么人说什么话",也就是要了解对方的年龄、身份、语言习惯等。假如对方是位年长者,在称呼上要礼貌,在语气上要委婉,在语速上要舒缓,在话题上要"投其所好"。

只有在心理上有尊重别人的想法,才可能做出尊重别人的行动。所以,我们必须牢记:"每个人在人格上都是平等的。"不因自己家境好、成绩好就自傲、轻视他人。

总之,互相尊重是人与人有效沟通的最基本的原则。在人际沟通过程中,尊重友好的态度能够给人留下良好的印象,有利于沟通目标的实现。尊重就像一个善解人意的小姑娘,她透明的微笑叫理解,她淳朴的心灵叫高尚;尊重又像一位德高望重的学者,饱含待人处世的智慧,尽显人格操守的高贵。

二、诚实守信原则

小贴士

> 言必信,行必果,硁硁然小人哉。　　　　　　　　　　——《论语·子路》
> 信不由中,质无益也。　　　　　　　　　　　　　　——《左传》
> 遵守诺言就像保卫你的荣誉一样。　　　　　　　　　——巴尔扎克

(一)什么是诚实守信

诚实,即忠诚老实,就是忠于事物的本来面貌,不隐瞒自己的真实思想,不掩饰自己的真实感情,不说谎,不作假,不为不可告人的目的而欺瞒别人。

守信,就是讲信用、讲信誉、信守承诺,忠实于自己承担的义务,答应了别人的事一定要去做。忠诚地履行自己承担的义务是每一个现代公民应有的职业品质。诚实守信是社会主义新时期的需要,人人都应以诚实守信为荣。

诚信是一个道德范畴,即待人处世真诚、老实、讲信誉、言必信、行必果、一言九鼎、一诺千金。在《说文解字》中的解释是"诚,信也""信,诚也"。可见诚信的本义就是要诚实、诚恳、守信、有信,反对隐瞒欺诈、伪劣假冒、弄虚作假。

以诚待人,以信取人,是中华民族最为优秀的传统之一。孔子云:"诚者,乃做人之本,人无信,不知其可";韩非子曰:"巧诈不如拙诚";陶行知先生也曾说过:"不作假秀才,宁为真白丁";季布一诺胜过千金,商鞅变法立木求信,君子一言驷马难追……类似的故事和典故不胜枚举,虽然时代变化了,但是对于历史上的精华我们依然要继承和发扬!

诚,就是要实事求是,不扩大、不缩小;信,就是要一言九鼎、说到做到,不朝秦暮楚,不朝令夕改。诚信是立业之本,做人的准则,是企业和人的第二张身份证,其中道理不言而喻。一个企业、一个部门甚至于一个人,如果谎话连篇、言而无信,将失去别人的信任。

案例

大一新生最担心人际交友,师兄师姐教你非暴力沟通

对于即将踏入大学校园的小萌新来说,崭新的大学生活帷幕即将拉开,在兴奋、期待之余,是不是也有些小紧张?根据北京师范大学心理学部近日针对大一新生所做的调查问卷结果显示,在对接下来的大学生活最担心和顾虑的问题中,"人际交友"占比最高,高达71%。

具体来说,大家担心的有:

我能不能和新同学建立友谊?如何和师兄师姐交流?好害怕麻烦到他人。

能否和宿舍室友相处融洽?有分歧怎么办?

不知道怎么开始集体生活,能不能迅速适应新的环境?

更多的同学则是用"宿舍关系""南北差异"这样简单的关键词来表达担心。如果你感到迷茫和焦虑,不如先看看北京师范大学心理学部即将进入大二、大三的师兄师姐怎么

说吧!

李鑫锴(2019级):

初次来到北方,住进集体宿舍,感觉跟我之前的生活差异很大。最有感触的是开空调问题。

9月,北京还比较燥热,我经常把空调调到21℃,享受最极致的凉爽,而室友中有4个北方人,不适应吹冷风。北京本地室友意见最大,经常在我不注意的时候调高温度,或关闭空调。白天的一丝燥热尚可接受,但到了夜晚,我经常会被热醒。

这样一来,空调问题开始由南北差异升级为宿舍矛盾,困扰了我们很多日日夜夜。最终,我向室友们提议,针对空调的开关以及温度问题制定一个规定。大家相互让步之后得出结果:睡觉前温度开低一点,在21~25℃,整体入睡时开睡眠风,温度开到26℃,在空调风口觉得冷的同学盖被子,远离空调觉得热的同学开静音小风扇。

对于我来说,我合理地表达了我的诉求,问题得到了解决,也不会影响到与室友的关系。

李金娃(2020级):

没上大学前,我感觉自己是个很内向的人,不好意思看别人的眼睛,不好意思请别人帮忙,也有点不好意思跟异性交流。特别是报名参加社团的时候,忐忑不安,心想,我这样的社恐人士真能"存活"下来吗?

事实证明,经过了大一的大学生活,我不仅"存活"了下来,而且性格变得格外开朗和外向,我无比庆幸当初没有回避社交。

在心理热线部门,我遇到了很多与我特质相同的同学,跟他们的日常相处十分温暖而放松,我们会一起共情、研讨来电、关心彼此、分享八卦,相互排忧解难、出谋划策。

在即兴戏剧社"椰丝团",我体会到了即兴创造的魅力,享受大家一起迸发灵感、碰撞火花的过程。每一次都笑到脸痛,意犹未尽,一周的烦心事好像都飞走了。

或许师弟、师妹们也会像我之前一样,担心自己在人际交往方面会出现困难,其实看到这里,你可以稍微放心啦!因为很多改变都是悄悄进行的,不妨去尝试迈开第一步,可能会有意料之外的收获。

张海茹(2020级):

关于人际交友,我想强调的是,尊重和别人的差异,允许他人自由表达,也要捍卫自己自由表达的权利。所以,一定要学会感受我们的情绪和需求,并且勇敢地表达出来。

这并不是自私,而是强调每一段关系当中,"自我"都是非常重要的。可能会有不少同学担心,如果我说出自己的不满,会不会影响和室友之间的关系?比如,假如室友经常熬夜,导致我们无法睡觉,那我们就需要表达不满的情绪和需求,不能因为担心得罪人而不敢说。

除了有勇气,还要采取比较合理的方式说出自己的诉求,这样的我们因为足够真实,所以能交到真正的朋友。

心理教师反馈如下。

几位学长现身说法,也是从不同视角证明,无论你是何种个性、特征,都可能会遇到一定程度的人际适应上的挑战,但是只要带着勇气和真诚去面对,最终也能适应。不过,有时候"适应"不意味着按照你的理想方式解决,而是意味着学会带着问题前进,意味着你能主动为自己负责,承担后果,收获成长。在此可以提取一些共性的经验供大家参考。

1. 如何开始有质量的人际关系

建议同学们尊重自己的节奏,同时适当跳出舒适区。

相对内向的同学,建议从小事做起,慢慢适应,尝试找一个能聊得来的同学去交朋友,在尴尬、胆怯、不知所措的时候,有个小妙方不妨试下:直接表达你的处境"我不知道该怎么说好""我有点紧张""我可能需要一点时间想想再说",附加上万能的语气词"额""嗯""啊这",还可以加上摸脑袋、绞手指,别忘了,相比于躲在一个没有社交的场合自闭,这样的你已经有很大的进步,也能让他人看见真实而可爱的你。

渐渐地,比较有共同点的同学就可以找到彼此、相互取暖,如果能知道自己不孤独、不是唯一的战斗者,这本身就能很好地减缓焦虑。

2. 如何化解冲突和矛盾

以上面李鑫锴和张海茹两位同学为例,展示的是非暴力沟通在解决实际问题时的力量,核心是尊重自己、尊重他人、尊重情境。

我们通常强调在关系中要学会合作、配合,懂得包容、尊重他人,这对很多习惯以自我为中心的同学,是需要特别注意和提升的。但对很多害怕冲突的同学,他们往往容易忽略掉的是尊重自己,不敢或不愿表达自己的真实情绪,这样容易压抑自己的一些正当的需求。如果我们有情绪却总是不及时地表达,则可能会积攒成一个大的矛盾,最终也会破坏关系。这里要强调的前提是"正当的需求"和"合理的表达"。

3. 学会设立合理的目标

对于人际交往,我们要有合理的期待,不必抱着"和每一个人都无话不谈""每个人都喜欢我"的想法。此外,要学会建立适度的人际边界和空间,比如不必期待所有活动都要拉上你在意的某个人一起去。虽然每个人都有倾诉欲与分享欲,但是其实接受者可以很多,不一定要把所有的期待捆绑在某个人身上。我们要逐渐学会独处与独立生活,认真过好自己的生活。

4. 什么样的人际距离才合适

我感觉这不是预先设想出来的,而是在实际交往中,由双方的感觉、性格决定的。我们越开放、坦诚,关系自然就会相对紧密,完全互不打扰的关系也没什么意义。大家不要害怕求助,在自己感到极度不适应,并且不知道如何应对的时候,可以主动地跟父母师长、师兄师姐或者同学进行沟通交流,感觉严重、紧急的时候,还可以求助学校的咨询中心或热线。

小贴士

非暴力沟通

美国心理学家马歇尔·卢森堡博士提出的与暴力相对的沟通方式,核心是不被情绪干扰,倾听和理解彼此底层的心理需求,强调表达感受和需求,用情感作联结,让人与人之间自然、本真的关爱在相互理解和尊重中流动,最终突破困难和偏见,推动并达成双方接受的结果。

> 它包含四个要素,即如实观察、感受情绪、体会需要、表达请求。
>
> 非暴力沟通能把人从负面情绪中解脱出来,专注于自己与他人的感受。有个万能的表达公式:我感觉(情绪、感受),是因为(观察到的事实),我希望(需求、请求)。这个句式可以随着个人风格和实际情境拆开使用,不必机械照搬,核心是要做到三个尊重,就是尊重自己、尊重他人、尊重情境。
>
> 以"开空调"这个冲突为例,沟通者可以这样说:"我感觉有点儿不舒服,是因为你没有和我商量就把空调关了。我理解你可能觉得冷,我怕热,你怕冷……在我看来没有对错,如果不是热得特别难受,我也会尽量不开,尊重你的感受。我希望以后如果是30℃以上的气温,能不能先和我商量一下调节空调的温度和风速,协商出一个我们都能接受的状态,而不是直接关空调,你看可以吗?或者你有更好的解决办法吗?"
>
> 资料来源:http://edu.people.com.cn/n1/2021/0924/c1006-32235092.html,2021-09-24.

"无诚则有失,无信则招祸"。那些践踏诚信的人也许能得益于一时,但终将作茧自缚,自食其果;那些制假售假者,或专靠欺蒙诈骗者,则往往在得手一两次后,便会陷入绝境,导致人财两空,有些甚至锒铛入狱。

在现代经济社会,即使一个企业拥有雄厚的资本实力和现代化的机器设备,有誉满全球的品牌优势,建立了很好的采购和销售网络,并且有一支高素质的员工队伍和高学历的管理者队伍,但如果它在财务报表、在商品或服务上做假,欺骗商户和投资者,丢掉了信用资本,就没有银行愿意给他贷款,企业的股票、债券和商品也没有人买,合作者和客户没有了,所有物力资本和人力资本就失去了它的意义,企业必然会陷入困境,并最终在市场中消失。因此,诚信确确实实是做人、立业之本。

我们每个人都有义务从自身做起,恪守诚信,让诚信成为我们为人处世的准则。只有这样,我们的生活才能绚丽多彩,我们的社会才能不断进步。

诚信是人的一张脸,上面写着你的品德和操行。人在职场没有了诚信,或者你的诚信受到怀疑,那么你将难以融入职场,难以在社会上立足。小胜靠智,大胜靠德说的就是这个道理。

面对诱惑,不怦然心动,不为其所惑,虽平淡如行云,质朴如流水,却让人领略到一种山高海深。这是一种闪光的品格——诚信。

职场无小事,轻诺必寡信,重视你所说的每一句话,因为那是在积累你的品质大厦,有一块砖头质量不过关,就可能导致大厦将倾的危险。人在职场,七分做人,三分做事,人际关系是职场的根基。否则即使你是一个靠技术求生存的人,没有和团队的精诚合作,孤军奋战,在现代职场想成功也是很困难的。大家知道微软的几乎所有的软件和系统都不是某个人的独立作品,而是团队的力量,尽管大家所起的作用不尽相同。没有和谐的人际关系,任何本领都是空中楼阁,无法真正创造财富和价值。

从哲学的意义上说,"诚信"既是一种世界观,又是一种社会价值观和道德观,无论对于社会还是个人,都具有重要的意义和作用。

对于一个国家、一个社会而言,"诚信"可以说是立国之本。国家的主体是人民,国家的主权也归于人民。中国自古就有"民为邦本,本固邦宁""得民心者得天下,失民心者失天下"的明训,这些话至今仍然是至理名言。但国家的领导者依靠什么去团结人民呢?靠的是明智的政策和精神信念,"诚信"就是取信于民、团结人民的人文精神和道德信念。

对于一个社会单位(如一个企业)、一项社会事业(如一个行业、一项职业)而言,"诚信"可以说是立业之本。"诚信"作为一项普遍适用的道德规范和行为准则,是建立行业之间、单位之间以及人与人之间互信、互利的良性互动关系的道德杠杆。很难想象,一个不讲诚信、不守信用的单位或企业,在现代法治社会能有长期立足之地。一项社会事业也只有依靠诚信立业,才能顺利发展。

对于每个社会成员而言,"诚信"是立身之本,处世之宝。人生立于世间数十年,必须不断学习,以获得知识、增进知识,知识既是个人谋生的工具,也是个人为社会服务的工具。但是,要真正做个对社会有所贡献的人,光靠"知识"工具是不够的,还必须有正确的价值观去指导,否则,知识也可能成为滋生罪恶的工具。

"诚信"精神就是培养人的高尚道德情操、指引人们正确处理各种关系的重要道德准则。个人以诚立身,就会做到公正无私、不偏不倚,讲究信用,就能守法、守约、取信于人,就能妥善处理好人与人、个人与社会的关系。

我们可以说,"诚信"的原则和精神,是促进社会主义市场经济健康发展的道德基石;它不仅对促进社会稳定繁荣、导正社会风俗、医治社会精神疾病具有重要作用,而且对加强社会成员的个人道德涵养,提升全民族的文明素质,培养有知识、有作为、讲道德、守法纪的一代公民具有重要作用;它是立国、立业之本,也是个人安身立命的精神法宝。

(二)怎样做到恪守诚信

要做到恪守诚信,就要对自己讲的话承担责任和义务,言必有信,一诺千金。答应他人的事,一定要做到。同他人约定见面,一定要准时赴约。上学或参加各种活动,一定要准时赶到。要知道,许诺是非常慎重的行为,对不应办或办不到的事情,不能轻易许诺,一旦许诺,就要努力兑现。如果我们失信于人,就等于贬低了自己。

如果我们在履行诺言过程中情况有变,以致无法兑现自己的诺言,就要向对方如实说明情况并表示歉意。这与言而无信是完全不同的两件事,所以说树立诚信要从点点滴滴做起。我们要继承和发扬恪守诚信的传统美德,还要把"江湖义气"与恪守诚信区别开来,认清"江湖义气"的实质和危害,不被这种旧社会遗留下来的坏习俗所污染。

(三)诚信的现实意义

诚信是为人处世的基本原则,又是治理国家必须遵守的规范,调节着人与人之间的关系,维系着社会秩序。做人需要诚信,诚信赢得尊严;经商同样需要诚信,诚信赢得市场。

1. 诚信是支撑社会道德的支点

诚信是我国传统道德文化的重要内容之一,"诚信者,天下之结也"就是说讲诚信,是天下行为准则的关键。在我国传统儒家伦理中,诚信是被视为治国平天下的条件和必须遵守的重要道德规范。古代圣贤哲人对诚信有诸多阐述。如孔子的"信则人任焉""自古皆有死,民无信不立""人而无信,不知其可也""民以诚而立";孟子论诚信"至诚而不动者,未之有也；不诚，未有能动者也"；荀子认为"养心莫善于诚"；墨子曰"志不强者智不达，言不信者行不果"；老子把诚信作为人生行为的重要准则"轻诺必寡信，多易必多难"；庄子也极重诚信"真者，精诚之至也。不精不诚，不能动人"。庄子把"本真"看作是精诚之极致，不精不诚，就不能感动人，这就把诚信提高到一个新的境界；韩非子则认为"巧诈不如拙诚"。

总之，古代的圣贤哲人把诚信作为一项崇高的美德加以颂扬，生动显示了诚信在中国人心目中的价值和地位。从古到今，人们这么重视诚信原则，其原因就是诚实和信用都是人与人发生关系所要遵循的基本道德规范，没有诚信，也就不可能有道德。所以诚信是支撑社会的道德的支点。

2. 诚信是法律规范的道德

诚信原则逐步上升为一种法律原则始自罗马法，后来被法制史中重要的民法所继承和发展，比如法国民法、德国民法、瑞士民法等，如《瑞士民法典》总则中的第二条规定："任何人都必须诚实地行使其权利并履行其义务。"

诚实信用也是我国现行法律一个重要的基本原则，在《民法通则》《合同法》《消费者权益保护法》中有明确的规定。由于其适用范围广，对其他法律原则具有指导和统领的作用，因此又被称为"帝王规则"，可见"诚实信用"并非一般的道德准则。

在诚实信用成为法律规范的时候，违反它所承受的将是一种法律上的责任或者不利于自己的法律后果，这种法律后果可以是财产性的，也可以是人身性的；可以是民事的、行政的，甚至可以是刑罚。因此，诚实信用又是支撑社会的法律的支点，是法律规范的道德。

3. 诚信是治国之计

诚信为政，可以取信于民，从而政通人和。倘若言而无信、掩人耳目、弄虚作假，社会就无从安定。古有"欺君之罪"，"欺君"不仅是冒犯尊严，而且会误导决策，祸国殃民。也不可"欺民"，所以有"水可载舟，亦可覆舟"之说。中国古代有商鞅立木树信的佳话，也有不讲诚信而自食恶果的烽火戏诸侯。中国古代思想家更是把"诚信"作为统治天下的主要手段之一。唐代魏征把诚信说成"国之大纲"，可见"诚信"之重要。

4. 诚信是行业立身之本

诚信是为人之道，是立身处世之本，是人与人相互信任的基础。讲信誉、守信用是我们对自身的一种约束和要求，也是外人对我们的一种希望和要求。如果一个从业人员不能诚实守信，那么他所代表的社会团体或是经济实体就得不到人们的信任，无法与社会进行经济交往，或是对社会缺乏号召力和响应力。因此，诚实守信不仅是社会公德，而且是任何一位从业人员都应遵守的职业道德。

诚实守信作为职业道德，对于一个行业来说，其基本作用是树立良好的信誉，树立起值得他人信赖的行业形象。它体现了社会承认一个行业在以往职业活动中的价值，从而影响到该行业在未来活动中的地位和作用。"人无信不立"，对一个行业来说，同样只有守信用、讲品德，才能从根本上做好行业品牌、树立良好的行业形象。

在现代社会里，人际关系发生了很大的变化，但是诚实守信仍是人际交往行为的重要原则，如果说"时间就是金钱"，与此同时出现的"信誉就是金钱"也被更多的人接受。

三、平等待人原则

> 小贴士
>
> 待人不公正比受到不公正的待遇更有失体面。　　——柏拉图
> 公天下之身,公天下之物,其唯至人矣。　　——列子
> 对他人的公正就是对自己的施舍。　　——孟德斯鸠

(一) 什么是平等待人

平等是人和人之间的一种关系、人对人的一种态度,是人类的终极理想之一。人和人之间的平等,不是指物质上的"相等"或"平均",而是在精神上互相理解、互相尊重,把对方当成和自己一样的人来看待。现代社会的进步,就是人和人之间从不平等走向平等的过程,是平等逐渐实现的过程。

在人际交往中,平等待人是建立良好的人际关系的前提。没有平等待人的观念,就不能与人建立密切的人际关系。心理学家研究表明,人都有友爱和受人尊敬的需要。特别是青年人,交友和受尊敬的希望都非常强烈,他们渴望独立于父母,成为家庭中和社会中真正的一员,他们希望社会、家庭和他人把他们看作成人,而不是小孩,人的这种需要就是平等需要。可以说,只要是正常人,都希望得到别人的平等对待。

1959年,在全国群英会上,刘少奇亲切接见了全国著名的劳动模范、淘粪工人时传祥。当时刘少奇亲切地对时传祥说:"你当清洁工人是人民的勤务员,我当主席也是人民的勤务员,这只是分工不同,都是革命事业不可缺少的一部分。"在我们周围,有富有者也有贫弱者,有我们熟悉的朋友,也有陌生的路人。尽管人与人之间总是存在着各种各样的差异,比如家庭状况、社会地位、个人素质等,但每个人在人格上都是平等的,每个人都拥有同等的权利和尊严。

案　例

一次,托尔斯泰在长途跋涉中,到一个小火车站的三等车厢的候车室歇息,忽然听见有人招呼他:"老头儿!老头儿!"一位太太在车上探身车窗外喊他,"快去女洗手间把我的手提包拿来,我忘在那儿了。"托尔斯泰急忙赶到那里,幸好,手提包还在。"多谢你了!"太太说,"给,这是给你的赏钱。"于是递给他一枚五个戈比的大铜钱。托尔斯泰不慌不忙地装进了口袋。"您知道您把钱给谁了吗?"一位同行的旅客问这位太太。他认出了这个风尘仆仆的赶路人就是大名鼎鼎的《战争与和平》的作者,"他就是列夫·尼古拉耶维奇·托尔斯泰!"这位太太一听惊叫道:"天呀!列夫·尼古拉耶维奇,列夫·尼古拉耶维奇!看在上帝的份上,原谅我吧,请把那枚铜钱还给我吧!把它给您,真的很抱歉。""您不用感到不安。"托尔斯泰回答说,"您没有做错什么,这五个戈比是我挣来的,所以我收下了。"火车开动了,托尔斯泰微笑着,目送着渐行渐远的火车把那位不安的太太带走了。

托尔斯泰不假思索地做出这样一种既有爱又可爱的举动,潜藏于后的其实是一种最可

贵也最为难得的平等心态。有了这样一种心态,身处高位却不会摆出一副施舍者的骄人姿态;有了这样一种心态,地位卑微也决无一丝乞讨者的可怜面目。然而,这种平等心态,是人生修养所达到的一种心静神安的大境界,是博大胸怀和淡泊名利的高尚情操。

资料来源:https://easylearn.baidu.com/edu-page/tiangong/composition? id = aececdfecdcae1720175302292044444&fr=search,2023-01-06.

(二)平等交往的方法

交往必须平等,平等才能交友。这是人际交往中的重要原则。在人际交往中,平等交往的方法很多,这里主要介绍四种。

1. 对等法

对等法包括情感对等法、价值对等法、地位对等法等。

2. 谈心法

谈心重在"心"字,就是实实在在说心里话,是用一种兄弟、朋友般的商量口气交换意见、传递信息和讨论问题。这种商量的口气,蕴涵着亲密的情感以及对对方的尊重等。

3. 求同法

求同法是一种通过各类活动,特别是兴趣活动,寻求相互认识、相互理解的方法。求同法对于社会地位有差距的人之间达到平等交往是特别有效的。对于一般的人际交往,求同法也是实用的。

4. 交友法

交友法是平等交往中一种常用的方法。在人际关系中,交友法是指像对待朋友那样平等地对待交往对象,要关心他人、帮助他人、体谅他人、理解他人、尊敬他人、真诚地对待他人,并能与他人讲心里话。

平等历来是我们向往、追求和奋斗的目标,我们把平等视为每个人不可剥夺的天赋权利,但现实提醒我们,每个人拥有的发展机会与权利不一样,至少说明在现阶段实现真正的平等是很不容易的,我们应该学会平等。

平等的基础是仁爱,平等使我们公正地评价一个人、一种现象,评价标准不是根据某个人的特殊身份而定,不能随大流也不能盲从,而是要根据社会契约,根据社会的道德标准而定,平等使我们克服世俗的偏见,不会根据一己之好恶待人接物。

四、宽容谦让原则

🔍 小贴士

> 紫罗兰把它的香气留在那踩扁了它的脚踝上。这就是宽恕。　　——马克·吐温
> 君子之道,忠恕而已矣。己所不欲,勿施于人。我不欲人之加诸我也,吾亦欲无加诸人。
> 　　——《论语》

(一)什么是谦让

谦让是一种美德。"孔融让梨"的故事在中国可谓家喻户晓,它告诉我们谦让是中华民

族的传统美德。随着社会竞争日趋激烈,开始有人怀疑甚至否定这则故事的合理性,主张现在应该鼓励人们敢于竞争,要提倡"争梨"。一石激起千层浪,是该"让梨"还是"争梨",是应该发扬谦让美德还是增强竞争意识,大家各执一词、争论不休。其实,谦让作为一项传统美德应该继承,竞争意识作为适应现代社会的需要也应该培养。

(二)什么是宽容

宽容是一种修养,是一种品质,更是一种美德。宽容不是胆小无能,而是一种海纳百川的大度,我们每个人都应学会宽容。

案 例

诚信宽容,让他们握手言和

台州市黄岩区澄江街道江田村章荷芳和徐桂花家里,来了两位"不速之客"——来自黄岩区屿头乡白石村的戴汉顺和朱冬娟夫妇。4名头发斑白的七旬老人,很快像亲友一样拉起家常。此情此景,任谁也想不到,他们曾经是一起法院强制执行案的双方当事人。

4年前的5月,戴汉顺骑着一辆电动三轮车,不慎撞伤了徐桂花,导致对方小腿骨折。事发后的一年多时间里,徐桂花做了两次手术,花了4万多元,可戴汉顺一家陆陆续续只赔了9000元。一气之下,徐桂花将戴汉顺告上法庭,要求法院强制执行。

"听老伴说撞了人,要赔不少钱,我感觉天都塌下来了。"朱冬娟说,她和戴汉顺一直住在大山里,没什么收入。4万元对他们来说,简直是个天文数字。

但是"欠别人的,一定要还!"抱着这个朴素的念头,朱冬娟和戴汉顺决定,再苦再累,也要把这笔债给还了。于是,身患心脏病、不能干重活的朱冬娟,每天上山找活干。她砍下箬竹竿作为原材料,加工成工艺品卖钱。到了五六月,上山摘箬竹叶卖钱。就这样,攒一笔还一笔。

"当时,她一脸愁容,从兜里掏出一个皱巴巴的塑料袋,里面全是5元、10元的零钱,整整齐齐地叠好,数了很久,正好1000元。"黄岩区人民法院执行法官付伟军还清晰记得朱冬娟来法院交钱时的情景。

"我们家穷,但不会赖账!"朱冬娟小心翼翼地问付伟军,"但我们家一下子拿不出那么多钱,能不能慢慢还?"

付伟军得知戴汉顺老两口的家境后,立即向法院打了申请报告,为戴汉顺免除了执行费等费用。随后,他又联系章荷芳,试着询问能否再给戴汉顺一家减免一些费用。

章荷芳也十分为难。之前,他们已经给戴汉顺一家减免过赔偿费了。"我们也没什么钱。老伴治病的钱是借的。"章荷芳说。

还要不要继续追偿?章荷芳思前想后,决定亲自去戴汉顺家一趟。

"等我找到一看,发现他们住在几十年前的老房子里,我想这笔钱他们是真的还不起。"章何芳说,回家后,章荷芳找了个朋友帮忙劝说,争取了老伴的理解,一家人统一了思想,决定让戴汉顺一家再付5000元,就把案子给结了。

2019年3月,两家人终于坐下来,面对面调解结案。在调解室门口的走廊上,章荷芳看到朱冬娟正在走廊里数钱,发现她只带来了4000多元——这已是她的全部家当。

章荷芳五味杂陈,从兜里掏出1000元现金,偷偷塞给朱冬娟,叮嘱道:"这样就凑足

5000元了,不要告诉我老伴。我们约好今天结案的,我也要说话算话。"

看着桌子上那一叠零钱,徐桂花的心里很不是滋味。签字结案后,她紧紧握住朱冬娟的双手,说:"我们以后要像亲戚一样常往来。"

4位老人的脸上,都露出了笑容。

资料来源:http://zj.people.com.cn/n2/2020/0901/c186806-34263334.html,2020-09-01.

小贴士

> 爱人者,人恒爱之;敬人者,人恒敬之。
> ——《孟子·离娄下》

著名作家房龙在他的名著《宽容》中曾经引用《不列颠百科全书》关于宽容的定义:宽容即允许别人自由行动或判断,耐心而毫无偏见地容忍与自己的观点或公认的观点不一致的意见。我国《现代汉语词典》中对宽容的解释是:宽大有气量,不计较或不追究。

宽容别人,其实就是宽容自己。多一点对别人的宽容,我们的生命中就多了一点空间。有朋友的人生路上,才会有关爱和扶持,才不会寂寞和孤独;有朋友的生活,才会少一点风雨,多一点温暖和阳光。其实宽容永远都是一片晴天。

宽容就是忘却。人人都有痛苦,都有伤疤,动辄去揭,便添新创,旧痕新伤难愈合。忘记昨日的是非,忘记别人先前对自己的指责和谩骂,时间是良好的止痛剂。学会忘却,生活才有阳光,才有欢乐。

宽容就是不计较,事情过去了就算了。每个人都有错误,如果执着于其过去的错误,就会形成思想包袱,不信任、耿耿于怀、放不开,限制了自己的思维,也限制了对方的发展。即使是背叛,也并非不可容忍。能够承受背叛的人才是最坚强的人,也将以他坚强的心志折服周围的人,以其威严更能够给人以信心和动力,因而更能够防止或减少背叛。

宽容就是潇洒。"处处绿杨堪系马,家家有路到长安。"宽厚待人,容纳非议,乃事业成功、家庭幸福美满之道。事事斤斤计较、患得患失,人活得也累。宽容是一种坚强,而不是软弱。宽容要以退为进、积极地防御。宽容所体现出来的退让是有目的、有计划的,主动权掌握在自己的手中。无奈和迫不得已不能算宽容。宽容的最高境界是对众生的怜悯。

宽容就是在别人和自己意见不一致时也不要勉强。从心理学角度,任何的想法都有其来由。任何的动机都有一定的诱因。了解对方想法的根源,找到他们提出意见的基础,就能够设身处地提出更能够契合对方的心理的方案,从而得到对方的接受。消除阻碍和对抗是提高效率的唯一方法。任何人都有自己对人生的看法和体会,我们要尊重他们的知识和体验,积极吸取其中的精华,做到弃恶扬善。

宽容就是忍耐。同伴的批评、朋友的误解、过多的争辩和"反击"实不足取,唯有冷静、忍耐、谅解最重要。相信这句名言:"宽容是在荆棘丛中长出来的谷粒。"能退一步,天地自然宽。但宽容也需要技巧。给对方一次机会并不是纵容,不是免除对方应该承担的责任。任何人都需要为自己的行为负责;任何人都要承担各种各样的后果。否则,对方会一而再、再而三地犯禁(错),视你为软弱。

一般来说,任何正常的人际关系都是建立在相互理解的基础之上,因为只有相互理解,才能心心相通。孟子说:"人之相识,贵在相知;人之相知,贵在知心。"所谓"心理换位",就是相互交换一下观察思考问题的角度,也就是通常所说的"设身处地为他人想一想"。

一位外国母亲在圣诞节带着5岁的儿子去买礼物。大街上、橱窗里,张灯结彩;乔装小精灵,载歌载舞,商店里五光十色的玩具应有尽有。母亲想,在这精彩纷呈的世界里,儿子肯定很开心。然而,她绝没有想到,儿子却拽住她的衣角在哭。母亲问儿子,儿子说鞋带开了。在母亲低头给儿子系鞋带时,无意中抬头发现,儿子眼前的世界不是花花世界,只有人的腿、皮鞋……母亲发誓今后再也不把自己认为的"快乐"强加给儿子了。

因长期感到别人不能正确对待自己而苦恼的人,最好学会用对方的目光观察自己,站在对方的立场上思考问题,它可以使你与对方沟通,缩小认识上的差别,甚至产生共鸣。"大度能忍,方为智者本色。"在人际交往中,如果没有海纳百川的容人肚量,将很难容忍别人的缺点及对自己某些利益的损伤。若是对于这些问题处理不当,就会对自己造成许多损失,轻则失去朋友,重则成众矢之的,将自己陷入孤立无援的境地。

宽容是修养、是品德、是内涵、是心态。在宽容面前,争吵和计较大可不必,即使你有理,也不妨温柔一些,因为有朝一日说不定你也会犯不可挽回的错误;相容原则告诉我们,要想让别人原谅自己的错误与过失,自己首先要做一个大度之人,容忍别人的错误与过失。

案 例

周总理逸事

有一次,理发师正在给周总理刮胡须时,总理突然咳嗽了一声,刀子立即把脸给刮破了。理发师十分紧张,不知所措,但令他惊讶的是,周总理并没有责怪他,反而和蔼地对他说:"这并不怪你,我咳嗽前没有向你打招呼,你怎么知道我要动呢?"这虽然是一件小事,却使我们看到了周总理身上的美德——宽容。

(三)怎样培养宽容的心态

具体来说,相互宽容的培养方法有以下三种。

1. 将心比心

孔子说:"己所不欲,勿施于人。"基督教义主张:"己所欲,施于人。"这是从正反两个方面来说明同一方法的。大连有一位旅馆服务员被称为"脸上永远带着微笑"的姑娘。当记者向她问及为什么能那样时,她说:"微笑是一种外在的表现形式,关键在于理解,理解生活、理解人。"

有一次,几个小伙子故意刁难她,指着她的鼻子说她是"笑里藏刀",说她留着床位开后门,并强意要翻住房卡片。她不但没有发火,而且还耐心地解释,主动地向这几个小伙子介绍附近的招待所。事后,旁边的人问她:"他们气你,你为什么还给他们介绍旅馆呢?"她回答说:"他们出门办事不容易呀,我们应该理解体谅他们的难处,如果来住宿的是我呢?"为什么她能将心比心呢?她说:"我觉得,作为一个好的服务员,除了对企业、领导负责外,更重要的是对每一位旅客负责!"

将心比心,主要就是指理解他人、体谅他人。

2. 大事清楚,小事糊涂

清代杰出画家、文学家郑板桥说过这样一句话:"难得糊涂。"其实,他是大事清楚,小事糊涂。据历史记载,北宋时有个宰相叫吕端,有人在皇帝面前说他马虎、糊涂。但宋太宗肯定说:"吕端大事不糊涂。"我们所说的大事就是大的目标、事业,或一些原则性的问题。所谓小事,就是日常一些琐事、小摩擦、次要的问题。

一个人心中有了大目标,有了自己的原则,就不因小失大,不计较小的得失,不因日常的小摩擦而发怒。像著名抗英民族英雄林则徐所说的那样"海纳百川,有容乃大"。

3. 严于律己

唐代文学家韩愈说:"古之君子,其责己也重以周,其待人也轻以约。"就是说,古代有修养的人待人很宽厚,要求自己则十分严格和全面。严于律己,在工作上身先士卒,一丝不苟,兢兢业业;在日常交往中以礼待人,守信用,与他人产生摩擦,先检查自己;在家庭生活中体谅家人,自己多干少说,发生摩擦时主动退让。

一般来说,人际交往中,严于律己的人容易做到宽以待人。宽以待人的人往往更多地看别人的优点,有"三人行,必有吾师"的谦虚态度,而不是"看己一朵花,看人豆腐渣"即使发现明显是对方的错误时,也能用"金无足赤,人无完人"的辩证观点来对待。

五、主动沟通原则

小贴士

> 当我面对一群人,或是大众传媒媒体谈话时,我总是假想自己是和"一个人"进行推心置腹的谈话。——巴伯
> 有效的沟通取决于沟通者对议题的充分掌握,而非措辞的甜美。——葛洛夫

(一)坚持主动沟通

沟通是一个信息交流过程,有效的人际沟通可以实现信息的准确传递,达到与其他人建立良好的人际关系,借助外界的力量和信息解决问题的目的。但是由于沟通主客体和外部环境等因素,沟通过程中会出现各种各样的沟通障碍,如倾听障碍、情绪噪声、信息超载等。因此,为了达到沟通的目的,我们必须首先认识到沟通中可能存在的障碍,然后采取适当的措施消除障碍,从而实现有效的沟通。

沟通,本身就具备一个主动的行为,具备一种积极向上的气质,"沟通,无处不在""沟通,从心开始"等,无不给人一种激越而温馨的感觉,这正是沟通的魅力所在。而更能体现沟通的独特魅力与巨大影响力,正是我们主动出击所进行的沟通实践行为。

案 例

别让网络削弱现实社交,如何迈出人际交往第一步

"我的骨髓里有一种东西,那就是孤独。我的心是结冰的江面,我像孤舟中的老翁,在江面上独钓,其中的滋味,只有我自己能懂。"

这是不久前,中青报中学生版收到的一位初中女生的投稿。性格内向、沉默的作者,渴望被集体接纳,却不知如何主动与同学交往。直到在一次月考中取得年级第一的成绩,她

才找到了这个突破口。

中青报编辑部派出记者去采访部分中学生和相关的专家,希望能为遇到人际交往方面压力和困惑的中学生们提供建议,让他们更顺畅地迈出人际交往的第一步。

1. 别让网络交流削弱现实社交的能力

记者在采访中发现,不少中学生遇到了人际交往方面的压力和困惑。

初二学生小邱注意到,身边不少同学在线上、线下好像两个人。高三学生平平说:"有的同学现实中不太主动,但在网上会更'真实'一点。感觉他们有自己的小圈子,QQ空间出现的评论很多都来自网友。"

高二学生世同也感觉到这种现象比较普遍。大家在"二次元"里更容易找到兴趣相投的人,有的甚至光是追星的粉丝讨论群就有七八个。他觉得,网络社交比起日常交集轻松很多,在社交网络已经可以满足社交需求的情况下,大部分人可能不愿主动迈出舒适区,尤其是性格比较内向的人。"有点像恶性循环,越封闭就越找不到话题。与其难以融入,不如选择自己一个人。"

2. 全民上网的时代,中学生的社交生活正在发生变化

团中央与中国互联网信息中心在2020年5月联合发布的《2019年全国未成年人互联网使用情况研究报告》(以下简称《报告》)显示,2019年我国未成年人互联网普及率达到93.1%,32.9%的小学生网民在学龄前就开始使用互联网。

《报告》显示,初中是未成年人网络社会属性形成的关键期。初中生在网上聊天、使用社交网站、逛微博、逛论坛、看新闻、购物等各类社会化活动的比例相比小学生显著增长。如初中生上网聊天、使用社交网站查看或回复好友状态的比例,分别比小学生高31.5%和29.8%。

网络社交意味着什么?上海外国语大学附属浦东外国语学校心理教师蔡丹艺分析,网络社交能拉近人际交往的距离,尤其有利于日常生活中不善言辞的人,但人在网络交流时难以注意到别人的感受,如果无所顾忌,还会伤害到他人。

"网络再方便,也不能只通过网络交流。"蔡丹艺说,"网络交流只能通过语言文字,而现实交流传递的情感是连贯的,话语、表情和身体语言都能传递情绪,两个好朋友坐在一起,哪怕不说话,依然感觉状态是美好的。"

曾任中国心理协会副理事长的上海师范大学心理学教授卢家楣表示,青少年产生社交焦虑(或称社交恐惧)可能由内部、外部多个因素导致,网络是外部因素之一。他说:"现在经常出现这种情况,家庭聚会时孩子们都在低头看手机,不愿意和长辈沟通,甚至吃饭还要催着。这是因为青少年习惯于沉浸在网络空间,不自觉地减少了实际交流的兴趣,社交能力在萎缩。"

由卢家楣主编、国内百名心理学专家撰写的《青少年心理十万个为什么》就该问题给出建议:教育者要引导孩子认清网络交友的利弊,关注孩子在现实交往中是否遇到困难。可以鼓励孩子从简单表达内心感受开始,试着渐渐向家人朋友敞开心扉;主动组织家庭间聚会等活动;引导孩子在旅行、兴趣班、社会实践活动中拓展交友圈。

3. 孩子自信心的源泉,是父母发自内心的悦纳

小邱在和同学交流时惊讶地发现,有的成绩非常优秀、被大家所"敬仰"的"学霸",竟然总是觉得自己做得不够好,难以融入集体,主要原因就是缺乏自信。"他们渴望被集体接纳,却不会跟父母或老师说,连跟同学倾诉都很少,好像只能沉浸在网络世界或者学习的海洋中,不知道还能做什么。"

在心理咨询中,蔡丹艺接触过不少这样的孩子。她认为,这与孩子本身性格有关,也与家庭教育情况密不可分。"家长总是期待孩子开朗、外向,比如孩子最好从小就能主动和人打招呼。但人的性格难以彻底改头换面,越是让孩子做违反本性的事,孩子内心越是紧张、有压力,或者即使勉强做了也达不到家长的要求。长此以往,孩子人际交往的自信和底气削弱,更不容易往开朗、外向的方向发展。"

蔡丹艺说,自信是人对自己的肯定和接纳。小学、初中阶段的孩子,自信心的建立根本来自家庭;长大一些以后,可以通过思考自我改善。曾有位各方面都很优秀的学生在心理咨询室告诉她:"无论是学习成绩,还是弹琴、画画,总有别人超过我,我觉得自己一无是处;这样的话我只能在这里说,如果在班上说,一定会被认为是在'凡尔赛'式炫耀。"

"有这样的思路,就是因为孩子从小总被父母提要求。家长也会鼓励、肯定,但总是悬一个很高的目标,孩子永远都达不成,需要更努力。"蔡丹艺用近期的热门电影《你好,李焕英》打比方:"女主角从小成绩不好,也不漂亮,但妈妈只希望她健康、快乐、能过得好,这就是发自内心的欣赏和接纳。"发自内心的悦纳是很难伪装的,而孩子往往敏感,能在父母的评价中觉察到微妙的态度不同。

卢家楣分析,除了网络因素,学校、家庭教育对孩子分数的过度关注,忽视社交能力培养也是导致其社交障碍的外部原因。同时,这与青少年的经历、认知、情感等内部因素也有着千丝万缕的联系。调查显示,社交上不愉快的经历,往往成为青少年社交障碍的诱因和起点,他们也因此容易在认知上产生负面思维,倾向于捕捉到他人言行举止中的负面信息,或作出负面解释。在情感上,有社交障碍的孩子往往自信心不足、有自卑感,或者自尊感过强。

"青少年还有一些特有的思维特点,比如总觉得别人在关注他/她,脸上长了痘痘都很紧张,这是'聚光灯效应';还有'闭锁性',有什么事情总是埋在心里,或者自我强化负性情感体验,久而久之就越来越不自信。"卢家楣说,教育者可以用一些小技巧帮助孩子培养自信,比如教师在课堂上让学生回答有把握的简单问题,多一些口头鼓励,让孩子获得成功体验,并帮助他们不断强化这种正向情感。

4. 卸下压力,允许自己当一个在路边鼓掌的人

中学生应该怎样迈出人际交往的第一步?

小邱说,她向往的社交状态是大家各抒己见,没必要强行跟着某一方的思路走,平等而舒适地交流。两位高中生分享了自己在社交中从不自信到自信的经历,共同点是加强"钝感力"。平平说,她曾经很担心自己说错话,后来读了《被讨厌的勇气》,尝试"假装自己是个很自信的人",结果真的变自信了。

世同则建议,可以在团体中试试做一些意见输出,不必太在意别人的不同看法,"只要自己不尴尬,尴尬的就是别人"。他认为,从习惯性附和到主动输出意见,是一个十分有效的转变,"比如我,一开始都是别人约着出去玩,慢慢也学会自己组织活动了,就像游戏里的小辅助一下子变成输出了。"

卢家楣告诉记者，过分注意周围人的评价，是青少年在认知方面的特点。在中学阶段，孩子在意同伴的看法，甚至超过父母和老师。"比如父母希望孩子多吃一点、身体健壮一些，孩子却追求苗条、要节食，就是因为同伴群体中的外貌评判标准和家长不一样"。

卢家楣说，青少年要走出社交障碍并不困难，可以学习一些普遍性的人际交往技巧。比如，与人交谈态度要大方；对他人善意的表示要积极呼应；在讨论场合不要总是畏缩，找到机会就讲出来，哪怕只讲一小点，也会让人印象"加分"。而教育者可以创造机会，让孩子循序渐进地尝试暴露在让他们害怕的社交场合，比如让上课发言容易紧张的孩子在课堂上讲一两句话，让孩子跟害怕交往的人远距离接触等。

蔡丹艺提醒，青少年固然需要培养一定的人际交往能力，家长、教师和社会也应该接纳不同性格的人，青少年则要学会探寻内心、接纳自己。"现代生活节奏快、社会竞争激烈，家长从自己的生活工作体验出发，觉得孩子只有热情外向才能被人看见、才能占优势，但其实很多成功人士都是内向性格的人，他们内心丰富、善于思考，只是表达方式不一样"。

在心理咨询中，蔡丹艺遇到不少对自己社交状态不满的孩子，他们人缘没那么好，羡慕那些落落大方、受欢迎的核心人物，向往受人瞩目的"高光"时刻，自己的性格却是封闭、内向的，所以总有压力。她曾帮一位低年级孩子做沙盘演练，让他发现自己内心真正向往的舒适状态，其实是独处的、安静的，只需要一两个朋友。

"其实，要维持有很多朋友的状态，需要付出大量时间精力，独处思考的时间就少了，那不一定是你内心真正向往的。要找到让自己放松、舒服的状态，允许自己在人群中当一个在路边鼓掌的人，而不是非要当跑道上的第一名。"蔡丹艺说。

资料来源：http://yn.people.com.cn/n2/2021/0419/c378440-34681861.html，2021-04-19.

人和人之间的沟通是互动的、对应的。在沟通中，我们总是期待别人承认自己、接纳自己、喜欢自己，从而满足自己的需求。如果想让别人爱你，你就要给别人爱你的理由。我们周围的人都是普通人，不是圣贤，人家为什么要喜欢你？为什么要做你的朋友？不可能没有原因。

坚持主动原则，给别人爱你的理由，就是先去爱别人。无论是情感定向的沟通，还是功利定向的沟通，要使沟通顺利地进行和延续就应该先从自己开始。当你成为别人的朋友时，你也就拥有了好朋友。你肯播撒爱的种子才能收获爱的果实。

"主动沟通"是一种积极而健康的心态，是人们在生活、工作、学习过程中形成的一种良好的思维习惯和行为方式。树立较强的沟通主体意识，不仅能够解决越来越难控制的心理问题引发的极端行为，而且对于我们每个人的身心健康都有积极的意义。

树立一种主动的意识，把沟通的观念深入内心，主导我们的思维活动，这样就会积极主动的面对生活中的风风雨雨、喜怒哀乐，进而不断地取得成功。

因此，无论是身居要职的政府人员，还是普通的公司员工都应该把自己作为沟通的第一发起人，有意识地、主动地去与人沟通。如果自视清高、孤芳自赏，不仅不能与人合作，还容易被人疏远，在工作和生活中很难得到别人积极主动的帮助和配合。

（二）不愿意主动沟通的症结

有趣的是，人都有"惰性、怯懦性"，都习惯于待在一个"舒适区"里，而疏于主动的结交朋友，也不主动与朋友联系。每个人都渴望认识好朋友，却吝于"先给予、先付出、先主动"

伸出友谊之手。不愿意主动沟通通常出于以下5种原因。

1. 缺乏应有的自信

有些人自尊心很强,自己有什么要求、想法或建议很少主动告诉别人,怕别人不理解、不答应而伤害自尊。实际上,恰恰相反。自尊心过强是不自信的表现。工作生活中,想出一些新点子,自信的人马上会说出来与朋友分享或者马上付诸实施,而不自信的人反而左顾右盼、犹豫不前,从而失去很好的机会。

2. 过于孤傲自负

孤傲自负的人自以为是、孤芳自赏、不可一世,把自己看得高人一等,因而与他人交往时都不会采取主动的态度。

3. 性格内向甚至孤僻

性格内向甚至孤僻的人不愿意与他人接触、待人冷漠,对周围的人有戒备心理。具有这种个性的人往往猜忌心较强,容易神经过敏。

4. 害怕承担责任

由于怕承担责任,所以不愿意主动表态,以致自己的想法不被领导或朋友所知。

5. 存在误解

对人际沟通存在部分误解。如先打招呼就会降低自己的身份,麻烦别人会招别人讨厌等。因此,在与别人交往时往往采取被动的方式。

(三)怎样培养主动沟通的习惯

实际上,主动沟通是一种生活习惯,只要我们在生活中有意识地培养主动意识,就可以让自己走出这道"藩篱"。

1. 主动提供帮助

沟通良好的人首先是一个有爱心的人。所谓"种瓜得瓜,种豆得豆",生活中,每个人都难免遇上这样或那样的困难,当别人遇上困难时,你能伸出热情的援助之手,你就会得到别人的信任。一个小小的帮助,并不需要我们有多少金钱、多大才能,也许就是一个会心的微笑,就能点亮受助人心中的一盏明灯。

2. 主动取得联系

建立"关系"最基本的原则就是不要和别人失去联络。现代人生活节奏加快,没有时间过多地梳理自己的友情、亲情,时间久了,许多原本亲密的关系就变得疏远,朋友关系逐渐淡漠,这是很可惜的。或许你曾经有过这样的经历:当自己遇上困难时,认为某人能帮助你,本来可以马上找到他,但转念一想好久都没有联系了,冒昧求助可能会遭到拒绝。俗话说"平时多烧香,难时有人帮",不要等到麻烦别人时才想到联系。

3. 主动询问他人

对不清楚的事情要虚心向别人请教,不要自作主张、自以为是。

4. 主动反馈信息

沟通中经常存在信息不对称的问题,并不是所有人都会向你主动提供信息和帮助,你必须积极主动地向对方反馈信息和解决问题的方法,对方得到你的有效信息后,才会乐意将他掌握的信息反馈给你。

5. 主动承担责任

要善于说出自己的想法,不要怕承担责任而束缚了自己的手脚。

总之,积极主动的沟通会让误会、怀疑、猜忌和敌意远离,让共识、理解、信任和友谊走近,从而能够共同分享工作、生活和学习带来的充实和愉悦。

六、互利双赢原则

互惠互利原则又称对等原则。世界贸易组织要求成员之间相互给予对方以贸易上的优惠待遇,强调权利与义务的综合平衡。即任一成员方在享受其他成员方的优惠待遇时,必须给其他成员方以对等的优惠待遇。在多边贸易谈判的实践中,只有遵循平等、互惠互利的原则,才能在成员间达成协议,维护成员方之间的利益平衡,谋求全球贸易自由化。

人与人之间的交往,靠语言说服别人与自己达成共识是不够的,还须培养互惠观念,在互惠式的交流中,才能使双方的感情进一步加深。

"投之以桃,报之以李;匪为报也,永以为好。"这种答谢之情其实就表达了一种友谊长久的愿望。

(一)互惠的方法有哪些

互惠原则告诉我们:要想别人对你友好,你先要对别人友好。投桃报李也是一种友好的表示,而且是自古流传下来的友谊原则。

互惠的方法很多,概括起来主要有以下三种。

1. 合作法

合作法也称互助法,是交往双方为了满足各自的利益,在一定物质或精神上进行的相互协作。合作法是互惠的一种重要形式,它能使合作的双方都得到利益。但是,合作也会产生内耗。协同论认为,内耗是事物处在某种无序或不协调状态下,其系统内部各组成部分之间的相互抑制和相互冲突,从而使各种有用力量相互抵消的一种现象。

减少内耗的根本途径是增强协调,协调好各方面的关系。在人际关系处理中,就是要做到人际间相互理解,形成相互之间的稳定性。

2. 竞争法

竞争法是指通过竞争,给竞争者带来一定的压力或危机感,从而促进竞争者不断地努力进取,以取得经济、技术、文化等方面的进步。如几个学生为了争取考分第一,他们都必须加倍地学习,虽然最后只有一个人得到第一名,但平时努力的学习积累定能给其他竞争者带来长进。

3. 交换法

交换法是交往双方通过相互的交换,获得利益或好处的一种方法。交换包括物质交换、非物质交换,以及物质与非物质交换三种类型。物质交换在市场上是最为明显的,如我国南方人喜欢吃大米,北方人喜欢吃面食,于是双方相互交换;非物质交换可以是情感传递、思想交流、信息沟通等,如甲对乙笑,乙还之以笑,就是一种情感传递,使双方得到一种精神满足。学术讨论是一种思想交流。

物质与非物质的交换在个人之间不像前两种形式那样普遍,但是也时常发生。如甲送给乙一份生日礼物,乙致以谢意等。这种交换,双方互利的实际内容是不同的,一方是精神的满足,另一方是物质上的满足。

（二）互惠时注意哪些问题

1. 付出不要图回报

"滴水之恩应当涌泉相报"是指每个人都应该感激别人的帮助。当你帮助了别人，就不能是图感激、图回报，更不能为了得到回报而去帮助别人。所以，一定不要对每一件事都要求回报。哲学中讲有因必有果，但不一定有你所希望的果。

因此，只要抱定"治生不为求富、读书不为做官、修德不为求极、为父不为传世"的想法，就一定能自得其乐，达到饮酒而未醉，陶然有余欢，即使事情中有不尽如人意之处，欲辩解又已经忘记想说什么的境界。

苏东坡曾写有"守骏莫如跛"五个字，意思是一味地认为骏马快，而放纵奔驰，使它得不到休息，就一定会有倾倒跌筋斗的时候，反倒不如一头跛马走得快了。做人也是这样，一味地贪图美名，就一定会有受到玷污的事情。为图回报的付出也是勉强的，如果回报在等待中得不到，会令自己大失所望，这样只能伤害自己。

一位古代智者指出："送人银钱，人用情之厚薄。一言之轻重，不能以代子谋，不能以代弟谋。譬如饮水，暖自如而已。"这段话的含义是：给人家银钱，随便人家用情多少，不要去费心思细琢磨。这就像说话分量的轻重一样，做父亲的不能代替儿子去思考，做哥哥的也不能代替弟弟去掂量。它又如同饮水的时候，水的冷热就只有自己去试探一样。

这位智者的话很有道理，因为在做人方面我们只要投入感情，就一定不要求回报。但如果一味地去计较别人回报的多少，反而使本来很有意义的事情，变成以追求名分为目的的功利主义了。不图回报，反倒可享受到回报时的惊喜；图回报，只是多了回报不至或至而不足的忧虑与烦恼，孰是孰非，诸君自择吧。

2. 彼此互相扶助

帮助别人，也要接受别人的帮助。"投桃报李"是相互的，即双方互惠式的，不但要向别人付出，也要让别人有机会回报你。特别是当你受困时，如果朋友要帮助你，这时便不要拒绝，因为这或许是获得友谊的契机。让朋友帮助你，往往反映了你对朋友的挚诚态度，有的人就是因为不懂得这一点，所以失去了朋友。

接受别人的帮助，让别人首先获得"投桃"快乐，也不失为一种交友之道。先接受帮助，再去回报他，这样还能使友谊更加牢固，达到情越结越浓，友越交越深的效果。

案 例

协助的故事

有这样一则故事：有一个人做了一个梦，梦中他来到一间二层楼的屋子。进到第一层楼时，发现一张长长的大桌子，桌旁都坐着人，而桌子上摆满了丰盛的佳肴，可是没有一个人能吃得到，因为大家的手臂受到魔法师诅咒，全都变成直的，手臂不能弯曲，而桌上的美食，夹不到口中，所以个个愁苦满面。

但是他听到楼上却充满了欢愉的笑声，他好奇地上楼一看，同样的也有一群人，手臂也是不能弯曲，但是大家却吃得很高兴。原来每个人的手臂虽然不能弯曲，但是因为对面的人彼此协助，互相帮助夹菜喂食，结果大家吃得很尽兴。

没有一个人可以不依靠别人而独立生活,这本是一个需要互相扶持的社会,先主动伸出友谊的手,你会发现原来四周有这么多的朋友。在生命的道路上,我们更需要和别人互相扶持,共同成长。

七、适度距离原则

小贴士

> 海内存知己,天涯若比邻。　　　　　　　　　　——王勃
> 君子上交不谄,下交不渎。　　　　　　　　　　——《周易》

人际关系最理想的状态是既要密切,又要新鲜,彼此具有长久吸引的魅力。在现实生活中,若要使各种人际关系都能保持较好的状态,那就需要双方有一个恰到好处的距离。古人最早感悟到人际交往需要保持一种若即若离的距离,庄子曰:"君子之交淡如水,小人之交甘若醴。君子淡以亲,小人甘以绝。"君子之交,是指朋友之间有个适当的距离,但心灵相通、心心相印。

现代管理学中有著名的"刺猬理论",说的就是两个相互取暖的刺猬,若靠得太近会相互刺伤对方,太远又起不到相互温暖的效果。运用到管理学中,指的就是上下级之间、同事朋友之间应该保持一定的距离,给对方一定的私密空间。

不少人在人际交往中喜欢形影不离,其实这并不利于感情的维系和保持。在学校,如果你选定与一位同学形影不离,到毕业才发现只交到一个朋友。在工作中,如果你跟某位同事关系太过密切,那么不仅失去与其他同事相处的机会,还可能对工作造成不利的影响。在处理各种人际关系时,关键是把握好"度"的问题。

1. 与朋友保持适当距离

好朋友是需要距离的。人从小到大,都会交一些朋友,这些朋友有的只是普通朋友,但有的则是可称为"死党"的好朋友。但是我们也常发现,一些"死党"到后来还是散了,有的是"缘尽情了",有的则是"不欢而散"。人能有"死党"是很不容易的,可是散了,多可惜啊!而"死党"一散,尤其那种"不欢而散",要重新组"党"是相当不容易的,有的甚至根本没有再见面的可能。

人一辈子都在不断地结交新的朋友,但新朋友未必比老朋友好,失去友情更是人生的一种损失,因此我们强调:好朋友要"保持距离!"人之所以会有"一见如故""相见恨晚"的感觉,之所以会产生深厚的友谊,是因为彼此的气质互相吸引,一下子就越过鸿沟成为好朋友,这个现象无论是异性或同性都一样。但再怎么相互吸引,双方还是会有些差异的,因为彼此来自不同的环境,受不同的教育,人生观、价值观不可能完全相同。当二人的"蜜月期"一过,便无可避免地要产生摩擦,于是从尊重对方,开始变成容忍对方,到最后成为要求对方。当要求不能如愿,便开始背后挑剔、批评,然后结束友谊。

所以,如果有了好朋友,与其太接近而彼此伤害,不如保持适当距离,友谊反而更长久。

2. 与领导保持适当距离

关系学表明,保持适当的自由空间,可以使关系融洽长久。一旦人与人之间越过了那道本能的安全防线,为了各自利益,相互摩擦就会接踵而至,矛盾会被激化,危险系数会越来越高。和领导保持适当距离,是为了明哲保身。领导是受人关注的对象,一旦你在领导身边,你就会自然而然地成为被关注对象,有羡慕的、有嫉妒的,也有通过你打通领导关系捞取好处的。这样一来,你就会把自己逼近死角,左右为难,郁郁寡欢,成为争权夺利的牺牲品。

因此,要和领导保持适当距离,不要为贪图一时的便利、一时的威风,最终为自己带来无穷无尽的烦恼。

3. 与下属保持适当距离

有不少管理者喜欢同自己的下属保持很密切的关系,这本来是好事,但是需要注意把握程度,保持适当的距离。由于人与人之间的距离越近,彼此对对方的要求就越高,一旦要求高到一定程度,你就会做不到,对方也会做不到,就会形成伤害,这时,你反而得不到属下的拥戴了。那么,与属下之间的距离该怎么把握?这是无法度量、不好把握的。但是只要不突破以下两大底线,领导与部下之间的距离应该就是合适的。

第一条底线:不占下属一分便宜。管理者同属下之间不可能不发生经济往来,一起餐饮消费,到员工家里坐坐,烟酒不分家,都是免不了的。需要注意的是,在这类情况下我们不能占下属一分便宜,员工往往希望你和他不分你我,但是管理者不能这样,经济上不占下属一分便宜,其他的便宜也同样不能占。

案 例

第二次世界大战结束后,日本许多商店缺乏人手,为减少送货任务,有的商店将问话顺序进行了调整。将"是您自己拿回去呢,还是给您送回去?"改为"是给您送回去呢,还是您自己带回去?"结果大奏奇效,顾客听到后一种问法,大多说:"我自己拿回去吧。"又如,有一家咖啡店卖的可可饮料中可以加鸡蛋。售货员就常问顾客:"要加鸡蛋吗?"后来在一位人际关系专家的建议下改为:"要加一个鸡蛋,还是加两个鸡蛋?"销售额大增。

在商务活动中所进行的语言沟通具有强烈的目的性,在服务性强的领域要使用易于服务对象所接受和适合服务情景的语言,同时在沟通中要有一定的语言技巧,通过语言指令影响他人行为。在上述两个事例中商家通过把握顾客心理,运用恰当的语言技巧,让顾客能够接受,取得了好的业绩,这是成功的商务沟通事件。

资料来源:https://wenku.baidu.com/view/58eb7fe5b5360b4c2e3f5727a5e9856a57122649.html,2021-08-21.

第二条底线:控制好倾诉的欲望。每个人都有倾诉的欲望,作为管理者也一样,有了高兴的事情,有了烦恼、郁闷,也需要向人倾诉,把快乐加倍,把痛苦减半。管理者可以向家人、朋友、上级倾诉,唯独不可以对下属倾诉。一旦你进行这样的倾诉,你同属下之间的距离就太近了。从你成为管理者的那一天起,就要有"高处不胜寒"的思想准备。这个"寒"指的就是孤独,管理职务越高,可倾诉的对象就越少,就越孤独。

八、择善而交原则

> **小贴士**
>
> 近朱者赤,近墨者黑。　　　　　　　　　　　　　　　　　——傅玄
> 三人行,必有我师焉;择其善者而从之,其不善者而改之。　　——《论语》

所谓择善原则,是指在建立和发展人际关系时不能盲目从事,而要有选择地进行。初入社会的年轻人应该多与比自己强的人交往。这并不是说,你应当去和比你更有钱的人交往,而是说你应当和那些人格、品行、学问、道德都胜过你的人交往,使你能尽量吸收到种种对你生命有益的东西。这样可以提高你的理想,激发出你在事业上的更大潜力。

在和一个人格伟大、意志坚强的人交往的时候,他会挖掘出你身上存在的许多潜能,你会不知不觉地感到自己的力量突然增加了几倍,自己的智慧会突然提高几倍,自己的各部分机能会突然锐利几分,仿佛自己以前所意想不到的隐藏生命中的力量都释放出来了。你的个人生活或职业生涯中,与你交往的人无论从认识还是行为方式上,都能对你的造成深远的影响。

仔细在内心分析每一个与你交往的人,认真思考你的每一段友谊、工作中的人际交往,以及你在任何其他场合产生的人际关系,那些同你有关系的人都会对你的思想产生深远的影响和冲击。和消极悲观的人在一起,你也会变得消极。或是对一切感到倦怠冷漠、提不起精神,他们传递的消极信息会腐蚀、耗损你向前的动力和决心。

案例

党员干部要"择善而交"

"择善而从"语出《论语·述而》,其源于"三人行,必有我师焉。择其善者而从之,其不善者而改之。""择善而交"在"善与交"中以"择"为桥梁传递出传统思想文化中对于"善"的"知与行",无疑可以引导党员干部加强道德修养、付诸道德实践、改进道德品行。党员干部与普通凡人一样,在日常生活和工作中,同样有自己的朋友与圈子,若是朋友圈都是充满正能量,交上一个好朋友,就等于多了一面镜子,多了一个参谋;交上一个坏朋友,就等于雪入墨池,必将给自己带来负面影响。

面对纷繁复杂的世界,党员干部要学会用放大镜、显微镜看问题,以小见大、由表及里,不被表象所迷、所惑、所困。尤其在事业蒸蒸日上、赞扬之声不绝于耳的时候,更要居安思危,树立强烈的忧患意识,始终保持清醒头脑,以审慎的态度,察于微而知著,睹于始而知终,防祸患于未然。要树立底线思维,把握正确的交友原则,增强辨友识人的本领,自觉净化自己的朋友圈,把"择善而交"贯穿交友过程,不交无德之人、不交无义之人、不交无信之人、不交无善之人,多与群众、基层干部、先进模范和专家学者交朋友,学习他们身上的优良作风和品德,提升自我修养、强化党性锤炼、密切党群干群血肉联系,让"朋友圈"干干净净、清清爽爽。

人生离不开朋友,党员干部也不例外。党员干部尤其是领导干部肩负着历史重任,面临着各种考验,必须自觉净化自己的社交圈、生活圈、朋友圈,唯有把握底线,做到交往有原则、有界线、有规矩,才能做到防微杜渐、一尘不染、两袖清风,永葆共产党人的政治本色和浩然正气。

资料来源:https://wenku.baidu.com/view/58eb7fe5b5360b4c2e3f5727a5e9856a57122649.html,2021-08-21。

在发展人际关系上,成功人士总是尽力避免同那些可能阻碍他们成功的人打交道。其中包括那些缺乏幽默感或心态消沉的人、总是试图改造别人的人、苛刻挑剔的人、会浪费他们太多时间的人。同时,他们也拒绝那些不守承诺的人、那些猥琐、不诚实或自私自利的人,以及那些总是作威作福不可一世的人。

择善而交是避免祸灾和提升自己品行的最关键的法则之一。坚持择善原则是一个过程。按照择善原则建立起来的人际关系到底是否真善及其善的程度,需要一个检验的过程。有时,最初自认为建立的是善的关系,但到头来,却被证明是恶的。而且即使是善的、最佳的人际关系,由于各种原因的影响、各种条件的变化,也会变成恶的、不佳的。在这种情况下,不得不"二次"择善。特别是在发现建立的是非善的人际关系或者由原来善的变成恶的人际关系时,更应该当机立断地抛弃。否则,当断不断反受其乱。

关系主体要对自己与对方的需要加以协调和平衡。一个人的精力是有限的,建立人际关系的目的是满足需要,而这种需要必须与人的有限时间和精力成正比。当需要大于人们实际的精力时就会产生需要过剩,使人们终日忙于交往,穷于应付,用于工作的时间就少了。反之,如果个人精力和时间大于自己的需要,出现需要不足,就会陷于孤独、苦闷的状态,导致信息闭塞,孤独无援。减少了自己发挥能力的机会与范围。因此,在建立人际关系的过程中,要经常地协调平衡需要与时间、精力之间的关系。

要对人际关系主体的多种人际关系进行协调和平衡。在现实生活中,每个人都承担着多重人际角色,如一个人在家中对父母是儿子,对妻子是丈夫,对子女是父亲。在工作岗位对领导是下级,对下属是上级。这个关系网,对其主体来说,是有主次的,必须协调。

本 章 小 结

(1) 社会心理学从最一般的方面总结出对人际交往实践的有益启示,帮助我们赢得朋友,保持真挚的友谊,避免人际关系不幸的基本原则,这些原则可以帮助我们成功地建立并维持自己期望的人际关系。

(2) 人在社会中不是孤立的,人的存在是各种关系发生作用的结果,人正是通过和别人发生作用而发展自己,实现自己的价值。

(3) 不同的社会有不同的社会价值观,也就有不同的社会认知。随着社会的发展,人们的观念也在不断地更新,人们的需求也有不同程度的变化。

复习思考题

(1) 人际交往的基本原则有哪些?
(2) 如何理解互惠原则?
(3) 怎样理解与人交往中坚持诚信的原则?

 拓展阅读

虚拟社群人际交往及其互惠行为研究

当前,微博、微信、微视频、微直播等具有社交属性的微媒体,以其大量独立的网络发布点,为受众提供了基于网络社交关系进行的即时发布、分享和传播的网络平台。裂变式的多级网络传播模式所建构的人际交往关系,不同于传统意义上由地域、血缘"集中控制"的单一、直接的交往模式,个体与他人的交流互动,是基于网络新技术的重塑呈现出了结构及互动方式的新变化。首先,传播媒介的去中心化与垂直化,打破了线上、线下信息传递的形式、结构与规则的技术壁垒,个体可以自由地选择与他人连接的方式。其次,排除亲缘、地缘相关性,线上人际交往更多地表现为相同兴趣点的共享性讨论、某一特定主题的临时集合和以实现商业价值转化为目的的交易行为等。跨时空、跨身份的多人在线活动实现与满足了人们信息共享、情感表达的社会需要,作为载体的虚拟社群则成为人们在参与网络社交时不可避免的交流场域。

虚拟社群将网络中具有相似兴趣爱好或利益趋向的多数人聚集,时间与情感上的持续投入使得社群内的交往活动重复进行。美国学者埃莉诺·奥斯特罗姆(Elinor Ostrom)指出,重复互动的行为在个人习得信任并创造与他人互惠方面有促进作用。网络空间交往是否存在信任基础,学术界结论不一,但对交往的相关研究及实践经验显示:线上社交的便捷性使得低成本获取信息、知识或资源的交换行为更快地发生。虚拟社群成员间的互惠程度越高,个人在社群内的信息输出与情感表达意愿就越强烈,互惠行为越容易积累形成互惠共同体。来自群体的善意与互惠关系的延续维持了社群的良好发展。长期、稳定的社群关系则保障了虚拟社群内人际关系的顺利进行,互惠行为在满足虚拟社群成员异质化需求、建立社群认同、促进群体合作中发挥着重要的中介作用。

美国学者曼纽尔·卡斯特(Manuel Castells)认为,虚拟社群是一种产生于网络社会的新型社群形式,不遵循实质社群的沟通和互动模式,有其特殊的互动法则,作用在不一样的现实层面上。虚拟社群中"人—移动终端—人"的间接互动方式与实质社群中"人—人"的直接互动方式不同,传播的去中心化与受众的碎片化使得依赖于受众端的虚拟社群关系表现出流动多变、随聚随散的组织特征。

虚拟社群的人际交往基本形态,首先是基于某种共同点的、流动的多数人的集合。它把分散的、有相似社会化需求的、兴趣爱好相同的人们聚集在一起,以建立有意义的人际关系。同时,参与讨论的单个成员身份可以是多变的和流动的。虚拟社群以人为中心,是人与人、人与物连接产生的大量异质"关系束"。比如,微信用户大多加入多个微信群,且能在不同的微信讨论群组中快速切换;又如在微博上对公共事件的围观与表达,往往还没等到事件结束就又兴致勃勃地投入另外一个事件的热议中。

群体成员之间的交往呈现出非持续性和非紧密性的动态特征,没有共同的目标追求和需要完成的共同任务,形成了暂时或不长久的人际关系。英国人类学者邓巴(Dunbar)、动物学者里德利(Ridley)推算出人们日常进行面对面沟通的上限为150人,而一个微信群上限人数为500人。根据我们的日常使用习惯与用户参与行为,可以肯定的是,并非每个人都能与他人进行互动,多数人采取的是一种"围观"的态度,没有地理位置约束,在不同社群中学习其特有的传播符号、沟通语言,只关注焦点人物传达的信息与意见,没有什么明确的目的。虚拟性、匿名性的交往与互动方式,导致成员之间相互认知度和认同感较差。老成员的流失、新成员的加入、中坚力量的聚集、意见领袖的诞生,如此往复使得虚拟社群的人际交往一直处于流动多变、随聚随散的自运转状态。

资料来源:http://media.people.com.cn/n1/2019/1108/c430698-31445586.html,2019-11-08.

实 践 课 程

训练一

同学们分成3~5人一组,结合所学的人际交往技巧,把自己与各类人接触的成功和失败的过程进行一次交流,共同分析收获和体会。根据小组讨论的结果,进行一次全班性的交流,与大家一起分享。

训练二

同学们组织一次郊游、一次课外体育活动,试着与你原来不熟悉的同学沟通,体会一下你在沟通过程中都运用了哪些原则。

训练三

同学之间三人一组,每人列举两到三个古代人际交往的小故事,体会故人在人际交往中的技巧,并结合当代人的交往原则,讨论一下哪些已经过时了,哪些还可以继续发扬光大?

CHAPTER 4 第四章

影响沟通的主要障碍及其克服技巧

🔑 学习目标

（1）了解影响人际沟通的主要障碍有哪些。
（2）掌握克服沟通障碍的主要技巧。

🎲 技能要求

（1）在了解了影响沟通的主要障碍的基础上，学会分析有可能出现的类似现象。
（2）能灵活地应用克服沟通障碍的方法，并学会总结经验，不断完善。

同样的沟通、不同的结构

路路前些日子买了条小狗。

晚上给大姐打电话，告诉她自己买了一条博美。她非常高兴，马上询问狗是什么颜色，多大了。晚上，二姐打电话来询问路路最近的情况，小狗在路路接电话的时候叫起来，二姐在电话里听到有狗在叫，就问是否很脏，有没有打预防针。

同样是对于一条狗的理解，不同人的反应差别很大。大姐从小就喜欢狗，所以一听到狗，在她的脑海中会描绘出一幅可爱小狗的影像。而二姐的反应却是关心狗是否会给人带来什么麻烦。

同样的一件事物，不同的人对它的概念与理解的区别非常大。在我们日常的谈话与沟通当中也是同样的。当你说出一句话来，你自认为已经表达清楚了你的意思，但是不同的听众会有不同的反应，对其理解可能是千差万别的，甚至可以理解为相反的意思。这将大大影响我们沟通的效率与效果。因此，在我们进行沟通的时候需要细心地去体会对方的感受，做到真正用心去沟通。

资料来源：https://zhidao.baidu.com/question/1839740226184652580.html，2022-06-25。

这个例子说明了有效沟通有多么重要。沟通障碍存在着潜在的破坏因素，它像一张无形的大网，有时甚至会引发极端事件。

从主观上讲，谁都想有一个好的人际关系环境，可是到头来总是不尽如人意，回想每段人生的历程，总是"欲说当年好困惑"。为什么？是影响人际关系的障碍在作怪。影响人际关系的"障碍物"种类很多，主要有心理障碍、语言障碍、情绪障碍等，要想前进，就要学会"跨越障碍"。跨越了这些障碍，你就是一个成功的交往者。

第一节　沟通障碍概述

人际沟通是指两个或两个以上的人之间的信息沟通。管理者在一个组织中充当着各种不同的角色，而这些角色都要求管理者掌握人际沟通的技能作为下级，管理者要向其上司汇报情况、接受指示；作为上级，管理者要指导下属开展工作并听取下属的汇报；作为领导，管理者要了解群众的疾苦，激励员工努力工作；作为一个组织或部门的主管，管理者要了解外界的情况，并沟通组织与外界的联系；作为同事，管理者要协调好与其他管理人员之间的关系等。为了提高人际沟通技能有必要了解和掌握人接受信息的过程、人的个体行为对沟通的影响，以及人际沟通中可能发生的障碍，在此基础上才能更好地探寻有效沟通的方法。

一、沟通中个体的信息接收过程

一个人接受信息开始于其受到外界的刺激。外界的刺激可分为两种：一种是显性刺激，它会使人有意识地明显感受到某种信息的刺激；另一种是隐性刺激，它只是使人感受到，但不一定意识到已受到某种信息的刺激。如有些事听人讲过，当时并没有意识到什么，直到后来才醒悟过来，这种信息刺激，在当时来说就是隐性的。

当一个人受到了外界刺激时，可认为信息到达了接受者这里，但这并不等于这个人已完全接受了外界刺激所带来的全部信息。接受者还要进行一个有选择的知觉过程，个体所接受的只是那些他认为比较重要的那一部分信息。例如一个十分关注投资额的管理人员，他在审查项目书时，可能只注重报告中有关预算的部分，而对其他一些他认为无关的部分则一带而过。

当个体接受了外界刺激所带来的信息后，他将从三个方面展开分析。一个是认识过程，通过对信息的记忆存贮、分类检索、归纳合并、联想分析等逻辑思维过程，进行信息处理；另一个是情感过程，通过逻辑思维所认识到的事物，在情感上不一定能接受，在这个过程中起主要作用的是信念、价值观、态度和偏好等；还有一个是生理过程，大脑的活动、血压、体温、心速等生理因素会由于外界的刺激而改变，从而影响感觉和行动。综合三方面的结果，接受者才会对所接受到的外界信息做出相应的反应。

二、个体行为对沟通的影响

人际沟通涉及两个或两个以上的人，沟通效果如何与所进行沟通的人之间的思维能力、情感、动机、精神状况和态度密切相关。从上述的信息接收过程看，个体行为对沟通的影响主要表现在以下四个方面。

（一）个人倾向——态度

态度是与目标、人或事相联系的评价性陈述。当一位员工说"我真的很喜欢我的工作"时，他所表达的是他对工作的态度。每个人都会有由其价值观、信念、立场和偏好等构成的对某一特定事物的某种特定倾向。这种倾向会影响一个人对他所接触到的人或事物所采取的态度,从而影响他与其他人之间的沟通。因为研究表明,人们总是倾向于消除自己的态度与行为之间的不一致。

如在学校学习时,有的课你比较感兴趣,有的课你根本不喜欢,对感兴趣的课,你一般会注意听讲,而对于不喜欢的课,上课时你可能会心不在焉。一般而言,人们对于自己感兴趣的东西会较关注,而对自己不喜欢的事物会加以反对或采取疏远的态度,"听而不闻,视而不见"。

(二) 个人品性——个性

每个人都有不同的个性特点,个性是我们用来区别一个人那些心理特征的集合,它是由多种成分构成的一个有机整体。个性的形成有其生理基础,但社会、文化、家庭等各方面因素对个性形成也有很大的影响。一个人的个性会影响其沟通的方式和效果。

如权力欲比较强的人在与人沟通的过程中所考虑的重点往往是如何制服对方,总想通过各种沟通渠道,施展各种技巧去控制与支配对方;自我感觉比较好的人常常刚愎自用,无视客观事实和逻辑分析,听不进别人的意见;比较刻板的人则常不允许哪怕是很小程度的含混不清,不能容忍在沟通中出现诸如"大概""可能"之类使人感到模糊的状况,对每件事都要求有精确的表述;自尊心强的人有时会为了维护自尊而采取"顺我者昌,逆我者亡"的沟通方式。再如有的人比较愿意向社会公开自己,而有的人不愿别人了解自己。这些都会影响到与他人的沟通。

(三) 自卫机制——情绪

当人的内心情感和外在的客观事实发生矛盾时,就会产生对结论的困惑。当这种困惑严重到相当程度时,人的自卫机制就会发生作用:对于事实证明是错误的或不合适的但内心无法接受的事物,竭力寻找一些理由做出"合理化"的解释,或坚持己见,用发牢骚等办法拒绝接受信息;或被迫接受那些自己不愿意接受的信息,带着情绪,故意偏激地来执行指令;或竭力控制自己的不满和"无法接受的心态"。这些行为都会使人对外界的信息接收打折扣,从而影响沟通的效果。

(四) 理解能力——知觉

知觉是指个体为了表明他对周围环境的认识而组织和表达其感觉、印象的过程。知觉力则表现为个人认识周围客观事物的能力,也就是一个人的理解能力。对同样的事物,不同的人有不同的看法,表明了不同的人的知觉过程和理解能力是不同的。影响一个人知觉结果的因素既包括其个性,也包括被观察目标的特征和认知时所处的环境和感知的方式。

在信息沟通过程中,接受者的个性、发送者的行为、传递的方式、信息传递时所处的环境都会影响接受者对信息的理解,而理解能力又在很大程度上影响着接受者接受信息后所采取的行为。对同一信息,由于理解力的不同,会产生不同的理解,从而产生不同的行为。如当高层管理人员强调"要千方百计地提高经济效益"时,部分管理人员理解为"要千方百计地多赚钱",因而在生产过程中以次充好、偷工减料,这就是由于理解上的不一致导致的差异。

管理者所在的组织是由一群人所组成的,了解人,注重个体行为对沟通的影响,对于提高沟通的有效性是非常重要的。忽视这一方面常常是人际沟通和组织沟通不良的基本原因。

三、影响沟通的主要因素

根据对信息沟通模式和个体行为对沟通的影响的分析，人际沟通中的障碍主要来自以下 4 个方面。

（一）语言问题

语言不通是人们相互之间难以沟通的原因之一。当双方都听不懂对方的语言时，尽管可以通过手势或其他动作来表达信息，但其效果将大为削弱。即使双方使用的是同一语言，有时也会因一词多义或双方理解能力的不同而产生误解。

（二）理解问题

语义曲解是另一个问题，由于一个人的知觉过程受多种因素的影响，常使得人们对同一事物会有不同的理解。例如当上司信任你，分配你去从事一项富有挑战性的新工作时，你可能会误解为上司对你原有的工作业绩不满意而重新给你分配工作。

我们常常认为别人也会像我们一样来理解这个世界，一旦对方的理解与自己不一样时，我们就奇怪怎么会这样。事实上，当人们面对某一信息时，是按照自己的价值观、兴趣、爱好来选择、组织和理解这一信息的含义的。一旦理解不一致，信息沟通就会受阻。特别是在国际环境中，由于各国的文化不同，沟通更容易受阻。

（三）信息含糊或混乱

信息含糊主要是指信息发送者没有准确地表达清楚所要传递的信息，以至接收者难以正确理解。这可能与发送者的表达能力有关，也可能是由于受时间等限制，而未能很好地表达清楚。在这种情况下，接收者不知所措，就是按自己的理解行事，以致发生与信息发送者原意可能大相径庭的结果。

信息混乱则是指对同一事物有多种不同的信息。如令出多门，多个信息源发生的信息相互矛盾；朝令夕改，一会儿说这样，一会儿又说那样；言行不一，再三强调必须严格执行的制度，实际上却没有执行，或信息发送者自己首先就没有执行。所有这些，都会使信息接收者不知所措、无所适从。

（四）环境干扰

环境干扰是导致人际沟通受阻的重要原因之一。嘈杂的环境会使信息接受者难以全面、准确地接受（听清或记住）信息发送者所发出的信息。诸如交谈时相互之间的距离、所处的场合、当时的情绪、电话等传送媒介的质量等都会对信息的传递产生影响。环境的干扰往往造成信息在传递中的损失和遗漏，甚至歪曲变形，从而造成错误和或不完整的信息传递。

其他还有很多影响有效沟通的因素，如成见、聆听的习惯、气氛等都会影响沟通，但以上 4 方面是影响沟通的主要因素。

第二节　沟通中的心理障碍

人际关系是一种建立在心理接触基础上的社会关系。所以，在影响人际关系的因素中，心理障碍产生的影响更大，也更加直接。

我们在这里使用的心理障碍一词,与变态心理学中的心理障碍是有区别的,在变态心理学中,心理障碍指的是一种病态心理,例如人格分裂、幻听、幻视等。它影响人们的正常生活和工作,这种意义上的心理障碍当然也是影响人际关系的,但我们是在正常人的范围内研究交往问题。

因此,我们假设参与交往的人都是具有正常心理的人。至于与心理变态人们的交往,则是变态心理学或精神医学研究的范围,在本章中,我们是在更广泛的意义上使用心理障碍这个概念,即凡是影响人际交往的心理因素,都在心理障碍之列。

一、嫉妒心理障碍

小贴士

> 您要留心嫉妒啊,那是一个绿眼的妖魔!谁做了它的牺牲品,谁就受它的玩弄。
> ——莎士比亚

(一)嫉妒心理对人际关系的危害

对人际关系危害最大的就是嫉妒心理。古往今来,世界上流传着多少因为嫉妒而使人类互相残杀,互相陷害,害人害己的神话和故事。

嫉妒者往往看到别人强过自己、受到称赞和表扬,就气愤、难过、闹别扭,甚至暗中拆别人的台,散布谣言,诋毁别人的成绩。

俗语说:搬起石头砸自己的脚。嫉妒者不仅打击别人,给别人的成长道路设置障碍,而且会贻误自己,影响与他人的友好相处,受到周围人的鄙视与唾弃。嫉妒者是自食其果。人们从不会怜悯这种人,就在于既害人又害己。

嫉妒常产生于条件相似的人们之间,比如同龄人、同学等,如果你当了先进,而我还只是普通一员,我就可能心理不平衡,产生嫉妒之心:"为什么选他当先进而不选我呀?""什么先进!你们哪儿知道,他曾经……"嫉妒之心涉及社会许多方面,但只要是两个人有相互比较的地方,就可能产生嫉妒之心。当然,一般来说,有嫉妒心者多是心胸狭窄之人。

如果领导看到自己的下属成绩突出,独立性越来越强,名气越来越大,在单位的作用越来越大,就会感到自己的权威和地位受到了挑战和威胁,嫉妒之心也就油然而生了。

如果丈夫看到妻子的成就越来越大,超过了自己,有大男子主义倾向的人就会认为自己受到了侮辱,于是千方百计阻挠她,使其败下阵来并寻求他的保护时才感到安慰。

若我们仔细研究一下嫉妒者的自身情况,很容易就会发现,存在这种心理通常是以无能为基础的。因为自己无能,无法超过别人,也无法阻止别人超过自己,但又是同龄人,就会产生心理不平衡。为了掩盖自己的无能,为了防止别人讥笑自己的无能,把跑在前的人绊倒或拉回来便是这种人惯用的手段。

不过,有时候嫉妒者也不完全是无能,而是懒散、游手好闲,不能全身心地扑在工作上,因而比别人差,却又不甘心。嫉妒不仅不能帮助嫉妒者超过别人,反而吞噬着他们的生命机体,无端地耗费着他们的身心能量,使其越发不能超越他人。

（二）嫉妒心理的调节

嫉妒感严重妨碍人的社会交往，应自觉进行调节。

1. 认清嫉妒

嫉妒的危害已经罗列了很多，但应一分为二地认识嫉妒。嫉妒源于竞争，在充满竞争的现代社会，嫉妒更应被看成是一种扭曲了的上进心，只要能控制嫉妒心理，不转化为嫉妒行为，它不会那么丑恶，相反，嫉妒可得到升华，显示其价值，所谓知耻而后勇，这是嫉妒积极的一面，所以说，对嫉妒的调节主要是采用什么样的方式来释放心理能量，达到心理平衡。

2. 宽容待人

如上所言，心胸狭窄或小心眼儿的人容易产生嫉妒心理。因而，必须改变气量过小的性格特点，使自己的胸襟开阔。胸怀大度在人际交往中的表现是宽厚待人，如果能以宽厚的态度对人对事，就必然能够善于容人，也就是善于与任何超过自己的人相处。

3. 调节优劣对比

当我们嫉妒某人时，总是因为他在某些方面的优势吸引了自己，而自己在此方面恰处于劣势，这种对比是嫉妒产生的刺激源。这时，应有意识地调节自己的注意中心，转移到自身的优势和对方的劣势上，便会使得原先失衡的心理获得新的平衡，进而稳定自己的情绪和情感。

4. 客观认识自我

实际生活中，我们常常会自觉不自觉地滋生嫉妒心理，给自己的精神生活带来烦恼。应该提高自我修养，避免和化解嫉妒心理。重要的是培养自知之明，以便客观公正地评价自己。如果一个人不能正确地评价自己，不能客观地评价别人，那么他就很难不产生嫉妒心理。

因而重要的是正确认识自己，只有正确认识自己，才能正确认识他人。除了注意加强修养外，还应注意在嫉妒心理萌发时，或是有一定表现时应当积极主动地调整自己的意识和行动，从而自觉控制自己的动机和情感。这需要冷静地分析自己，客观地评价自己，找出差距和问题。认清了自己，再重新评判他人，就有所觉悟了。因此，提高自己的修养水平是战胜嫉妒侵扰的关键。

5. 坦然处之

最后的这一条调适建议，是写给被嫉妒者的。就像前面提到的，嫉妒这种情欲伤害的不只是嫉妒者自己，还有被嫉妒者，这也是嫉妒与其他人际情感的重要区别。当受到他人嫉妒的时候，应克制自己的消极情绪，争辩赌气是无济于事的，反而正中嫉妒者下怀，忍气吞声或收敛自己的努力，更不可取。

应该认识到，没有人愿意嫉妒一个无能之辈，被他人嫉妒，正说明自己有过人之处，这是在表明自己的价值，不仅不应悲观消极，似乎更应高兴才是。

二、羞怯心理障碍

 小贴士

> 羞怯是人际交往中最大的障碍之一，它普遍存在，只不过各自的程度不同。

（一）羞怯心理的产生

怕羞是人们交往中一种常见的心理障碍。这里的羞怯是指人在沟通过程中常感到紧张、脸红、语无伦次或过多地约束自己的言行，不能清楚、充分地表达自己的思想感情，以致阻碍了人际关系的正常发展。

羞怯的形成主要是在后天，是在家庭、学校和工作环境中逐步形成的，一般来说，由浅入深表现为紧张、难为情、脸红、逃避。

怕羞的人或有怕羞体验的人一般都知道，遇到长者、领导或在大众场合，就会感到紧张，而且自己越是想消除紧张则越紧张。难为情就是我们通常所说的不好意思，譬如要求别人还钱，在中国人看来是相当不好意思的事情，因而总是拐弯抹角地暗示对方。

比难为情更进一层的就是脸红。羞红了脸是怕羞最常见、最引人注目的表现之一。由于脸红的表现特别明显，常常使得怕羞者对此深恶痛绝，恨不得把自己的脸蒙上，甚至挖个洞钻下去，也就是产生了逃避心理。逃避是怕羞的最严重表现。

有的人羞于与人交往，于是把自己封闭起来，遇到熟人就躲开，碰到抛头露面的场合就往后缩。总之，采取逃避、不与人接触的方式，摆脱与人交往中尴尬场面的出现，其结果是：越逃避，社交能力越差，与人交往时也就越怕羞。

怕羞的人在思维方式上易偏颇。一般来说，对同一件事情，从这个角度看令人感到愉快、舒坦，而从那个角度看则让人觉得悲哀沉重。怕羞的人总是容易选择后一种角度。

（二）羞怯心态

在人际交往中，怕羞的人往往表现出以下两种心态。

（1）特别在乎别人的评价，生怕在众人面前讲话，一旦讲不好被人耻笑。

（2）由于特别在乎别人的评价，导致与人交往时过分地自我关注，患得患失心理严重。

持有这两种心态的人，在人际交往时，往往虚荣心特别强，过分注意别人的评价，以别人的评价为取向。自己的行为言语依赖别人的评价，没有绝对的把握是不敢付诸行动的；当然也不敢冒风险，害怕自己的言行受人耻笑。时间一久，便羞于与人交往，更不敢在众人面前讲话，严重影响人际关系的和谐。

（三）如何克服害羞心理

1. 树立自信心

既然害羞并不是天生的，它就可以克服。克服害羞心理的前提是，害羞者首先要自信。树立自信才能使害羞者鼓起勇气，迈出勇敢的第一步。

2. 理性地对待他人的批评

要想改变自己的害羞，必须有基本的理性态度。现实生活中，他人的批评是不可避免的。我们对于他人提出的批评不应过于在意，而是以理性的态度、开放的心情去接受，这样就不会留下阴影。

3. 转移注意力

害羞者总是过多地注意自我，应知道交往并非表演，不必太在乎自己的表现，往往是越在乎，就越觉得拘谨。试着将注意的中心转移到对方，聆听对方讲话的内容。体会对方真正的含义，这不仅会避免因过度关注自我而导致害羞，还会因你的认真和专注使对方体验到被尊重,从而对你形成好的印象。

4. 预演角色

对部分害羞者,预先扮演角色,做好准备工作可能是个不错的建议。进入实际的交往情境之前,如要与人谈话,可以提前预演角色,自己要说的话有哪些,该怎样说等事先琢磨好,而后有备而去,害羞程度自然会减轻。

5. 学会放松

最后,减轻由害羞引起的焦虑。害羞者应学会训练自己放松,当放松的反应强度超过害羞引起的焦虑时,害羞的色彩便淡化了许多。

当我们如此调整心态后,在行为上就应该大大方方、不畏手畏脚了,也能正视自己在交往时可能出现的紧张状态其实是一种正常心理状况,因而不必担心害怕,对任何事情都能泰然处之。

三、自卑心理障碍

案 例

总是感到自卑怎么办

许多人在平时都有自卑心理,遇到一些事情时就会变得扭扭捏捏,不敢上前。其实很多时候,拥有足够的自信,能为事情的成功提供捷径。想要克服自卑心理,其实也是有一定技巧的,掌握这些技巧可让自己克服自卑。

总是感到自卑怎么办?送你5个小妙招可克服。

1. 正视自己的不足

俗话说金无足赤,人无完人,每个人都有自己的缺点。所以要想迈出脱离自卑的第一步,便是正视自己的不足。我们对待他人应该是宽容和理解,而对待自己更是要勇于包容自己,即使自己是一个不完美的人,但要相信自己是能被爱的那个人。我们在平时可以反省自己的不足,并把它列举出来,然后,根据每一项的不足去了解自己该如何克服。

2. 列出自己的优点

每个人都有缺点,但是也都有优点。尽管是不完美的自己,但自己也是世界上独一无二的那个人,所以不要总是把自己看得太糟糕。如果实在无法列举出自己的优点,不妨向朋友询问自己有哪些优点,这样也能够提高自己的自信心。

3. 做事之前做好准备

很多人在做事的时候,总是会出现不自信的表现,甚至心里还会有自卑的感觉。如果拥有自卑心理,我们在平时每做一件事之前应做好充足的准备,这个时候无论面对什么样的事情,都能拥有一定的处理能力,这样也能增强自信心。

4. 积极的自我暗示

自我暗示是一件非常重要的事情,很多人在面对事情时总会觉得自己不行,这其实也是一种自我暗示。但我们一定要记得,再遇见一些事情时,要进行积极的自我暗示,这样才能让自己摆脱自卑心理。即使一件事情没有做好,也要不断地鼓励自己,并总结失败原因,为下一次成功打基础。

5. 坦然面对结果

如果太过在意一件事情,那么失败后给人的打击是非常大的,尤其是一些自卑心理比较强烈的人,如果再受到失败的打击会更加自卑。如果在平时就感到自卑,在做事情之前一定要做好准备坦然地面对任何结果,不要去计较得失和成功与否。坦然地面对结果才是最棒的,因为每一次经历都能被我们当作经验继续前行。

自卑心理并不可怕,只要勇于迈出那一步,那么你会对身边的一切都不再畏惧。

资料来源：http://health.people.com.cn/n1/2019/0802/c14739-31272408.html,2019-08-02.

自卑是人们对自己的能力做出过低评价的一种心理感受,是一种消极的自我评价。如若一个人长期处于自卑心理状态,就会影响学习、生活和工作,束缚自己的创造才能和聪明才智。

不少人在办事时常有这种心理：既想找别人办事,又怕被别人拒绝；既想在别人面前谈些自己的观点,又怕被别人耻笑；事先想好了许多话,可一站在对方面前就全忘了,仿佛大脑忽然变成一片空白,一个词也没有,一句话也说不出来,事后,从前准备好的那些话却又一一再现,而且思维也开始活跃起来,这时,他们后悔刚才自己为什么如此窝囊。这种心理现象一般都是自卑感在作怪。

具有自卑感的人,常常丧失上进心,抓不住发展自我的机遇,人生不能达到应有的成功。

（一）自卑感形成的原因

自卑感形成的原因一般有以下六个方面。

1. 客观原因

所谓客观原因,是指家庭出身贫寒、社会地位背景"卑贱"、生理上有缺陷,如患有残疾、身材矮小、长相丑陋或智能低下等而造成自卑是最常见的。

2. 主观原因

有自卑感的人往往不能正确地认识自己,把自己看得太低,太在意自己的弱点和不足,认为自己处处不如别人。这种人只看到自己的缺点而忽略了自己的优点,习惯拿自己的短处与别人的长处比,久而久之就会形成自我评价的恶性循环,使自己越来越畏惧社交。

3. 遭受挫折

有的人在遭受挫折后,特别是一个人在同类事情上多次经历失败,就往往变得消极悲观,就会强迫他接受自己无能的观念。尤其是性格内向者,一些微弱的挫折,就会给予他难以忍受的打击,使其变得自卑。

4. 周围人的评价

人的自我评价受外部评价影响很大,如果他得到的外部评价不高,则容易有自卑感。

5. 气质性格

不同气质、性格的人对同一事物有不同反应。内向特征的人对事物感受性较强,对事物带来的消极后果有夸大倾向,而且不易将消极体验及时宣泄。当遭挫折后,倾向于把失败原因归结为自己的无能,这类人容易产生自卑感。

6. 社会化过程出现了问题

任何人都不是天生就有自卑心理的,人们会不会产生自卑心理,取决于在社会化过程中能否形成正确的自我意识。人们在社会化过程中,如果受到过多的消极文化氛围的影响,就有可能形成不正常的文化心理。

如中国传统文化中的妇女观是旧中国女子比男子容易产生自卑心理的文化根源。再如父母对子女的养育态度与孩子自我意识的形成密切相关,过于严厉苛刻的父母容易使孩子从小就产生自卑心理;受人喜爱的孩子从小就感到自己是善良、聪明的,因此才获得别人的喜爱,于是他就尽力使自己的言行名副其实,造就自己成为自信的人。

(二) 自卑心理的调适

自卑心理的调适应注意以下几点。

首先,要树立自信心,看到自己的优点和长处,纠正过低的自我评价,多想想自己成功的经历。在潜意识中少用"不可能""不行""不好""没办法""不要"之类的词,多用"说说看""试试看"等词句,只要你立刻按照上述方法去做了,你的生活肯定会有180度的转变。"丑小鸭"终会变成"白天鹅"。

其次,积极行动,方能成功。勇敢地迈出交往的第一步,一次有效的沟通会使你破除沟通的神秘感,增强自己对沟通的自信;多次成功的体验,会使你对沟通形成条件反射,学会自然大方地与人交往。

再次,善于外部归因。外部归因就是把事情的成败归结为客观的、暂时的原因。善于外部归因的人,遭到失败时首先想到的不是自己的无能,而是怎样从现实中找出新的有利于问题解决的因素,再一次尝试成功。如此一来,是不会轻易有自卑感的。

最后,时时激励自己。如何激励自己,给你介绍一项非常有效而简单的工具,这就是日常所用的镜子。假若每天清晨醒来时,能够对着镜子重复三遍以下的话:"我是一个有用的人,我有极高的才能和天赋,这必须要感谢上天,它使我有健康的身体与坚毅的精神,对他人富有同情心,我具备如此多的优点,我一定会成功的。"一股无形的力量便会激发你心底的潜能,使它充塞于你的全身。专心地对着镜子试做这样的"热身运动",这就是克服自卑心理的秘诀。

自卑并不可怕,只要我们能正确对待,就不会给我们的沟通造成很大的障碍。拿破仑年轻时曾为自己的身材矮小和家庭贫困而自卑,后来在生活的磨砺下,他不断成长,凭着出色的沟通能力,统领法国几百万大军,终于创造了第一个帝国。林肯是美国英雄总统,然而他出身农庄,9岁失母,只有一年的学校教育,这些都曾使他自卑过,以致他的第一次演讲没结束就跑下了台,后来他努力实践,用他的自信征服了选民,登上了总统的宝座。这样的例子比比皆是,只要我们有心克服自卑,沟通是会成功的。

四、恐惧心理障碍

🔍 小贴士

> 害怕是人的正常情绪,压抑自己的害怕只会令你更加手足无措。

很多时候,当我们恐惧时,使我们更加恐惧的并不是生活中的某些事物,而是指导我们行为的思想。

案 例

别小看"社交恐惧症",你可能真的生病了

"社交恐惧症"属于焦虑障碍的范畴之一,被明确诊断的精神科疾病,在青少年期发生的频率相对较高。但是这不代表"喜欢独处"和"逃避聚会"等都属于"社交恐惧症"。那么我们应该如何正确看待"社交恐惧症",又应如何正确处理"社交恐惧症"带来的影响呢?

1. "社交恐惧症"到底是什么

在公众场合下,对自己的社交行为产生担忧、紧张感,以及外在表现过度不自然的人容易患上"社交恐惧症"。这种心理和行为会对人的社交活动产生"回避"的效果,但此时不能断定其患有"社交恐惧症"。只有当这种"回避"对其社会功能产生影响,且持续时间长达半年甚至更久时,才会初步被诊断为"社交恐惧症"。

同时需要注意区分"内向性格"与"社交恐惧症"的差别。"社交恐惧症"指情绪的过度紧张和焦虑,但内向性格的人更多的仅是羞于表达,情绪起伏不会过大。因此,内向并不等于"社交恐惧症"。

2. 如何正确治疗"社交恐惧症"

对"社交恐惧症"患者可以先做一些心理上的辅导,比如常见的认知行为治疗。对青少年群体也可以在模拟的场景中做一些适当的团体社交技能的训练,但不可违背当事人的个人意愿,一定要征求其意见后进行尝试。

"社交恐惧症"患者自己可以尝试积极的心理暗示,也可以做一些放松训练,比如一分钟的自我深呼吸调整,来达到个体的生物反馈使身体放松下来。

当患者出现多种焦虑症状共同发作的严重情况时,就必须采取对应的药物治疗,比如一些抗焦虑或者安定类的药物,但要注意不能滥用药,防止出现副作用。

3. "社交恐惧症"患者应该怎么做

应该正视"社交恐惧症",这并不是一个时髦的"流行病"。随着当今社会的发展,社会压力在不断增加,对社交能力的考验也在逐步增强,这就要求我们更应该强化自己的抗压能力,即使出现了类似回避社交的心理问题,我们也不能放任这种心理的增生。

"社交恐惧症"患者如果无法走出交流的困境,可以先尝试一些线上的沟通方式,比如联系政府热线机构,寻求专业的心理指导,帮助自己树立信心,进而走出家门到正式的心理机构进行进一步的治疗。

"社交恐惧症"并不是时髦的代言词,而是一种值得关注的精神障碍,尤其是青少年群体更应该引起重视。我们应该让自己的内心阳光起来,积极地融入群体。即使出现心理问题,只要做到正确的自我调节并进行必要的医学治疗,"社交恐惧症"就不会困扰我们身心的健康发展。

资料来源:http://lxjk.people.cn/n1/2021/1123/c404177-32289625.html,2021-11-22.

就好像每个人都知道在完成自己的目标之前,多多少少都会遇到困难,但不是每个人在碰到困难时都会思考:这个困难,到底算不算是"困难"? 困难到底是不是困难,必须动手去做才会知道。如果你只会在一旁空想,那么这个世界对你而言,将会是个被重重"困难"包围的可怕环境,而你,永远也无法克服困难,往前再走一步。

恐惧是人类的一种原始情绪，指个人在面临困境并企图摆脱但却无能为力时所产生的情感体验，常常伴随明显的外显行为动作，如惊叫及其他预示危险的面部表情等。人际恐惧感是指人在交往时出现的带有恐惧色彩的情感反应，如紧张、手足无措、出冷汗、声音战栗、身体发抖等。这些反应泛化到交往情境中，个人会体验到情不自禁地紧张、不安与恐惧，明显影响正常交往，竭力避免参加公共活动，回避与他人的交往，重者与他人隔离，与外界隔离，自我封闭起来。

恐惧感中的紧张、不安成分与羞怯有相似之处。但在情感强度和实际的交往情境上，二者有所差别。我们的恐惧感可能是因为我们认为对方过于强大，具备控制我们的能力，也可能是因为我们对对方抱有某方面的期望，担心自己做得不好，对方会对我们失望。在情感强度上，恐惧显然会高于害羞，在交往情境上，对于新手而言，更容易产生的是羞怯。

（一）恐惧感产生的原因

恐惧感产生的主要原因有以下四点。

(1) 对安全感的过分追求。交往恐惧者往往较敏感，过分关心自己在他人心目中的形象和他人对自己的评价，这或许是引发恐惧的根本原因。

(2) 挫折经历。有些人在某一次的自认为非常重要的交往中受到一次较大的刺激，产生了恐惧的情绪体验，继而形成条件反射，并逐渐泛化，形成一遇交往甚至一提交往就感到恐惧的不正常心理状态。

(3) 认知偏差。许多人的交往恐惧可能是因为把即将要做的事情看得过重，或把即将要见的人看得过高。这种对即将面对的事实的态度，使得恐惧者顾虑重重，过高地估计了事情的严重性。

(4) 个性品质。有些人的交往恐惧可能与自身气质特征有关。抑郁型气质的人，往往有一些自卑，举手投足不免显得畏畏缩缩，原本其交往量就不多，还会因不良的情绪反应，致使他人观察到他的恐慌等外显行为，胆战心惊的情绪体验使他慢慢放弃了与他人交往的念头。

（二）恐惧感的调适

调适恐惧感可从以下四方面努力。

1. 正视恐惧

欲调节恐惧感，首先要明确造成这种恐惧的真正原因何在。恐惧者中有许多虽在痛苦地体验着忐忑不安的特殊情绪，但实际上，他们往往很少能直面自己恐惧的内容，也就是说，不能清晰地认识到让自己恐惧的是什么东西，这时，这种恐惧感以莫名的方式笼统但实在地存在着，只要能鼓起勇气正视它，便能找到恐惧产生的最初原因。

或许实际上通常的情况是，恐惧并没有什么针对性的内容，如嘲笑、讥讽乃至暴力等，这些遭遇在每个人的社会生活中都可能出现，因而对具体的每一个人并没有什么特别的威胁。这是必须迈出的第一步，有很多人的恐惧会在正视它之后便荡然无存了。

2. 改变个性中不利于人际交往的品质

在一定程度上可以说，个性的不良是交往恐惧得以存在和蔓延的前提条件，个性得不到改善，交往恐惧就无法彻底根除。如前所述，抑郁质的人常常对自己的举止言行过于敏感，生怕在交往中被他人嘲笑、品评，故而在交往之前就已经受到自己臆想中的外界压力的重压,当然会在交往时如临大敌,异常紧张,手足无措。

这样的表现从他人那里得到的反馈信息必然会令人失望,更糟的是,抑郁者对这种反馈又特别敏感,这又加重了其紧张程度,恐惧情绪就这样由交往前到交往中形成了恶性关联,最终导致躲避和封闭。

另外,恐惧者往往都有程度不等的自卑心理,在交往之前他们便低估了自己的能力,仿佛形象而真实地预见到了失败和尴尬,为了避免这种可怕的结局,便自然不愿与人交往了。就此而言还是要归结到自卑的心理障碍,克服自卑无疑是调适驱除恐惧的突破口。

3. 积极参加交往

对于恐惧者尤其应更充分地认识到交往的意义,交往是增长才智、了解社会、把握人生的有效途径,是适应现代生活的必要技能,应自觉要求甚至强迫自己参加交往。对交往意义认识不足,没有掌握基本技能,使得恐惧者似乎总处在失败的边缘。但交往能力的提高只有在交往实践中完成。

主动参加交往,应对外界各种刺激,应激能力和解决复杂问题的能力才能逐渐得到培养并提高,才能逐渐掌握摆脱困境的能力、方式和技巧,这时导致恐惧的威胁和危险也就不存在了,那么还有什么理由恐惧呢?

4. 咨询和治疗

严重的交往恐惧不能自拔,深刻影响了个人的正常生活,必须积极采取心理咨询和心理治疗的方法。咨询是前提,治疗是关键。

可以适当做一些克服人际恐惧的适应性训练,在开始交往时,不妨只简单地考虑自己的表现,自己该怎样做和该怎样说,而不去顾忌他人的反应如何,这样先从心理上居于主动地位,有利于形成交往过程中的心理良性循环。

还可以在专业人员的指导下采用系统脱敏法,这是一种用于消除焦虑的行为疗法,也可有效地治疗恐惧。专业人员的帮助,提供的积极的心理疏导,可使恐惧者认清自己恐惧的真实原因,最终使恐惧彻底消失。

五、猜疑心理障碍

小贴士

> 人与人之间的提防戒备似在情理之中,但不应成为人际交往的借口。

我国传统的交往观念中有这样的训示"逢人只说三分话,不可全抛一片心""害人之心不可有,防人之心不可无""知人知面不知心"等,即便在现代社会中,这些训示仍不无道理。

尽管人与人之间的真情历来被全社会所称颂,但欺骗蒙蔽、虚情假意等现象依然存在,人与人之间的提防戒备似在情理之中。这不应视为对人际猜疑的辩护,因为我们更容易看到,有些人防备心理过重,或疑虑重重,或无中生有,甚至怀疑一切,以为人人不可信,人人不可交,这就成了心理障碍。

(一)猜疑心理的危害

历史教训具体形象地向我们诉说着猜疑的弊病。《三国演义》中的曹操便是疑心极重的人,因刺杀董卓的阴谋暴露,逃至世交吕伯奢家,吕欲杀猪款待曹,可曹操因听了磨刀之声和"缚而杀之"的话,便大起疑心,不问青红皂白,拔剑刺杀八口无辜。再有,楚汉战争,刘邦采用离间计,使项羽对足智多谋的范增顿生疑心,弃而不用,使不少部属寒心离去,终成孤家寡人。这样看来,离间计正是对人际猜疑的扩大利用。

日常交往中,原本友好相处的朋友,由于听信流言蜚语,由疑生怨,继而侧目相向,乃至反目成仇,友谊破裂,知心朋友却成陌路。猜疑简直是败事之本,是害己害友的祸根。实际上,猜疑是交往中每个人都会有的一种自我保护现象,但程度不同。

这里所讲的猜疑,是指一种由主观推测而产生的不信任的复杂情感体验。其危害之大,迫使我们要深入剖析猜疑的起因。

(二)猜疑的起因

(1)思维偏差所致。许多猜疑是在无中生有的基础上产生的,一旦猜疑者有了疑点,他对外界信息的摄取范围便缩小了一半,将所有的分析、推理和判断都建立在试图证明自己的设想上,一些无意义的琐事被赋予了个人倾向性的解释,一个偶然的手势、一句无意的话、一个无意的动作等都成了猜疑的来源,"疑邻偷斧"的典故讲的就是这样一种情境。当怀疑是邻居的儿子偷了自己的斧时,疑者发现邻居的儿子的言谈、神色、一举一动都是偷斧的样子,几乎确信无疑了。

(2)与不良的个性品质有关。猜疑之心,人皆有之,但胸怀坦荡、豁达大度的人不会轻易猜疑别人,而心胸狭隘、目光短浅、比较自私的人猜疑心重。其中,自私总与猜疑相伴,所谓"疑人者,人未必皆诈,己则先诈矣"。私欲越重,猜疑心理也越强。

(3)缺乏自信。缺乏自信的人总认为自己在某些方面不如他人,总以为他人在议论自己、算计自己,即便是他人在一起说话时不经意地瞥了自己一眼,也以为他们正在说自己的坏话,还经常将他人听说与自己毫无关联的话理解为指桑骂槐。

(4)挫折使然。猜疑可能是由挫折引起的防卫,遭受严重挫折的人容易猜疑。有些人曾经因为轻信他人,蒙受挫折和损失,便"吃一堑,长一智",警惕重蹈覆辙,从此不再相信任何人。一般来说,被他人的伤害越大,就越容易产生"一朝被蛇咬,十年怕井绳"的情绪死结。

(5)环境影响。生活在人际关系复杂、宗派纷争的社会环境中的人极易猜疑。这种环境中,人际关系紧张,宗派林立,内耗严重,人与人之间相互提防、戒备心理便大大发展了。

(三)如何克服猜疑心理

可以从以下五个方面克服猜疑心理障碍。

(1)用理智战胜冲动。当疑窦顿生时,应先问为什么自己起疑,查明自己怀疑的原因,而不是为自己的怀疑寻找证据。这时,最好选择正反两方面的信息,而不是任由冲动去进行自以为是的主观推测,要提示自己一分为二地看待被怀疑者,学会全面具体地看问题,用经验来巩固自己的理智,而不是让猜疑驾驭自己。

(2)不要让自己的思想总是停留在过去的挫折经历中,遭受蒙骗的痛苦回忆中,要学会节制、驾驭并最终战胜痛苦,摆脱挫折的阴影。

(3)培养自信,看到自己的长处,认识自己能给他人带来的益处,相信自己会与周围的人友好相处,而不是怀疑别人的挑剔、为难。

（4）认识他人，信任他人。对并不熟悉的人而言，防备心理是很正常的，因为我们不了解他，不能预测他的行为，不能把握其品质，为避免疑神疑鬼，应当在交往中认真观察，全面了解他人。而对于熟悉的朋友，信任是最重要的。

（5）锤炼自己的个性。改变自己患得患失的心理，不要让一己之私欲支配和折磨自己，无私则无疑。

六、孤僻心理障碍

小贴士

> 播种冷漠，你只会收获寂寞；播种温情，你才会收获友情。

正常人都有交往的需要，有合群的需要，但在我们周围总有一些超俗者，他们不愿与人交往，常常无话可说，厌恶与人交谈，他们不随和、不合群，将自己与外界隔绝开来，很少或根本没有社交活动，如天马行空，独往独来，这即是孤僻。孤僻者排遣自己内心寂寞的方式是完全个人化的、与他人无关的，如写日记、吟诗作画等，他们更像是真正的孤家寡人。

（一）孤僻的类型

孤僻分为以下三种类型。

1. 怪癖型

怪癖型孤僻者往往有与众不同的特殊习惯，与他人格格不入，他人无法容忍，不愿接纳。

2. 清高型

清高型孤僻者自命清高，孤芳自赏，将他人都看成低级无聊、庸俗肤浅。

3. 性格型

性格型孤僻者性格过分内向，内心体验非常深刻，自甘孤独寂寞，凡事深藏心底，从不说与人知，这也堵塞了他人认识他们的通道，孤僻者更以为他人不可能理解自己，遂离群索居，逃避现实。

（二）造成孤僻的原因

孤僻者的不同类型提示我们，造成孤僻的原因是多样的。

（1）性格原因。性格内向，喜好内省，乐于享受孤独。

（2）认识原因。过度关注自己独立的内心世界，关心自己的内心体验，对外界事物淡薄。

（3）挫折经历。在社会生活中遭遇挫折打击，不主动疏导矫治，精神压抑愈积愈重，对周围世界变得异常敏感，为避免伤害，出现回避社会的行为。

（4）环境影响。家庭环境对孤僻者的影响不容忽视。研究表明，父母离异是威胁儿童的最严重、最复杂的精神健康危机之一，其中带来的最恶劣的后果即是儿童会形成孤僻的性格。父母的离异，使儿童过早接受了烦恼、郁闷、焦虑等不良体验，产生消极心境，诱发心理疾病，形成孤僻性格。

从孤僻者的表层行为来看,似乎他们与别人交往的动机不够强烈,甚至是没有,其实他们只是将交往的需要和动机压抑在潜意识中,严重影响着他们的正常交往,也使自身深受其害,他们的心灵常会被寂寞、孤独、无助吞噬着,但又不能自拔。

(三)孤僻心理的矫正

(1)要正确认识自我。这是矫正孤僻心理的基本前提和突破口。孤僻者多对于自我有扭曲的认识。他们自命不凡,总是夸大自己的优点和长处,同时又责人过严,不对称的对比,使得其优越感膨胀,傲然独立成了他们的典型心态。

孤僻者还应通过对内心世界的反省来认识自己,反省是与自我内心进行的对话,自己既是观察主体,又是自我观察的客体和对象。但需注意,正确的内省必须遵循现行社会中的社会文化价值观念、普遍的社会文化准则和行为规范,否则反省不仅不能得出关于自己的正确认识,甚至有害。

(2)优化性格。前已述及,孤僻的重要内在因素是性格的过于内向、固执,应着重培养他们乐观开朗、乐于交往、善于听取他人意见的性格特征,而性格特征的塑造必须在正当、良好的交往活动中进行,在社会活动中、在与他人的相互接触中体验人际情谊,感受人际温暖,产生与他人成为朋友的愿望,树立甩掉孤僻的信心。

第三节 沟通中的其他障碍

一、语言障碍

语言是最重要的沟通工具。但语言又是一种极复杂的工具,掌握运用语言的能力决不是一件轻而易举的事。由于语言方面的原因而引起的沟通麻烦到处可见。

小贴士

> 语言不仅是信息最有效便捷的媒介,也是与他人共享文化经验及个人经验的工具。

案 例

最美"逆行者":藏族小伙录方言解决语言障碍

在社区防疫第一线,成都市武侯区委统战部里,奋战着这样一群人。他们有的是才走出校园的毕业生,有的是才脱下军装的军装干部,有的是不久前才成为新晋妈妈,他们深入街道,深入社区,走村入户为群众排忧解难,逐人见面为疫情防控提供翔实数据,虽然他们不是战"疫"的一线"战斗员",可他们仍然是最美的"逆行者"。

截至目前,武侯区委统战部共计走访2822家住户,267户商家,摸排15347人。

赤烈热旦,一个英俊的藏族小伙子,去年才从浙江大学毕业,来到统战部不到一年,用他的话说,自己不仅是工作上的"新手",更是在成都这个异乡城市的"新人"。

可没想到,在此次疫情防控中,这个小伙子不仅迅速从"新手"变成了"老手",更从"新人"变成了"熟人"。

刚到社区开展人员摸排工作时,他和社区网格员一道,挨家挨户,逐一核实,进行信息登记统计。可这个工作对他而言却有着不小的"障碍"。原来,从小在拉萨长大、一直在浙江读书的他,听不懂四川方言。而社区的居民大都是来自四川各地的务工人员,普遍年龄较大,文化程度较低,基本不会讲普通话。开始时,面对老大爷老婆婆"天书"般的乡土方言,赤烈热旦急的直挠头,两手不停地比画,嘴里不停"呀呀",可人家就是听不懂。一天下来,他嗓子嘶哑的连话都说不出来。尽管工作效率比较低,但这个小伙子不气不馁,反复琢磨,想出了一个办法。第二天,他手上突然多了一支录音笔,里面竟然有一段标准四川方言的询问录音。这下可派上用场了,在走访排查、登记信息时,遇到交流困难的群众,赤烈热旦一边播放录音,一边在纸上进行比画沟通,顺利完成了信息核实工作。

因为小伙子工作认真负责,又平易近人,没多久,社区的群众都挺喜欢他,愿意和他拉家常、摆龙门阵,他也多了许多新朋友。在每一条走访排查的路上,一声声"张大娘"、"杜老哥"拉近了和社区群众的距离。

朋友多了,工作上也给力。"赤烈,二组166号又回来了几个居民,赶快过来看看!"热心居民一个电话给赤烈热旦打了过来,他呵呵一笑,拿着纸笔,急急忙忙地赶了过去……

资料来源:http://society.people.com.cn/n1/2020/0221/c1008-31599075.html,2020-02-21.

不少的误会、争吵和冲突是由于不能明确表达自己的意思而引起的。最后你会说:"您不理解我!我根本不是这么说的!"在这种情况下应抱怨的是自己,障碍很可能出现在语言表达上。

一个人语言掌握得不好,容易使自己陷入尴尬的境地。

(一)语音差异造成隔阂

中国地域辽阔,是个多民族的大家庭,许多民族有自己的语言,不同民族间的交流便面临着语言的障碍。此外,现代汉语又可分北方话、吴语、湘语、赣语、客家话、闽北话、闽南话、粤语八大方言区。而每个地区方言还可分出大体上近似的一些方言,如闽南话又有厦门话、漳州话、泉州话之分;四川话"鞋子",在北方人听来颇像"孩子";广东人说"郊区",北方人常常听成"娇妻",等等,类似的笑话很多。

(二)语义不明造成歧义

语义不明,就不能正确表达思想,不能成功地沟通。如某学生给学校领导写信:"新学期以来,张老师对自己十分关心,一有进步就表扬自己。"校领导感到纳闷,这究竟是一封表扬信还是一封批评信?因为"自己"一词不知是指"老师自己"还是"学生自己"。幸好该校领导作风扎实,马上进行询问调查,才弄清这是一封表扬信,其中的"自己"乃是学生本人。

在与孩子、外国人和非专业人员谈话时也会产生交往的语言障碍。儿童对名词术语知道的不多,常常把概念混淆(倔强和粗野,顽强和固执等)。与说方言的人和不同专业的人在一起工作也要带来困难,这已无须赘述。同一术语有不同的理解,如果事先能准确地弄清楚所用术语的含义,就会减少争论。有人曾这样说:"能确切地弄清楚词义,就会使人类减少一半误解。"

我们可以从以下几个方面克服语言方面的障碍。

1. 克服语言不同、语音差异造成的沟通障碍

中国是一个拥有 56 个民族的大家庭，不同的民族都有自己的语言，即使是同一个民族，由于地域的不同，语音也有很大差异。所以当不同民族、不同地域的人们进行交流时，由于语言或语音上的差异，肯定会对沟通造成一定的影响。为了克服这种沟通障碍就需要沟通双方的语言、语音一致。

例如，一个汉族人和一个蒙古族人在交流时，要么统一说汉语，要么统一说蒙古语，或者统一为一种大家都听得懂的语言。同一民族不同地域的人要尽量说标准的民族语言，例如汉语中要说标准的普通话。总之，语言一致是沟通顺畅的重要前提。

2. 克服语义不明造成的沟通障碍

语义不明大多为语言表达上的失误所造成的。表达中措辞不当或者内容失调都可能使对方不知所云。所以在语言表述中要注意词语搭配得当，根据场合和沟通双方地位、品位的不同而分别选用恰当的词语，在内容上要求表述完整，分清主次。

3. 克服不良的说话习惯造成的沟通障碍

如果没有养成良好的说话习惯也会对沟通造成十分不好的影响。

例如习惯用鼻音说话，声音过高或者过低，语音、语速生硬，缺少应有的变化，动作过多，过多使用口头禅等。要克服这些不良的说话习惯，需在平时说话中多加注意，多按照正确的说话方式来练习，还可以找人来监督。

二、不同国家、不同地区的习俗障碍

小贴士

忽视习俗因素，从而导致沟通失败的事情是屡见不鲜的。

不同的国家、民族和地域由于历史的沉淀形成了各具特色的风俗习惯，从而为沟通设置了一道无形的屏障。要想在沟通中打破这些屏障，就要求在沟通前对沟通对象的风俗习惯有所了解，从而在沟通中避免触犯对方的禁忌。

习俗即风俗习惯，是在一定文化历史背景下形成的具有固定特点的调整人际关系的社会因素，如道德习惯、礼节、审美传统等。习俗世代相传，是经过长期重复出现而约定俗成的习惯法，虽然不具有法一般的强制力，但通过家庭、邻里、亲朋的舆论监督，往往促使人们入乡随俗，忽视习俗因素而招致沟通失败的事例屡见不鲜。

（一）不同的礼节习俗带来的误解

一位德国企业家到日本去磋商合同问题，在谈判期间，他受到日本某商社代表的热情款待。当他提出自己的意见时，日本代表微笑着频频点头。德国企业家高兴地回国了，可是，等他满怀希望地期待了三个星期后，却得到日本方面完全出乎意料的回音——他所提的意见，有半数以上没得到日本采纳。这位德国企业家实在不清楚，日本人的微笑和点头，有时只是一种礼貌之举，绝不是同意的表示。

（二）不同的时空习俗带来的麻烦

例如，北美人与拉丁美洲人在交谈时就有不同的空间要求。在北美洲，如果谈话内容是业务联系，那么双方之间的合适距离大约是60厘米。这种距离在鸡尾酒会那样的社交场合会缩短，但任何时候，如果近到20厘米，就会使北美人感觉不舒服。而对拉丁美洲人来说，60厘米距离显得太冷淡、太不友好了。于是，他会主动接近谈话对象，甚至无视北美人设置的"禁区"，拉丁美洲人如果把身子探过桌子与北美人交谈，这样的空间处理方式常常会引起北美人的紧张。

再如，北美人与拉丁美洲人对交谈的时间的要求也不同。拉美人不习惯于太严格的准时约会，如果因为某种原因让对方久等了，他们一般不认为有认真解释的必要，只是略带表示一下歉意就心安理得了。而北美人则把迟到看作是靠不住的表现。

（三）不同的审美习俗带来的冲突

审美习俗的深层是文化知识，奏一支美好的乐曲，有音乐细胞的人会闻乐起舞。可是，对于音乐细胞少的人来说，则视音乐为"丝弦之乱耳"，再好的乐曲也是"对牛弹琴"。因此，不提高整个民族的文化素质和审美能力，也会在一定方面造成沟通限制。

有这样一个有趣的事：有一些来自不同国家的贸易代表，应开会国地主之邀，坐上豪华游轮，一面旅游，一面洽谈商务。没想到船开到了大海中时，竟然因为机器部件过热爆炸，船舱进水，船开始缓缓下沉。船长让大副通知所有乘客，赶快穿上救生衣跳到海里去，可是这些贸易代表不肯跳入漆黑冰冷的大海里，即使大副用威胁强迫的口气命令他们，也无法说服这些伶牙俐齿的贸易代表。

船长只好亲自来到客舱，说服各国代表。船长分别将他们带到旁边说了几句话，没想到，船长说完之后，大家都乖乖穿上救生衣跳入海里，等待救援。就在船长弃船前，大副好奇地问他："你是怎样说服他们的？"

"啊，没什么，我只是顺着他们的心理去说。我对英国人说：跳水绝对有益健康，不用担心；对德国人说，这是船长的命令；对法国人说，跳到水里获救时会上电视，很出风头；对俄国人说，这是伟大革命的一刻；对美国人说……"

"对美国人说什么？"大副追问道。

船长笑了笑说："上船前我为他们买了高额保险。"

看，这位船长多么擅长与不同国家的人打交道。他了解他们不同的文化背景，懂得他们的不同需要，才获得了与他们沟通的成功。

三、环境障碍

 小贴士

> 环境的好坏，会直接影响沟通的效果。

沟通时的环境如何也同样能在很大程度上影响到沟通的效果。

如果选择光线昏暗、声音嘈杂、空气炙热、位置偏僻的地方来进行交流,肯定不会有什么好的效果。所以环境因素也不可忽视。

1. 光线

可以将沟通的环境选在光线明亮的地方,但也应避免光线太强。

2. 颜色

注意沟通场所的颜色,一般黄、橙、红等暖色调颜色的场所使人感到温暖、愉快;蓝、紫、绿等冷色调颜色的场所让人觉得安宁;浅黄、灰褐、象牙色等特殊色调颜色的场所使人兴奋。可以依据沟通的对象、沟通目的的不同来选择不同的颜色搭配。

3. 空气

选择通风好,温度、湿度等各方面环境条件都适中的场所。室内温度依据具体的季节和天气的不同以及个人的身体状况来定,相对湿度在 40%～60% 比较理想。

4. 声音

一定要选择比较安静的地方来交流,否则沟通将无法顺利进行。一般要求声音控制在 60 分贝以内,否则沟通的双方都会受到噪音的干扰而变得心情烦躁不安,无法静下心来心平气和地进行沟通。

5. 位置

沟通的地点一般选在沟通双方都比较方便的地方,避免去一些特别边远、偏僻的场所。在沟通过程中也要保持适当的距离,不可过于疏远或者过于亲密。要依据对方的性格、与对方的熟悉程度、空间的大小等具体情况来确定最合适的沟通距离。以体现双方的亲密程度,使双方都比较放松。

在沟通过程中,可能经常会被各种障碍所困扰。为了完成有效的沟通,需要在思想上引起足够的重视,尽量避免产生沟通障碍。如果确实遇到了这样或那样的麻烦,一定要依据具体情况沉着应对。

本 章 小 结

本章着重讨论了影响人际交往中可能遇到的主要障碍及如何克服的主要方法。

影响沟通的主要障碍有心理障碍,语言障碍、习俗障碍以及环境障碍等。

在影响人际关系的因素中,心理障碍产生的影响最大,也最直接。

心理障碍包括嫉妒障碍、羞怯障碍、自卑障碍、恐惧障碍、猜疑障碍、孤僻障碍等,其中嫉妒障碍又是影响人们交往的主要障碍之一。

影响沟通的障碍很多,这里只是对普遍存在的、影响比较大的一些障碍进行介绍。同时讲述了克服这些障碍的一些技巧。

希望通过本章的学习,使大家不但了解影响人际沟通的主要障碍,还能学会克服这些障碍的方法。

复习思考题

(1) 影响人际沟通的主要障碍有哪些？
(2) 结合实际，试分析语言障碍对你生活中的影响。
(3) 羞怯心理障碍应如何克服？
(4) 猜疑心理障碍是如何影响沟通的？
(5) 根据自己的理解和经历，你认为还有哪些因素能影响人们的交往？

拓展阅读

别再做无效沟通，老师说还可以，真实情况是这样的

中学阶段的家长与孩子，相处的时间很少，平时大部分时间孩子都在学校上课，放假了又有自己的朋友，很难找到机会与孩子沟通，孩子处在叛逆期，家长也很难跟孩子有效沟通。这时，家校沟通就显得特别重要，家长通过与老师的聊天，能够及时了解孩子在学校的学习、生活、心理的变化。但是很多都是无效沟通，家长不能直接了解孩子的情况，很难理解老师说的话的深层次含义。

家长："老师，我家孩子在学校表现怎样？"

老师回答一："表现还可以。"

真实情况：这肯定没什么大问题，只是表现一般了，也有可能真实的评价比这还要低。要理解老师表达的真正意思。

首先，要清楚老师的言行是要受"师德"的约束，所以在评价一个学生的表现时，一般是比较积极、正面的，都会向好的方向说。

其次，在与家长聊孩子时，大家都知道每个人都喜欢听好话，其实家长也不想孩子在老师面前表现这么差，为了能够愉快地聊天，老师评价孩子时都会拔高一个层次。

所以家长在听到老师这样评价之后，就不要以为孩子真的就不错，要进一步了解真实情况。

老师回答二："表现还可以，孩子比较喜欢体育运动，劳动比较积极。"

真实情况：这是典型的左顾而言他。

表现还可以，也就意味着一般，不好评价，所以老师才会在孩子的其他方面去寻找闪光点，既然都这么说了，那说明孩子真的比较喜欢体育，劳动比较积极，这也反映出孩子比较有责任心的特点。

如果家长发现老师多次提到孩子喜欢体育或音乐，不断地夸赞他这方面的优点，那就说明孩子真的在这方面表现很不错了，可以重点培养一下。

老师回答三："孩子的成绩不错。"

真实情况：这是真的。

老师在评价孩子时还有个习惯性的问题，那就是喜欢把成绩好与不好，当作评价的第一选项，当然这并不是说老师都是唯成绩论，其实家长的潜意识也有把成绩好的学生定义为表现好的习惯。

所以当老师很肯定地说孩子成绩不错,那说明孩子的学习成绩很优秀。

老师回答四:"孩子上课有些爱讲话,上课不认真。"

真实情况:这是典型的不爱学习

俗话说:"母不嫌子丑,子不嫌家贫。"家长听到老师说孩子的缺点,肯定是不高兴的,老师也是本着能不提就不提的心态,一旦老师提及这些,那就说明已经有些严重了,甚至影响到其他同学了,家长就要格外重视。

老师回答五:"孩子不爱学习,还打架。"

真实情况:真的很糟糕。

有了上面的分析,相信家长听到这个评价就能够听出这里面的深意了,即使老师说话的语气不重,家长也要好好教育孩子,如果事情严重,孩子会受到勒令退学或开除学籍处分,那么这些处分在档案上会有记录,以后对孩子考公务员、参军都会有影响。

资料来源:https://www.163.com/dy/article/GSSA326R0536D7BZ.html,2022-01-04.

实 践 课 程

经 历 交 流

请同学们想一想,在生活中你的亲身经历,有哪些是受某种障碍影响而导致了沟通失败或是克服了某种障碍而取得了成功。

要求把你的经历写下来,并尝试与大家交流。

训 练 二

暗示的游戏

(1)培训师可以拿出一样东西,比如衣服、照相机等,然后让大家估计它的价值,但是注意每个人只能将自己的估计写在纸上,不能被他人看见。

(2)提供这个东西的一些信息,比如购买地、品牌、受众等,再让大家重新估计一下它的价值,写在纸上但不要说出来。

(3)选一些同学说出他们的估计价格,并进行解释,让大家再判断一次这个商品的价值,然后让大家看一下这三次估计值的不同。

阅 读 材 料

你善于交谈吗

不善于与人们交谈,常常容易引起纠纷或误会。每一个人与别人交往的要求都不同,而表达自己及领会他人意思的本领也因人而异。

你想知道自己与人交谈的能力吗？不妨测试一下，每题有三种答案可供选择，答题后可以计分评判自己的交谈能力。

(1) 你有否时常觉得"跟他多讲几句也没意思"？
(2) 你是否觉得那些太过于表现自己感受的人是肤浅的和不诚恳的？
(3) 你与一大群人或朋友在一起时，是否时常觉得孤独或失落？
(4) 你是否觉得需要有时间及一个人静静地才能清醒一下和整理好思绪？
(5) 你是否只会对一些经过千挑百选的朋友才吐露自己的心事？
(6) 在与一群人交谈时，你是否时常发觉自己在胡思乱想一些与交谈话题无关的事情？
(7) 你是否时常避免表达自己的感受，因为你认为别人不会理解？
(8) 当有人与你交谈或对你讲解一些事情时，你是否时常觉得很难聚精会神地听下去？
(9) 当一些你不太熟悉的人对你倾诉他的生平遭遇以求同情时，你是否觉得不自在？

结果分析：每题选"是"记 3 分，选"有时"记 2 分，选"否"记 1 分。

如果你得分 22～27 分，表示你只有在极需要的情况下或者对方与你志同道合时，才同别人作较为深入的交谈，但你仍不会把交谈作为发展友情的主要途径。除非对方愿意主动频频跟你接触，否则你总处于孤独的个人世界里。

如果你得分接近 21 分，则表示接近孤僻的性格。

如果你得分 15～21 分，你大概比较热衷跟别人做朋友。如果你与对方不熟识，你开始会很内向似的，不大愿意跟对方交谈。但时间久了，你便乐意常常搭话，彼此谈得来。

如果你得分 9～14 分，这表示你与别人交谈不成问题。你非常懂得交际，善于营造一种热烈气氛去鼓励别人多开口，同你谈得拢，彼此十分投机。

第五章 沟通技巧

CHAPTER 5

🔑 学习目标

(1) 充分认识沟通技巧在人际交往中的重要性和复杂性。
(2) 领会在日常交往过程中的注意事项,掌握人际交往的技巧,并能灵活运用。

技能要求

(1) 能灵活应用学到的人际交往技巧与各类人接触。
(2) 客观地分析自己,并能逐渐改善自己待人接物的方式。

良好的沟通让工作更加顺畅

研发部梁经理进公司不到一年,工作表现颇受主管赞赏,不管是专业能力还是管理绩效,都获得大家肯定。在他的缜密规划之下研发部一些延宕已久的项目,也都在积极推行当中。

部门主管李副总发现,梁经理到研发部以来,几乎每天加班。他经常第二天来看到梁经理电子邮件的发送时间是前一天晚上10点多,接着甚至又看到当天早上7点多发送的另一封邮件。部门下班时总是梁经理最晚离开,上班时第一个到。但是,即使在工作量吃紧的时候,其他同人似乎都准时走,很少跟着他留下来,平常也难得见到梁经理和他的部属或是同级主管进行沟通。

李副总对梁经理怎么和其他同事、部属沟通工作觉得好奇,开始观察他的沟通方式。原来,梁经理部是以电子邮件交代部署工作。他的属下除非必要,也都是以电子邮件回复工作进度及提出问题,很少找他当面报告或讨论。电子邮件似乎被梁经理当作和同人们合作的最佳沟通工具。

但是,最近大家似乎开始对梁经理这样的沟通方式反应不佳。李副总发觉,梁经理的部属对部门逐渐没有向心力,除了不配合加班,还只执行交办的工作,不太主动提出企划或问题。而其他各年主管也不会像梁经理刚到研发部时,主动到他房间聊聊,大家见了面,只是客气地点个头。

这天,李副总刚好经过梁经理房间门口,听到他打电话,讨论内容似乎和陈经理业务范围有关。之后,他找了陈经理,问他怎么一回事。明明两个主管的办公间就在隔壁,为什么不直接走过去说说就好了,竟然是用电话谈。陈经理笑答,这个电话是梁经理打来的,梁经理似乎比较希望用电话讨论工作,而不是当面沟通。陈经理曾试着要在梁经理房间谈而不是电话沟通。梁经理不是用最短的时间结束谈话,就是眼睛还一直盯着计算机屏幕,让他不得不赶紧离开。陈经理说,几次以后,他也宁愿用电话的方式沟通,免得让别人觉得自己过于热情。

了解这些情形后,李副总找了梁经理聊聊,梁经理觉得效率应该是最需要追求的目标,所以他希望用最节省时间的方式,达到工作要求。李副总以过来人的经验告诉梁经理,工作效率重要,但良好的沟通绝对会让工作进行顺畅许多。

资料来源:https://www.taodocs.com/p-745799244.html,2022-07-18。

第一节 倾听与交谈

一、倾听技巧

听是一种行为、一种生理反应;倾听则是一种艺术、一种心智和一种情绪的技巧,可认为我们了解他人,甚至不需出声即可达到沟通目的。听可以说是除了呼吸之外,我们最常做的事。然而,真正懂得倾听的人不到25%。

(一)倾听的重要性

沟通中语言的有效性并不仅仅取决于如何表达,而更多的是取决于人们如何来倾听。

小贴士

你是一个优秀的倾听者吗?请进行表5-1中的技能测验。

表5-1 "倾听"技能测验表　　　　单位:分

	项　目	几乎都是	常常	偶尔	很少	几乎从不
态度	(1)你喜欢听别人说话吗?	5	4	3	2	1
	(2)你会鼓励别人说话吗?	5	4	3	2	1
	(3)你不喜欢的人在说话时,你也注意听吗?	5	4	3	2	1
	(4)无论说话人是男是女,年长年幼,你都注意听吗?	5	4	3	2	1
	(5)朋友、熟人、陌生人说话时,你都注意听吗?	5	4	3	2	1
行为	(1)你是否会目中无人或心不在焉?	5	4	3	2	1
	(2)你是否注视听话者?	5	4	3	2	1
	(3)你是否忽略了足以使你分心的事物?	5	4	3	2	1
	(4)你是否微笑、点头以及使用不同的方法鼓励他人说话?	5	4	3	2	1
	(5)你是否深入考虑说话者所说的话?	5	4	3	2	1

续表

	项　目	几乎都是	常常	偶尔	很少	几乎从不
行为	(6) 你是否试着指出说话者所说的意思？	5	4	3	2	1
	(7) 你是否试着指出他为何说那些话？	5	4	3	2	1
	(8) 你是否让说话者说完他(她)的话？	5	4	3	2	1
	(9) 当说话者在犹豫时,你是否鼓励他继续下去？	5	4	3	2	1
	(10) 你是否重述他的话,弄清楚后再发问？	5	4	3	2	1
	(11) 在说话者讲完之前,你是否避免批评他？	5	4	3	2	1
	(12) 无论说话者的态度与用词如何,你都注意听吗？	5	4	3	2	1
	(13) 若你预先知道说话者要说什么,你也注意听吗？	5	4	3	2	1
	(14) 你是否询问说话者有关他所用字词的意思？	5	4	3	2	1
	(15) 为了请他更完整地解释他的意见,你是否询问？	5	4	3	2	1

将所得分加起来。90~100分,你是一个优秀的倾听者;80~89分,你是一个很好的倾听者;65~79分,你是一个勇于改进、还算良好的倾听者;50~64分,在有效倾听方面,你确实需要再训练;50分以下,你注意倾听吗？

有人说,人之所以长两只耳朵一张嘴,就是让我们少说多听。这种说法虽没什么科学依据,但"少说多听"还是十分有现实意义的。

"倾听"既然是一门艺术,这种艺术的首要原则就是全神贯注地听取对方发表意见。要听清楚别人讲话的内容就得全神贯注,这是对他人的尊重,对此绝不能掉以轻心。汽车推销大王乔·吉拉德说:"当你听到顾客要说什么时,你必须凑上前去,以表现出急于要听的样子;当你说话时,你通常应该双眼注视着他;而当你听他说话时,也需要表情自然,双目始终注视着他。这种眼神的对视接触是重要的,它表明,你在真诚仔细地听他讲述。"

如果你想使自己的谈话成功,你必须学会倾听。因为倾听是交谈成功的要诀。我们每一个人都需要忠实的听众。如果倾听的愿望能如愿以偿,就是心灵上的极大享受,因此,我们喜欢那些愿意听我们讲话的人。因为他愿意听我讲,就是愿意了解我,就是愿意与我作感情交流,就是对我的尊重,我们容易与这样的人交朋友,并且信任他们。

在现代社交中,倾听是搞好人际关系的需要。越是善于倾听的人,他的人际关系就越理想。倾听也是褒奖对方说话的一种方式,它等于告诉对方,你是一个值得我倾听你讲话的人。这无形中提高了对方的自尊心,加深了彼此的感情。

学会倾听,是建立良好人际关系的重要方法之一。倾听的确是一门值得研究的学问。

(二) 倾听的技巧

倾听作为一种人格魅力,是达到理想交流的一种必不可少的技巧,应该如何掌握呢？

1. 用积极的态度倾听对方讲话

通常,大多数人在倾听时只能集中20%的注意力。因此在理解上就会出现差异,尤其是当一个人说话缺乏吸引力时,集中精力就变得非常困难,但也非常重要。所以,在与他人交谈时,要静下心来、用积极的态度听清对方的全部信息,这是沟通顺畅的重要保障。

周总理在听别人讲话时态度极其认真,不论对方职位高低,年龄大小,都同样对待。

对此,美国一位外交官曾评价道:"凡是被他亲切会见过的人都不会忘记他。他身上焕发出一种吸引人的力量,长得英俊固然是一部分原因,但是,使人获得第一印象的是他的眼睛……你会感激他全神贯注于你,他会记住你和他所说的话。这是一种使人一见之下顿感亲切的罕有天赋。"

2. 不要以自我为中心

你是妨碍自己成为有效倾听者的最大障碍。因为你会不自觉地被自己的想法缠住,而漏失别人透露的语言和非语言信息。不要坐立不安、抖动或看表。如果你能决定会议的场地,选一个不会被干扰、噪音少的地方;如果在你的办公室,走出有权威障碍、妨碍沟通的办公桌,站或坐在你谈话对象的身旁。如此,会让对方觉得你真的有诚意听他说话。

3. 不要有预设立场

如果你一开始就认定对方很无趣,你就会不断从对话中设法验证自己的观点,结果你所听到的,都会是无趣的。抱定高度期望会让对方努力表现出他(她)良好的一面,你只要认真地关注与适当地发问,就可以帮助对方提升他(她)的说话技巧。

4. 边听边沟通

眼睛注视着对方,不时点头称是、身体前倾;把手边的事先放下,表示你关心对方所说的话,而且给对方信心,让他把话说完。

5. 不要随便打断别人的话题

打断别人的话表示你要说得比对方的还重要。即使对方只是反复说那几件相同的事,你仍然要耐心等候,这样会比插嘴收获得更多。

案 例

26 个高情商的沟通技巧

(1) 不同意别人的时候,先别忙着一口否定,而是先肯定对方,再说出自己的观点。

(2) 无论与谁沟通,多微笑,多说谢谢,这是让人好感倍增最简单但却很有效的方式。

(3) 不管关系有多好,有事求人帮忙的时候,姿态都要比平时低一些,不要太想当然。

(4) 与人沟通的时候,要多聊对方感兴趣的,这样才有好的互动,不要总是"我"个不停。

(5) 多说"我们""咱们",可以有效拉近彼此的距离。

(6) 说别人好话、赞美别人的时候,要言之有物,最好能举出实际案例,这样才最容易出效。

(7) 当别人炫耀自己的优点,夸耀自己的成绩时,就是想要你的赞美,这时候,眼色要亮一点,别吝啬你的赞美之词。

(8) 赞美别人的时候,如果能用幽默的方式,就别平铺直叙,幽默是最高级的情商。

(9) 好话永远不嫌多，与人当面沟通的时候要多说，当着别人的面也可以适当说说，传到对方的耳朵里，效果尤佳。

(10) 不要嘲笑别人喜欢的人或事，有时候，这比直接用言语攻击别人更伤人。

(11) 和人初次见面，别的东西你可以不注意，但一定要记住对方的名字，免得下次见面尴尬。

(12) 和人产生争执，实在控制不住情绪的时候，可以吵架，但一定不要说伤害对方尊严的话。

(13) 给人建议的时候，不要说"我是为你好"，这样反而容易让人产生反感情绪。

(14) 有些事情看破可以，但不要说破，给别人留一点余地，也给自己一点空间。

(15) 不要动不动就说"随便"，这会让人觉得你是在敷衍他，也会觉得你没有主见。

(16) 当别人拿自己的短处自嘲时，千万不要附和，一附和就等于是在嘲笑别人。

(17) 不要向某方面不如你的人诉某方面的苦。比如，不要在穷人面前哭穷，不要在胖人面前说自己胖，这只会让对方不舒服。

(18) 难受的时候，可以向朋友倾诉，但朋友关系再好，也不要总是向人家诉苦。

(19) 不要做事后诸葛亮，事情已经发生了，对方需要的是补救方案，而不是听你的风凉话。

(20) 要想安慰一个人，最有效的方式，就是把自己说得更惨。

(21) 你可以通过各种方式来体现自己的强势，但尽量不要发怒，发怒往往是承认自己的无能。

(22) 想要与人达成合作关系，就多说你能给人家什么，而不是你想要什么。

(23) 越是关系亲近的人，沟通的时候，越是要保持尊重和耐心。

(24) 不要因为小事和别人争吵，更不要为了面子而抬杠，没有任何正面意义，只会破坏你的人际关系。

(25) 你可以拿自己的缺陷自嘲，但不要拿别人的缺陷开玩笑。否则，最后尴尬的往往是你。

(26) 没有把握的事，不要对别人说，那叫捕风捉影，不仅容易被事实打脸，也会让人觉得你不靠谱。

资料来源：https://baijiahao.baidu.com/s?id=17408720949996649861&wfr=spider&for=pc，2022-08-11.

一定要听别人把话讲完

美国某知名节目主持人，负责主持少儿节目。有一次，在有一万多人观看的情况下，现场直播。她请上了一名9岁的男孩。

主持人："请问小朋友，你长大后的理想是什么呀？"

男孩："我要做一名飞行员。"

主持人："如果有一天，你驾驶的飞机飞在空中，可你突然发现没有油了，你会怎么办呢？"

"嗯……嗯……"小朋友思索片刻,"我会先告诉大家,让他们坐好,系好安全带,然后我就跳伞。"

"哈哈!真是年少老成。"主持人一声大笑,台下的听众也笑成了一片,笑声持续着。这时只听见小朋友非常着急地喊着:"不要笑,不要这样。"一开始大家也没在意他,直到大家看到他伤心地哭了,才停下了笑。

"你不是个好阿姨,你没有听完我要讲的话,就取笑别人,我是说,我要跳伞回去找油,找到油,再让别的飞机送我上来,加上油我再继续开。"

主持人愣住了,她意识到了自己的错误,刚刚大笑的表情还没有来得及收敛,就一下子变得严肃起来了,她走到了小朋友的面前,蹲了下来擦掉小朋友脸上的泪水,非常诚恳地说了一句:"对不起,阿姨错了。"接着她转过身来,面对所有的观众说了一句话:"一定要听别人把话讲完。"

台下掌声如雷。

分析:抢话、插话是一种不礼貌的行为,是不尊重他人的表现,没等别人把话讲完,就盲目地发表自己的高见,很有可能误解别人的意思,会造成很不快的交流。

所以,一定要认真听别人把话讲完。

二、交谈技巧

交谈是人际交往的一种重要形式。一个人的风度、气质、修养以及知识水平、认识能力,在交谈中能充分地表现出来。交谈是人与人沟通的纽带。

交谈要注意的几个问题:谈话前的准备、行之有效的开场白、向别人提问的要领、引起他人的共鸣、不时调剂一下气氛。

(一)谈话前的准备

准备谈资的方法如下。

(1)每天至少读一种报纸,每月读几本杂志,以使自己及时掌握时事动态。当你访问一个城市时,读一读当地的报纸是个顶好的办法。

(2)注意观察周围的世界。你可以谈论周围发生的事情、天气情况、文化动态等。甚至连交通堵塞、新的建筑以及展览会开幕式都可以成为你的谈资。

(3)阅读本行业的杂志。这些杂志可为你提供有关本行业的最新消息。

(4)坚持对有趣的故事、统计资料和情况作笔录,包括剪贴报纸杂志、收集某城市主要工业的情况、城市的口号及奋斗的目标等。在面对棘手的场合之前,不妨翻看一下记事本。

(二)行之有效的开场白

交谈过程中最困难的就是如何找出话题,等待时间越长,就越困难。

开场白可以打破与某人初次见面时的可怕沉默。

(三)向别人提问的要领

1. 要平等待人,不能问之失情

提要求和中间插话要语言谦和,摒弃"你要……""你必须""你应该"等义务性陈述和指手画脚的味道。多运用"如果能……""你感到……""我希望……"等商讨性和合理性的语言,使对方心理上易于接受,乐于回答。

2. 要由浅入深,不能问之失序

《学记》中说:"善问者如攻坚木,先其易者,后其节目。"提问者要有耐心,循序渐进地进行。一般来说,开始多提一些"是什么",继而多提一些"为什么",然后联系实际多提一些"怎么办"之类的问题。

3. 要把握火候,不能问之失时

提问前,如发现对方正忙得不亦乐乎,宁可稍等片刻或改日再谈,也不要生硬地打搅、妨碍对方,以免引起不悦。

交谈中,当对方谈兴正浓,畅所欲言时,要抓住时机持续下去,不能坐失良机。当发现对方有急需处理的事情,要适时中止交谈,另找机会,不能强人所难;当提问交谈时间超过一个半小时,对方有厌倦神情的暗示时,要主动安排休息,或结束谈话,下次再谈。

4. 要因人而异,不能问之失度

由于被提问者的素养不同,他们的认识能力和智力发展也不相同。因此对深浅、难易不同的问题,特别是当提的问题与对方有联系时,要因人而异,使提问的形式、用词、范围,能适应对方的阅历、水平和习惯等。

为了达到良好沟通的目的,在提问前要对提问对象所从事的职业、经历、文化程度、性格和兴趣等特点有个大致的了解。

(四) 引起他人的共鸣

见过罗斯福的人,都认为他是一个非常博学多才、知识渊博的人。而罗斯福做到这一点的方式很简单,就是在与人接触的前一个晚上,花点时间研究一下客人的兴趣爱好,于是一见面,共同话题就源源不断,谈话自然让双方兴趣盎然。

戴尔·卡内基评价说:"罗斯福和其他领导者一样,都知道通向别人内心的坦然大道,那便是谈论他们感兴趣的事。"对那些成功的企业家来讲,如果他们没有从工作中找到乐趣,如痴如醉地沉迷于工作之中,他们就不可能开创自己的事业。

因此,了解别人的兴趣爱好,并表示出一种共鸣,不仅是对对方的尊重,而且是对对方的有效激励。如生日相同、同一个学校、同乡等。

(五) 不时调剂一下气氛

幽默是一种富有魅力的语言艺术,也是人的乐观精神的一种表现,它能给人以轻松有趣的感受,可以调剂沟通的气氛,还可以给人以智慧和力量。因此古今中外不少沟通高手常常自觉或不自觉地用它来达到各种不同的目的。

如领导者对下级做思想工作,或者是领导者之间商谈问题,祥和的气氛是非常重要的。如果气氛不和谐,存在着人际隔膜或心理障碍,工作是不会取得好的效果的。而要创造或保持祥和的气氛,幽默则是一种重要的手段。

在我国古代,国君具有至高无上的权威,某些大臣向国君进谏,常采用幽默的方法,以便让国君乐于接受。

案例

晏婴进谏

春秋时代齐国的宰相晏婴就是善于运用幽默的高手。有一次齐景公的管鸟人烛邹一时不慎,丢失了一只鸟,齐景公一怒之下要杀死烛邹。满朝文武都知道这样惩处太过分了,但是没有人敢出面劝阻。

这时晏婴站了出来,向齐景公奏道:"烛邹的罪过有三,请允许我列举他的罪过以后再杀他行吗?"齐景公一听是附和自己的意思的,于是很高兴地说:"好,请讲吧。"晏婴走到烛邹面前说:"烛邹,你替我们君王管鸟而丢失了鸟,这是第一大罪状;由此导致我们国君因为一只鸟的缘故而杀人,这是第二大罪状;让各国诸侯知道以后,认为我们君王重鸟轻士,这是第三大罪状。"

说完以后请齐景公下令行刑。这时齐景公对晏婴说:"寡人受到先生的指教了。"晏婴列举烛邹的三条罪状中,只有第一条是其真正的过错,其余两条都是从侧面来劝齐景公的。

其中第二条是说烛邹罪不当死,第三条是说在诸侯中影响不好,等于今天说的国际影响不好。说理可谓深刻。

但是,如果这些看法从正面提出来触犯"龙颜",齐景公盛怒之下,不但不易接受,说不定晏婴还会招来杀身之祸呢。晏婴掌握了齐景公的心理,借助于幽默的手法,顺着齐景公的意向去说,从责备烛邹的罪过中委婉地表达自己的意见,让齐景公醒悟到自己的错误,自己去纠正,落个"虚心纳下"的贤君的名声。既起到了进谏的作用,又照顾了国君的面子,效果很好,在历史上留下了一段运用幽默向国君进谏的佳话。

幽默不仅是调节人际关系的润滑剂和委婉说理的一种手段,而且在特定场合,它还可以成为战胜对手的一种有力武器。

当然,幽默绝不是一般的说说笑笑,而是有明确目的的一种沟通方法。要想将这种方法用得恰当、巧妙,也不是一件简单的事。这除了与人的个性有关之外,还和人的高度的思想修养、广博的文化知识、乐观的情怀以及机敏的反应能力等密切相关。只要从多方面去加强自身的修养,是可以具有这种能力的。

第二节　其他技巧

一、真诚地表露出对对方感兴趣

小贴士

> 有一位诗人说过:"我们对他人产生兴趣之日,也是他人对我们产生兴趣之时。"

在沟通中,尤其是跟陌生人打交道时,遇到的一个尴尬问题就是,想要交谈又找不到合适的切入话题,致使交流无法进行。

那么不妨试试这个建议,就是真诚地表露出你对对方感兴趣。你会发现奇迹就这样发生了,原本互不相识的人之间的交流变得轻松、愉快,而且有意义。

怎样才能真诚地表露出对对方感兴趣呢?主要途径有以下3条。

(1) 真诚地询问对方从事现有职业的经过,这样可以打开对方的话匣子。在这里,真诚至关重要,它应该是发自内心的,不仅在你的言语中表露出来,而且应当让人能从你的面部表情中"读"出来。

(2) 熟记对方或对方家属的最大爱好、最大愿望,并尽量以实际行动表示你的关心。

(3) 记住对方的生日,并在对方过生日时送上你的生日贺卡。

案 例

记住别人的生日

著名的人际关系学家戴尔·卡耐基就非常重视这一方法的运用,他曾在一本书中这样写道:多年来,我一直很重视查找朋友们的生日。怎么会这样做呢?虽然我一点也不相信星相学,但我开始时询问对方,他是否相信人的生日同人的性格和气质有关。

然后,我就请他告诉我他的生日,如果他说是11月24日,我就不断地重复,11月24日、11月24日——等他一转身,我就写下他的名字和生日,然后再记进一本专记生日的本子里。

每年年初,我就将这些生日在日历上做上记号,这样我就自然而然地注意起来了。生日一到,我就写信或拍电报祝贺。此举打动了多少人啊!我时常是在世上唯一记得别人生日的人。

二、记住对方的名字

🔍 小贴士

> 赢取别人好感最显著而简单的方法,就是记住对方的名字。

卡内基强调指出:"如果你不重视别人的名字,又有谁来重视你的名字呢?如果有一天你把人们的名字全忘掉了,那么你也很快就会被人们遗忘。"

对任何人而言,名字不仅仅是一个符号,他更是人生的延伸。在任何语言中,对某一具体的个人来说,最动听、最重要的字眼就是他的名字。谁能把握住这点,谁就能建立起良好的人际关系,如果企业的内部公众,尤其是商业企业的内部公众,能巧妙地把这一点运用到工作中,那么获得的将不仅仅是良好的人际关系,还将获取极大的经济效益。

案 例

让住客户的名字

有位经营美容店的老板在谈及他的经营诀窍是曾这样说:"在我们店里,凡是第二次上门的,我们规定不能只说'请进',而要说'请进!某某小姐(太太)'。所以只要来过一次,我们就存入档案,要求全店人员必须记住她的尊姓大名。"

三、对人要笑口常开

小贴士

> 笑容是一种令人感觉愉快的面部表情,它可以缩短人与人之间的心理距离,为深入沟通与交往打下好的基础。

微笑,作为一种特殊而又重要的表情语言,它是少数能超越文化的传播媒介之一,可以说是一种世界性的语言。

西方经营专家们在企业管理中十分推崇微笑服务。如日本一些经营管理者严禁服务人员因心情不好而对客人发脾气。他们提出"微笑是打动人心弦的最美好语言""微笑是通往全世界的护照"。

新加坡店员的礼貌守则共有9条,开宗明义第一条就是:"顾客到跟前时,先微笑表示欢迎。"

案 例

他们的微笑,是冬奥会最好的名片

2008年北京奥运会宣传片上,志愿者服务市民和国际友人的画面一直刻在小丁脑海中,6岁的他第一次对志愿者的形象有了认知:"一身志愿者服,阳光帅气得很。都说志愿者的微笑是北京最好的名片,我也希望自己的微笑成为北京的名片。"成为志愿者的梦想种子就此埋在丁博阳心中。

13年后,小丁得以圆梦。他曾两次报名北京冬奥会志愿者,第一次在高三,通过"志愿北京"平台申请,第二次作为北京交通大学的学生,通过校园选拔成为国家体育馆的交通保障志愿者。丁博阳坚持每天锻炼,为展现最佳的体能和精神面貌做准备。

自2019年12月5日冬奥会志愿者全球招募通道开启以来,有超过100万人申请,其中,青年是主力。有人因为2008年奥运会了解了志愿者,走上了公益路,大学4年,志愿服务时间超过300小时。有人说:"我从小生长在张家口,因为热爱这个国家,我第一时间报了名,希望能亲力亲为,当好志愿者。"

对20岁的小张来说,第一次参与奥运会的志愿经历令她新奇又快乐。她负责看台服务,这是与观众接触时间最长的岗位。"不论赛场有多精彩,总会有背对赛场的人。"培训老师告诉他们,尽管离赛场很近,但大多时候,他们的工作都需要面朝观众,服务观众的需求。

在北京交通大学"90后"志愿者带队教师小赵看来,志愿者是冬奥会大机器运转中不可或缺的一环,赛事运行的各个角落都能看到志愿者的身影,志愿活动不仅展现了青年的底色和担当,也是青年成长的舞台。

资料来源:http://edu.people.com.cn/n1/2021/1213/c1006-32306463.html,2021-12-13.

心理学的研究指出,人的心情具有弥散性和感染性。

微笑不需要声音,不需要色彩,却能发出像磁石一般的引力。微笑能给顾客留下宽厚、

谦和、热情、含蓄、亲近的印象。微笑表现出对顾客的理解、关心和爱意,使顾客的"自尊需要"得到满足。于是,顾客与企业之间由生疏变得亲密,由隔阂变得融洽,由不满变得顺心,由恼怒化为微笑。这正是微笑的特殊功效。

四、慷慨地赞美对方

小贴士

> 小小的赞美,可以产生巨大的效果。

每个人都渴望得到别人和社会的肯定和认可,我们在付出了必要的劳动和热情之后,都期待着别人的赞许,即使是一句简单的赞美之词,也会使人获得自信和不断进取的力量。

赞许别人的实质,是对别人的尊重和评价,也是送给别人的最好的礼物和报酬,是搞好人际关系的一笔暂时看不到利润的投资。它表达的是你的一片善心和好意,传递的是你的信任和情感,化解的是你有意无意间与人形成的隔阂和摩擦。对人表示赞许有如此多的好处,何乐而不为呢?

赞美别人说起来容易,做起来相当困难。因为首先要有恢宏的气度;其次要具有辨别力,才不致瞎吹乱捧;最后要具有诚意地去欣赏别人的优点,而不是存心"我捧你,你一定要捧我,否则我会找机会把你打下来"。

五、拒绝的技巧

小贴士

> 喜剧大师卓别林曾说:"学会说'不'吧!那样你的生活将会美好得多。"

拒绝是生活中常有的事,别人的请求违反你的意愿,你会拒绝;别人的要求超出你的能力范围,你会拒绝;有时,别人友好的邀请由于种种原因你不能接受,你也会拒绝。但是拒绝又是件尴尬的事,它会使被拒绝者不快,甚至影响彼此的友谊。有什么办法既拒绝了别人又不伤感情呢?

(一)延时拒绝法

当一个好友或亲戚向你提出一些不切实际或根本办不到的事情时,如果你说"你的要求我办不到",这一定会使对方伤心。此时,你可以用缓兵之计,对他说"能否让我考虑考虑再答复你?"或"我个人没有意见,但我还需要同别人商量一下"或"你的意思我明白了,请让我想想这个忙该怎么帮?"或"嗯,我来想想办法,试一下,是不是能办成,不敢肯定,你看怎样?"延时说明你还是想帮忙,这比"一口回绝"给对方的刺激要小,你不妨试一下。

有时候,被拒绝的人耿耿于怀的往往是别人的态度,或是官腔十足,或是漫不经心,或是……若别人已经尽心尽力,那么即使事情最终没有办成,也不至于牢骚满腹。

（二）幽默拒绝法

学着运用适当的幽默方法委婉拒绝不切实际或不可能实现的要求。

案 例

学会拒绝，是成年人应有的态度

微博上曾有条热搜："家长反对凑钱送礼给老师被退群。"

这事发生在柳州某校家长群，这个群是由家委特意建立的，每到教师节，家委就发动家长们捐钱为老师购买礼物，美其名曰"尊师重道"。

去年是300多元一个的水杯，今年是兰蔻礼盒。家委要求每位家长平摊这笔资金，由财务统一收取。

消息一发出，某位"叛逆"家长就表示自己不参加。

她的特立独行，很快就引来其他家长的不满，并对其口诛笔伐，甚至将其踢出群聊。

事后，这位家长说："筹钱给老师买礼物，显然违背家委会初衷，使这个原本对学校、老师有监督之责的家长组织异化为利益勾兑的'掮客'，损害了家长和学生利益，扭曲了家校关系，更有可能为师腐埋下伏笔。"

后面，柳州教育局公开回应说，家委会要主动抵制请客送礼的歪风。同时，家长若发现有人借各种名义向老师送礼，破坏家校关系等行为，可以向教育局举报。

这位家长有着清醒的认知，且不随大流，敢于拒绝。

生活中，每个人都会遇到自己不认同、不想做的事，而很多人在面对这样的事时，为显示自己合群，或为了面子，很难把"不"说出口。于是，不得不违背内心，做不想做的事、见不想见的人，消耗自己的时间和精力。其实，学会拒绝，才是成年人应有的态度。

资料来源：https://baijiahao.baidu.com/s?id=17463884191168673468&wfr=spider&for=pc，2022-10-11。

（三）先扬后抑拒绝法

如果有人邀请你去参加野游，或参加娱乐晚会，你又无此愿望或无法同去时，可以用先扬后抑法拒绝对方。"你组织这个活动太好了，真该随你去好好玩一玩，可惜我手头还有一些事情没处理完，否则，我决不会放弃这次机会。"

当对方向你推销一件不感兴趣的商品，或让你采纳他的建议而你又不愿意接受时，你可以说"确实不错，可惜它现在还派不上用场"或"这是个好主意，可惜目前还用不上。"或"你讲得很有道理，不过暂时……"或"我理解你，这确实是个问题，但是……"肯定、温和的语气缓和了双方的关系，"可惜""不过""但是"的说法又给对方留有余地，不至于使场面变得尴尬。

（四）入瓮拒绝法

入瓮拒绝法也是表达否定的极好手段。需要否定时，我们不妨在言语中安排一两个逻辑前提，不直接说出逻辑结论，逻辑上必然产生的否定结论留给对方自己去得出。

案 例

对成因不清的问题,要先"冷处理",待弄清成因后再批评

某部研究所规定每周一、三、五早上全所会操。一天会操,有个研究室无一人到操。主持会操的副所长刚要批评这个研究室,所长马上说:"他们有特殊情况,我们出操吧!"其实,所长根本不知实情,他之所以这么说,是因为觉得"事出蹊跷,必有原因",目的是先"冷处理",以便给自己腾出调查研究,弄清问题成因。

会操后,他马上去找该研究室主任。一了解是因为他们最近连续熬夜攻关,昨夜终于完成了科研项目,室主任觉得大家都很劳累,说"你们回去休息,明天不要出操了,我会请假的"。可是自己也倒头就睡,忘了向副所长请假。

弄清了问题成因,所长首先表扬他们为科研攻关不辞劳苦的精神,并表示要对科研有功人员论功行赏。同时,严肃指出:"科研劳苦不能作为废弛会操纪律的理由,忘记请假就是组织纪律性不强的表现,应当为此做出检查。"室主任听了所长的一席话,心悦诚服,向副所长作了深刻的自我批评。从此,该室的组织纪律性更强了。

资料来源:https://www.zhongtraining.com/content-13-919.html,2023-02-19.

六、发问的技巧

小贴士

> 提问能高度吸引别人的注意力,熟练的提问技巧能很好地表达你的想法,获取信息。

一个不懂得提问的人,他的沟通肯定是很糟糕的。提问,是你对别人感兴趣的一种表现,每个人都希望别人对自己感兴趣,同时也是你引发别人兴趣的最好方式。发问还是获取信息、协调观点的重要途径。

提问的主要方式有开放式和封闭式两种。开放式的问题指对方回答你提出的问题没有任何局限性。如你问:"您为什么要到北京去发展呢?"对方可以从很多方面来回答。如你问:"您对哪方面感兴趣呢?对方可能有很多的兴趣。"如果改一下,"您是去北京还是去上海发展呢?您对看书还是对音乐感兴趣呢?"这是封闭式提问。封闭式指对方回答你提出的问题带有一定的局限性。

开放性提问,便于了解别人,掌握信息,引发别人的兴趣。

如你要拜访一位成功人士。要想与对方进行沟通,你要先了解他,让他对这次谈话产生兴趣,可提类似的问题。"您能有今天的成就,真的很了不起,但您以前肯定也经历过很多坎坷,能跟我讲一讲您是如何战胜一切挫折的吗?""能跟您这样的成功人士交流,我感到很荣幸,请谈一谈您的成功之道,好吗?"

对方听到这样的问题会很开心,他会乐意跟你讲他过去是如何的坚强、勇敢、聪明,你再运用倾听的技巧,便会收到一种很好的沟通效果。

很多成功的记者都有一个非常好的习惯，就是身上总会带着笔记本和笔。当与人沟通时，他会提出一些能引发对方兴趣的开放性问题。当对方讲到一些很好的观点或是精彩部分，他会迅速认真地记下来，对方看到他把所讲的话当成哲理记下来，便会更加兴奋，更加卖力地讲了。等对方讲完后，再及时地提出另一个开放性问题。

试想一下，如果你和某人在交谈时，当你讲的一句话很有道理。某人说："请等等，我要把它记下来。"你是不是感到自豪呢？

观察这些人后，你会发现他们很少提封闭式的问题，因为封闭式提问，一般是让对方做出决定或是帮他做出决定，一般会让人心情紧张。所以要想达到目的又让人心情愉快，需要很高的技巧。

七、批评的技巧

小贴士

> 批评对谁来说都不是一件让人愉快的事。但是如果你能够掌握适当的批评技巧，相信你的交流会更顺利。

"请提宝贵意见。"人们说这句话的时候，心里期待的往往是对方的赞扬。坦率提出批评意见的人，即使不因此招人怨恨，至少也难以受到欢迎。这是因为人类都有脆弱的自尊心，都希望受到表扬而非排斥批评。

然而，明知别人有过失却不及时批评指正，无异于怂恿其继续犯错误；在批评的时候将人一棍子打死，则无异于将脏水和孩子一起泼掉。为了避免别人和自己的过错，必须进行批评。为了避免由于批评而招惹怨恨或整垮别人，必须讲究批评的艺术。

（一）私下式批评

案 例

女儿的批评

一家年销售额超过3亿美元的化妆品公司的女总经理玛丽·凯买了一件粉红色的蝉翼纱衣服，打算穿它参加一个重要的宴会。她觉得这件衣服很美，可是她的女儿却当着朋友的面问道：

"妈妈，你不会穿这件衣服去参加宴会吧？"

"穿呀，干吗不呢？"

"可是，妈妈您穿上这件衣服就像个大奶牛似的。"

玛丽·凯默然不知所措，感到很沮丧和气恼。从此，玛丽·凯将那件衣服藏了起来。

私下式批评就是单独批评，以免被批评者当众出丑。上述案例启发人们思考有关批评的艺术：当着别人的面批评、嘲笑别人，是不可原谅的残忍行为。

（二）暗示式批评

老张常年住在单位职工宿舍二楼，多少年来晚上睡觉都很踏实。可是，近来晚上他老是休息不好,原因是三楼新住进两个单身小青年小王和小李。他们经常很晚才回宿舍,二人回到宿舍,又是洗又是刷,叮叮当当,折腾得老张经常失眠,苦不堪言。

批评小王和小李吧,磨不开面子。不批评吧,每天晚上难以入睡。老张真是左右为难。

偶然的机会,一位同事向老张介绍了暗示式批评方法。老张半信半疑地用了此法,向小王和小李讲述了"一个老同志,因楼上邻居深更半夜动静太大难以入睡的故事",小王和小李听懂了老张的意思,此后,晚归的习惯改了不少,即使偶尔晚归,也格外小心,以免响声太大。从此,老张又睡上了安稳觉。

(三)鼓励式批评

小张是初中二年级的学生,学习很用功,可是数学成绩一直很不好。其父亲经常这样教训孩子:"你学习很用功,但是数学没学好,这可不行。"这样的教育方式效果不佳,不如鼓励式批评效果好。"你学习很用功,只要继续努力,数学成绩也会和其他科目一样好的。"这样说,孩子就有信心学好数学。

(四)关心式批评

例如某工地的工人经常不戴安全帽,若直接训斥他,可能会激起他的反抗情绪,但若改成关心式批评,讲清戴安全帽的重要性,会收到意想不到的效果。

(五)安慰式批评

例如某人犯了错误,这时若笑着对他说:"谁都免不了会犯错,吃一堑,长一智嘛。"他一定会向你投来感激的目光,保证下次不会犯同样的错误。

(六)理解式批评

案 例

将军的宽容

"第一次上战场都这样,慢慢就好了。"面对新兵在战场上出事故,美国的艾森豪威尔将军说出了这样一句话。谁都知道"军令如山",一次小小的事故就可能使一场战役陷入僵局,而艾森豪威尔将军却能如此宽容地面对新兵的失误,哪个战士能不为他奋勇杀敌呢?

常言道:"良药苦口利于病,忠言逆耳利于行。"然而,如果注重批评的艺术,批评者献给别人的"良药""忠言"就并非一定"苦口""逆耳"。

八、学会自我克制

小贴士

> 世上最应该约束而最难约束的是自己;如果你善于控制自己,那么约束别人就太容易了。

在现实生活中,当一个人与他人发生矛盾,或遇到不顺心的事;当一个人受到侮辱和侵犯,愤怒之火似乎便油然而起。然而,轻易上火发脾气效果并不佳,怒气常常搅乱正确的判断。盛怒之下常常没有法则,容易使人失去理智,导致人际关系中的强烈"地震"。因此,应当制怒,所谓制怒,即克制怒气,通俗地说,也就是指避免或消除自我在人际交往中上火发脾气的现象。制怒是自我克制的重要内容之一,怎样制怒呢?

(1) 善于忍耐。先哲们说得好:"伟大的人物在限制中才能表现自己。忍耐痛苦,但其果实却香甜。"

案 例

情商高有多重要

美国曾经有个机构,调查了188个公司管理层职员的智商和情商,意外地发现,情商的影响力是智商的9倍。

我们或许并不一定要做一个八面玲珑的社交达人,但至少要学着做一个会沟通、人缘好、路子宽的人,这样当你遇到困难的时候会有人愿意扶你一把。

庆幸的是,情商是后天的,沟通的能力也是可以培养的。最好的培养方式是实践,多和人接触,多反思自己。但遗憾的是,很多人并不知道怎么跟人打交道,怎么与人沟通,怎么与别人维持长久的关系,怎么与比自己厉害的人相处。

资料来源:https://www.sohu.com/a/222536974_158602,2018-02-13.

所以古人云,小不忍则乱大谋。我们也可以说,小不忍也难息怒。

当然,忍耐是有限度的,不能绝对化。当正义受蹂躏的时候,当人格受无端侮辱的时候,一味忍耐,则是软弱的表现。在这种情况下,盛怒一下不是没有必要的。有时,怒气可变为一种特殊的促进力量。这里的关键是,忍耐要适当、适时。

(2) 平等待人。有时,一些人发脾气,生怒气,是与不平等待人分不开的。

例如下属办错了事,有些领导居高临下,大声训斥,似乎天经地义;儿女不听话时,有的父母常火冒三丈,轻则破口大骂,重则棍棒相加,似乎理所当然;学生犯了错误,有的老师把桌子一拍,审讯似地训一通甚至将其赶出教室,似乎合情合理……领导、家长、老师之所以在下级、子女、学生面前一触即发,是因为他们觉得居人之上。殊不知,这样极力维护的尊严,反而更容易丧失。

所以,与对方平等相处,动之以情,晓之以理,耐心劝诫,及时阻止,问题决不会发展到动怒发火的地步。

(3) 转移怒气。懂得发泄怒气的有效途径是转移,也能息怒。

要记住,在你生气或者完全失去理智的时候,千万不要做出任何决定。对物不对人,对事不对人,也是息怒之道。有些人在自己要发脾气时,懂得赶紧离开这个典型环境,想一想生活中美好的东西;或者把自己关起来,闭目养神,在寂静中灭掉愤怒之火。

"唯有知道什么是孤独的人才真正懂得息怒。"或者拼命地工作、活动、转移注意力;或者说几句笑话,让笑声化解怒气,减轻情绪上的压力,等等。

总之,转移怒气的渠道很多,每个人可根据自己的情况,寻找一条或几条。

本章小结

本章共两节,着重讨论了在人际交往中要掌握的一些技巧。

第一节主要介绍了人际交往中两个比较重要的、需要重点掌握的"倾听与交谈"技巧,之所以把它们放在很重要的位置,是因为有研究表明,在听、说、读、写四种沟通形式中,听别人说话占沟通时间的40%,说话占31%。而阅读、写作各占15%、11%。因此,掌握了听和说的能力,是使人际交往顺畅的关键。

第二节主要介绍了在与人交往中应掌握的一些技巧,其中包括真诚地表露出对对方感兴趣、记住对方的名字、对人要笑口常开、讲话要考虑别人的兴趣、慷慨地赞美对方、拒绝的技巧、发问的技巧、批评的技巧等。

我们在与人交往中往往忽视一些细节的问题,希望通过这节的学习,引起读者的注意,并能学会应用。

复习思考题

(1) 沟通的技巧中你认为哪一条最重要?
(2) 为什么要成为一位好听众?
(3) 你认为交往中还应该注意什么?

 拓展阅读

用微信联系领导,三个细节要注意

在现代职场生活当中,微信的使用越来越普遍。很多人通过微信跟领导沟通工作,确实可以提高工作效率,节省工作的资源消耗。但是在具体的沟通过程当中,如果不注意一些细节问题,往往会给领导留下不好的印象,甚至影响自己的发展。那么,在微信跟领导沟通过程中,应该注意哪些细节呢?

第一个细节,尽量不要通过发语音的方式沟通。

每个人都知道发语音特别简单,但是发语音的方式给对方造成很多的困扰。如果你通过语音的方式发给对方,对方直接看不到你要说的内容,必须打开认真仔细收听。

这种方式最大的不好处在于,语音特别不方便于回头查看。如果领导收到的语音过多,还需要逐个重复听你发过的语音,无形中给对方造成了很多的困扰,浪费了大量的时间。所以说最好不要通过语音的方式跟领导沟通,要尽量通过文字的方式,方便对方查看和查阅。

第二个细节,不要发送零零散散的文字内容。

在给领导汇报工作之前,一定要想好自己想要说的内容是什么,最好是一次性把所有内容全都说清楚。不要发送零零散散的文字内容,如果你这样做,会给领导造成很大的不方便。比如说领导要复制你的内容发给别人,操作方面就比较烦琐,甚至要背过你所发的每一条内容,重新在手机上敲打一遍。在跟领导沟通汇报的时候,一次性把所有的文字表达完整,既体现了自己严谨的思考,也体现了自己认真周全的工作态度。

第三个细节,不要在微信群给某一个人发内容。

微信群确实给工作带来很多方便,但是微信群的使用也是有讲究的。如果需要所有人都知道的内容,可以通过微信群的方式进行发布。如果只需要某个人知道的内容,最好不要在微信群里进行发布。这样做很容易耽误工作,尤其是职能之间相互交叉的领导,很可能推诿扯皮。在向领导沟通汇报之前,要区分工作的内容和性质,不适合在微信群发的内容就不要群发。

资料来源:https://view.inews.qq.com/a/20220316A089HT00,2022-3-16.

实践课程

训练一

名字不仅是一个代号

(1) 将与会人员分成2人一组,让每一个小组就以下问题进行交谈。

① 他们生命中发生过的最重要的问题。

② 什么人在他们的生命中扮演了非常重要的角色?为什么?

③ 他们喜欢什么?厌恶什么?

④ 什么颜色最能描述他们的性格?什么动物最像他们?

(2) 让每一个人准备一个自我介绍,应该以以下方式开始:"我的名字叫作××。我有一个绰号是××,是××给我起的,这个绰号后面的故事是……我的名字有××的含义,我很喜欢这个名字,如果再给我选择,我会选××名字。"

(3) 所有人围成一圈,击鼓传花,花落到哪个人手中,那个人就要讲一个上述的问题,比如影响他最深的人,但是注意在第一次被抽到的时候,不要说出自己的姓名(主持人应该注意让每个人的机会均等)。

训练二

倾听游戏

(1) 发给学员每人一张纸,让他们在纸上写下1~15的数字作为题号。

(2) 请学员们认真听培训者提出的每个问题,在心里计算再写在相应的题号后面,不可以在纸上计算或标记。

(3) 请培训者以正常语速读出下面的15个问题。

跟从口头指示工作表:

① 从8开始,乘以2,加上4,再除以5,应该等于多少?

② 从11开始,减去3,加上4,再加上3,然后除以3,等于多少?

③ 从15开始,加上10,除以5,乘以6,加上6,再除以4,等于多少?

④ 有一个数字比13大4,将它加上5,除以2,减去3,等于多少?

⑤ 有一个数字比9小2,加上6,加上5,乘以2,除以4,等于多少?

⑥ 6加上12,减去9,加上10,减去13,翻一倍,等于多少?

⑦ 4加上5,加上6,加上7,加上9,加上9,除以4,等于多少？
⑧ 从11中减去6,加上5,乘以5,减去15,再减10,加上1,等于多少？
⑨ 比6大6,加上3,除以5,乘以4,加上1,等于多少？
⑩ 有一个数字是36的平方根,将它加上5,加上14,除以5,加上3,除以4,等于多少？
⑪ 比6大5,减去3,加上2,加上3,加上9,除以2,等于多少？
⑫ 在下面一系列数字：4、7、8、6、9、12中,前三位数是多少？
⑬ 下面一系列数字：4、6、9、9、7、6、3中,前三位数的和是多少？
⑭ 在下面一系列数字：7、9、6、8、4、9、6、10中,最小的一个奇数是多少？
⑮ 在下面一系列数字：4、5、7、8、6、2、1、9中,各数字之和是多少？

(4) 正确答案：①4；②5；③9；④8；⑤9；⑥12；⑦10；⑧26；⑨13；⑩2；⑪11；⑫4；7；8；⑬19；⑭7；⑮42？

训练三

提供赞美

(1) 将学员分成2人一组。
(2) 让每个小组的成员分别就下面的三个方面赞美对方。
① 相貌外形。
② 个人品质。
③ 才能和技能。
(3) 要求每个人的每个方面至少要有两条。
(4) 最后大家要分别说出对自己搭档的赞美。

阅读材料

从口头语了解你的性格

心理学家指出,每个人都有口头语。口头语虽无实际的意义,却是在日常说话时逐渐形成的。之所以形成某一口头语,和一个人的性格有一定的关系。例如：不少人常说的口头语"差不多",便反映了"随便""圆滑"的性格。

人的口头语虽不相同,多种多样,但归纳起来可分为6种类型。

1. "说真的"型

"我储足了20万元便结婚,说真的。""这事要拜托你了,说真的。"……常说"说真的"一类口头语的人,有一种担心对方误解自己的心理。所以在说话时加说"说真的",以表明自己的重视程度。说这种口头语的人,性格有些急躁,内心常有不同,故用"说真的"来表白。

这一类型的口头语还有"老实说""的确""不骗你"……从事商业的人,有此类口头语,反映博取别人信赖的心理。

2. "应该"型

常说"应该"的人,也常说"不该"。这一类人自信心极强,显得很理智,为人冷静。自认为能够将对方说服,令对方相信。但从另一个角度看,"应该"说得过多时,反映了有"动摇"的心理。

"必须""必定会""一定要"……也属这一类型的口头语。长期担任领导职务的人,易出此类口头语。

3. "听说"型

"听说她和人同居了,是不是这样我不清楚。"

"听说"这一口头语不少人常用,具有一种给自己留有余地的心理。这种人的见识虽广,决断力却不够。

类似"听说"的口头语有"据说""听人讲"……很多处事圆滑的人,都有这类口头语。

4. "可能是吧"型

"小王和小张闹翻了,可能是性格不合吧。""由她当主角,可能是真的吧。"

说这种口头语的人,自我防卫本领很强,不会将内心的想法暴露出来。在处事待人方面冷静,所以此类人的工作和人际关系都不错。"可能是吧"这类口头语也有以退为进的含义。事情一旦明朗,他们会说"我早就估计到这一点了"。从事政治的人多有这类口头语。

类似的口头语有"或许是吧""大概是吧"……这一类口头语都隐藏了自己的真心。

5. "但是"型

"这事好是好,但是我不能做。""但是她为人太恶呀。"

常说"但是"这一口头语的人,有些任性,所以总提出一个"但是"来为自己辩解。"但是"这一口头语,也是为保护自己而使用的。从另一方面看,"但是"也反映了"温和"的特点,它显得委婉,没有断然的意味。

类似的口头语有"不过"等,从事公共关系的人常有这样的口头语,因为它的委婉意味,不致令人有冷淡感。

6. "啊""呀"型

"啊""呀"型,常是词汇少或是思维慢,在说话时利用间歇的方法而形成的口头语。年幼时受到宠爱,也会养成说这种口头语的习惯。因此说这种口头语的人,应是较迟钝的,或是有骄傲性格的人。

类似的口头语有"这个、这个""嗯、嗯"……公务员多有这种口头语,因怕说错话,需有间歇思考。

从信手涂画看你的性格

我们时常发现许多人都有信手涂鸦的习惯。在通电话或百无聊赖时,往往会在纸上信手乱写。心理学家认为:此种无意识的乱涂鸦,往往能反映涂鸦者的性格。纽约市的心理学家夏理迪士通过近30年的深入研究发现,人们的随手涂鸦可分为以下10类。

(1) 喜欢画三角形者。

(2) 喜欢画圆形者。

(3) 喜欢画多层折线者。

(4) 喜欢画单式折线者。

(5) 经常画连续性环形图案者。

(6) 喜欢在(小)格子中画上交错混线条者。

(7) 喜欢画波浪形曲线者。

(8) 喜欢在一个方格内，胡乱涂不规则结条者。

(9) 一些爱画不规则之曲线接合圆形的人。

(10) 画不定型而棱角分明者。

而以上10类涂鸦代表的人物性格如下。

(1) 此种人思路明晰、理解力极高，擅于逻辑思维，富有判断力和决断性。

(2) 此种人具有创造力并善于策划。在他的心目中，经常对事物有一定的规划设计，对自己的前途有一定的计划与展望，凡事按部就班，谋定而动，是最佳的策划者和设计者。

(3) 此种人具有高度的分析能力，反应敏捷。

(4) 此种人心理经常处于紧张状态，情绪飘忽不定，折线是内心不安的表现。

(5) 适应力极强，而且善于体谅别人，对人生充满信心；对生活感到满足安全，换句话说，这种人有安全感，对人生充满希望。

(6) 此种人的生命力极强，凡事一往无前，不达目的，誓不罢休。

(7) 是一个随和而富于弹性的人，适应力极强，凡事专向光明面着想，极富朝气。

(8) 此种人心理压力重重，情绪低沉，但却对人生抱有希望，会尽力寻找解决和克服困难的方法。

(9) 此种人豁达大度，玩世不恭，心境经常开放和平，不论顺境逆境，都能应付自如。

(10) 此种人极具有竞争性，事事希望能够胜人一等，千方百计寻找成功之路。

从握手方式看你的性格

握手是常见的礼节。据专家分析，从握手也可以看出一个人的性格。握手方式大致有下列7种，而每种不同的握手方法，均能显出不同的性格。

(1) 出手犹如打拳，而握手时更如击出右勾拳般猛烈，好像要把别人的手握至粉碎为止。

(2) 握手时，手臂不愿长伸，肘的弯度成直角，手近贴身体。

(3) 当你与他握手时，会发现他的手指软弱无力，手也握不紧。

(4) 这种人通常做出滑稽而尴尬的局面。那就是当你伸出手来时，他的手还在口袋中，直到你尴尬地把手缩回时，他才把手伸出来。

(5) 不问为何，总之握手为上的人。

(6) 视握手为例行公事。

(7) 一直握着你的手，直至把话说完为止的人。

分析如下。

选"(1)"者：这种人多是喜欢逞强而自大的人。

选"(2)"者：这种人谨慎、保守。

选"(3)"者：多是悲观者。

选"(4)"者：处事欠缺判断力。

选"(5)"者：内心不安自卑。

选"(6)"者：毫无诚意，做事草率，不值得信赖。

选"(7)"者：这种人或是对你有意思，否则他多是口水多过茶水的人。

第六章 几种基本人际关系的沟通

学习目标

(1) 了解沟通的三大流动方向,领会章节中的案例,并用心加以体会。
(2) 掌握沟通的三大流动方向的沟通原则、沟通技巧,并在实际中加以运用。

技能要求

(1) 掌握沟通三大流动方向的沟通原则。
(2) 学会沟通三大流动方向的沟通技巧,并实际加以应用。

良好的气氛是沟通的关键

新员工小李进店一个月以来,一直不能单独上岗,他自己很着急,经常加班加点"恶补"到很晚,刘经理见状便找其谈话。小李一进办公室,脸涨得通红,支支吾吾半天答不上一句话,谈话继续不下去了。刘经理找来班组主管全面了解小李的情况之后,心中有了底。

第二天,刘经理直接到班组找小李,在空闲时将其叫到一旁与其交谈,从其家庭、学习情况,到其对酒店岗位的认识和了解,慢慢地,小李打开了心扉,话也多了起来,他认识到,原来与上级交流不是件难事。从此,小李在工作上进步很快,不久就能单独上岗了。

管理人员与下属交流时,应该注意营造一个良好氛围,因为良好的气氛是谈话、讨论工作、集思广益的重要前提。

资料来源:https://www.jy135.com/zhichang/781994.html,2022-07-29。

沟通有三种主要的流动方向,分别为与上级的沟通、与下级的沟通以及平行沟通。这三种沟通各有各的特性,现作如下说明。

1. 与上级的沟通

员工向上级陈述意见、提出建议、报告工作进程或提出问题,甚至抱怨、批评或者表达有关意见,都要向上级沟通。

2. 与下级的沟通

组织内高层所拟定的政策、目标、计划,必须向下传达,使部属知晓并遵循。员工教育训练、业务指导以及激励诱导等,也需要由上向下沟通。

3. 平行沟通

同阶层人员的横向联系,包括各单位或个人在工作上的交互作用以及工作外的来往交谈,都需要平行沟通,以促进彼此的了解、关怀和协调,免得产生隔阂而形成本位意识,影响合作与团结。

这三种沟通方向,对任何人而言都是常用的。就算是最高领导,有时也有向上报告的情形。即使是最基层的员工,当情势良好时,也可能感受到向下传达的气氛。这三种流向和身份、职位的关系并非一成不变,同一个人,三种流向都有可能需要应用,都应该多加练习,以利沟通。

向上、向下或平行沟通,实际上是变动的。主管以平行的心态来和部属沟通,部属就应该更加谨慎,以向上沟通的心态来响应。否则主管只好改采向下的心态,部属反而不好受。有些部属,主管对其稍为客气些,便得意忘形,和主管没大没小起来,弄得主管不得不摆出上司的样子,此时部属会觉得没有面子,其实也是一种自作自受。

小贴士

> 现代管理建立在相互沟通的基础上,并非是一种绝对地服从。要想把工作做得更好,只下达命令是不行的,还需要沟通。也就是说要针对一件事情,让大家各抒己见,表达自己的观点和看法,然后进行综合处理。

第一节 实现与上级的有效沟通

人际沟通中最重要的就是与上级沟通。人力资源大师皮鲁克斯说:"一个人必须要精通与领导相处的策略,才能以最完善的方式通向成功之路,因为每个人都不是孤立的,都是处在一定的等级关系之中。"在一个单位里,直接决定你命运的就是顶头上司。因此,面对上级,唯唯诺诺、唯命是从并不是最佳表现,借助沟通,展现个性,凸显才能,方可游刃有余、平步青云。

在工作场合中,上级对员工来说是关系重大的。他能使你节节高升,也可以给你小鞋穿,甚至炒你的鱿鱼。如果你觉得自己得罪了上司,那就需要谨慎思考是在哪些方面做的有问题,为了自己的事业有个良好的发展空间,就一定要学会如何与上级沟通,并能在沟通中让双方的关系正常、健康地发展。

要想使上司对你另眼相看,最实际的就是在工作尽责之外,学会沟通策略,通过下面的案例可以看出与上级沟通的重要性。

案 例

主动提合理化建议

位于日本千叶县的迪士尼乐园,原来叫作"千叶迪士尼乐园",如今改名为"东京迪士尼乐园",这是为了吸引更多的游客而重新命名的。改名前的很长一段时期该乐园处于萧条状态,几乎到了破产的边缘。

就在乐园老板一筹莫展时,员工山本提出了一个绝妙的建议,其内容之一是将"千叶迪士尼乐园"改名"东京迪士尼乐园"。山本向老板解释道:"游客不愿光顾千叶迪士尼乐园,是因为觉得千叶县是个偏僻的地方。而将乐园改为'东京迪士尼乐园',游客们就会认为千叶县离东京很近。实际上,这两个地方离得很远。游客由于产生了这种错觉,就会认为去趟迪士尼乐园很值,都到东京了,顺便去趟迪士尼乐园。这样,游客们到乐园游玩的兴致就能大大提高。"

老板采用了山本的提议。事实果然如此,名字一改,乐园里游客大增,"东京迪士尼乐园"也从此兴旺起来,山本也因此受到了重用。

作为下级,要积极寻求改进工作的方案,提出合理化建议,为上级分忧。

一、与上级沟通的十个原则

(一)了解上司

兵法说:"知己知彼,百战不殆。"清楚领导的背景,他在公司中的历史,以及他的工作习惯、奋斗目标与个人喜好等,这对于新员工大有好处。

一个精明强干的上司欣赏的是能深刻了解他并知道他的愿望和情绪的下属。不要武断地下结论,例如上司没有上过大学,你可能怀疑他会嫉妒你的学位,但事实上,他很可能因为有硕士当自己的下属而感到骄傲。

(二)积极工作

成功的领导大都希望下属和他一样,都是乐观主义者。积极的作风并非只是一种策略,而且是一种态度。一位干练的下属很少使用"难题""危机"或"挫折"等字眼,而把他遇到的困难称为"考验""挑战",并制定出解决办法迎接挑战。

在跟上司谈到同事时,只说他们的长处而不要说短处。这样做既有助于你和别人的合作,亦能增进你善于与别人相处的声誉。

(三)说话简洁

时间是上级最宝贵的东西,所以言简意赅至关重要。办事简洁利索是每名工作人员的基本素质。简洁,并非急急忙忙将许多事情一口气讲完,而是能选择重点,说得直截了当而又清楚明白。

如果必须提出详尽的报告,能使上司在较短的时间内明白你报告的全部内容,最好附上一页摘要。文笔好不但可以展示写作能力,更能反映思考能力,所以下笔前务必深思熟虑。

（四）仔细聆听

善于倾听的人不仅能听见上司说什么，更能听懂他的意思。如此才能够把握问题重点，回答得体中肯。

要注意凝神聆听上司说话，眼睛注视着他，并适时做笔记。上司说完之后要等待一下，用心体会他的意思。也可提出一两个问题，真正弄懂其意图。然后将上司的话简要复述一遍。切记：上司赏识的是那些不必反复叮嘱的人。

（五）保持适度关系

不要使自己和上司的关系过度紧密，以致卷入他的私人生活之中。与上司在机构中的地位归根结底是不平等的，而亲密的友谊则会产生平等化，这往往会起到有害作用。

切勿因为想跟上司维持良好的关系而过分操心，以致影响到个人的创造能力与生产能力，尽量做好自己的工作乃是对待上司的最佳办法。不过，良好的关系有助于增进双方的工作效率。

（六）信守诺言

上司最不能容忍的是言而无信的人。如果你表示能完成某项任务而结果没有做到，你的上司便会怀疑你是否能守信用。

发现自己能力未及时，应尽快向上司说明。虽然他会有暂时的不快，但比起最后失望产生的不满会轻微得多。

（七）解决好自己职责内的难题

下属解决不了自己职责内的困难而把难题上交，会浪费上司的时间，同时也会损害自己在公司的影响力。因此，解决好自己面临的困难，不但有助于培养自己的才能和建立必要的人际关系，还可提高你在上司心目中的地位。

（八）圆通委婉

如果想提出新建议，应尽量收集可用作支持的事实，然后将这些事实加以说明，使上司能够接受此方案。若能提出多种方案更是一个良策，可以列举出各种方案的利弊供他权衡决策。

切勿直接否定上司提到的建议。如果有疑义，最好用提问的方式表示反对。另外，不要害怕向上司报告坏消息，但要注意时间、场合和方法。愿意优雅地向上级告诫"皇帝没穿衣服"的下属，会比一味奉承上司使他做出愚蠢决策的下属更受欢迎。

（九）勤奋工作

早到而不迟退足以显示你的工作热情与对企业的忠心。想多工作一些时候，应在上班之前，而不应在下班之后。因为早上精力充沛，你不会感到疲乏。早到表示"急于着手工作"，迟退则表示"工作还没有做完"。

（十）维护上司的形象

良好的形象是上司经营管理的核心和灵魂。应当经常向上司介绍新的信息，使他掌握自己工作领域的动态和现状。这一切应在开会之前汇报，让上司在会上说出来，而不是由下属在开会时大声炫耀。当上司形象好的时候，下属的形象也就好了。

小贴士

> 作为下属,切忌目中无人,尤其当能力很强的时候,更应该留出一点空间,让你的上司立足有余。这是一种与上司相处的艺术,也是一种求己生存的手段!

二、与上级沟通的几个技巧

(一)处理好与直接上司的关系

1. 为上级出谋划策

不要以为出谋划策是上级的事,员工只要听从指挥就行了。只要提出的意见是可行的、有利于工作进展的,上级会对你另眼相看。

案 例

妙计吸引客源

日本有家乡间旅店,由于地理位置不佳,生意一直很萧条。一天下午,旅店老板望着后面山上的一片空地出神,忽然间,他的脸上露出笑意,想出了植树使旅店生意火起来的妙计。

但由于旅店生意冷清,也缺乏资金植树,老板整天闷在屋子里发愁。一天,一个员工提醒老板:"能不能想办法让顾客种树?"老板茅塞顿开,马上与这名员工商量怎样才能让顾客种树。第二天,该旅店登出了一则别出心裁的广告。

"尊敬的旅客,您好!本店后面的山上有片空地,宽阔而幽静,特为旅客朋友种植纪念树所用。如有兴趣,不妨种下小树一棵,本店将派专人为您拍照留念。树上可留下木牌,刻上您的尊姓大名以及植树日期……"

广告一出,旅客们纷纷携树而来,没过多久,旅店后山已是满眼绿色。那些栽过树的人,也常来这里看望,旅店从此夜夜灯火通明。旅店生意的好转,完全是因为那名员工的妙计,老板也为他记了一功,并给了一定的奖赏,以示感谢与鼓励。

其实上级最需要的不是唯命是从的员工,而是富有创新精神、才智谋略的好助手。要想得到上级的赏识,在关键时刻挺身而出帮助上级,是让上级对你另眼相看的最佳途径。

2. 勇于为上级做出牺牲

案 例

懂得和领导沟通交流?把握5点原则,打通领导沟通壁垒

职场中很多人都害怕和领导交流,甚至患有权威恐惧症,对领导产生刻意回避心理。公司聚餐铁定坐在离领导最远一桌,平时工作汇报、打交道能尽量不见领导就尽量不见,迫不得已见了领导,大脑空白不知道说什么,放下汇报材料就匆匆离开了。

如果公司人少,领导还能记得你是谁,但也不会太重视,公司人多,那领导可能连你是谁都不知道,在这种情况下何谈被重视,甚至是升职加薪呢?

很多人害怕和领导交流,很多时候是不知道要说些什么,或者怕被批评。因此,在和领导交流汇报工作的时候,需把握以下四点原则。

(1) 请示问题时,请准备好方案。

职场有些人没有太多主见,一遇到问题就请示领导,把问题扔给领导解决,自己只要听从安排就好。然而,公司花钱请员工来工作,是让员工帮忙解决问题的,而不是把所有问题扔给领导,如果以这样方式去请示,自然没有好果子吃。

所以职场人在向领导请示问题的时候,要学会自己先整理出1~3个问题的解决方案供领导决策,这样领导通过你的方案也了解你的工作能力。如果你的方案每次都能被领导采用,时间久了,领导就会放权让你解决某些问题,受到重用。

(2) 汇报工作时,厘清思路说结果。

有些人向领导汇报工作的时候洋洋洒洒地说一堆自己的辛苦,半天都没说到结果,会让领导感觉你做事抓不到重点,甚至没耐心听完你的汇报。因此,汇报工作的目的是告诉领导工作的结果,自己的辛苦、努力不用去说。在职场以完成任务为第一要务。职场以成败论英雄,汇报工作直接亮出好成绩,用成绩来证明自己的能力。

(3) 总结工作别啰唆,把工作流程讲清楚。

总结工作的时候别啰唆,不要事无巨细全部罗列出来,会让领导听不到你的工作的重点。总结工作的时候,应当注意把工作流程讲清楚,如何开展、如何进行、取得成果,简洁明了。和汇报工作的不同在于,一个注重流程,一个注重结果,分清各自重点即可。

(4) 领导关心自己时,讲过程。

有时候遇到一些突发事件,比如家人生病,领导会找下属了解情况,以示关心,这时我们需要向领导讲一下事件的过程,并且表示对领导的谢意。

(5) 非工作时间聊兴趣。

和领导聊天不一定全是工作,也会有放松闲聊的时候,这种时候,我们可以聊各种生活中的事件,如热点新闻、赛事等。根据领导的反应来推断他的兴趣爱好,找到共同的话题展开聊天。

资料来源:http://news.sohu.com/a/530751081_120012602,2022-03-18。

作为上级,难免遇到棘手的事情,这时往往人人向后躲,生怕撞上马蜂窝。作为一个聪明、有魄力的下级,在这种时候,理智的做法不是往后躲,而是站出来为上级做出牺牲。上级的眼睛是明亮的,谁付出得多,他心里最清楚。对于勇于为他做出牺牲的人,他是绝不会亏待的。

(二) 让上司关注的方法

1. 不时向自己的上司"请教"

有些东西明明你懂得比他还多,但你还是要尊重他的职位,和他讨论某项计划,请他"指点指点"。上司看到你如此尊重他,当然就对你放心了。不过,如果你"请教"之后,一个"指教"都没采纳,那也许会得到相反的效果。因此,你的计划与行动要多多少少考虑上司的"指教"——他对此一定很在乎。

2. 不要忘记赞美你的上司

要记住,员工需要上司的夸奖,上司其实也需要下属的赞美,尤其是在上司的领导在场的情况下。你对他的赞美,一方面,表明了你对他的服从;另一方面,你也替你的上司做了一次公关活动,他怎不对你心存感激!

3. 在上司面前不要计较个人得失

如果你喋喋不休地向上司提出物质利益要求,超过了他的心理承受能力,在感情上,他会觉得压抑、烦躁。如果"利益"是你"争"来的,上司虽做了付出,但并不愉快,心理上会认为你是个"格调"较低的人,觉得你很愚蠢。如果你的上司是个糊涂虫,与他争利益得失,反倒会把你的功劳一扫而光。"利"没有得到,"名"也会丧失。

最好的办法是让上司主动地给予,而不是你去"争"。但在你的作用最不可取代和上司离不开你时,你的待遇与你的价值又过分背离,你也可以婉转地点到为止。

(三) 处理好上司的发火

1. 先让上司把火气发出来

对待上级领导地发脾气,最好的办法是"以静制动""以柔克刚"。硬起头皮来洗耳恭听,正确则虚心接受,不对则事后再找机会说明,这比马上辩解,风助火势,火上浇油要高明得多。因为对情绪尚处于激动状态的上级领导做任何辩白,在效果上都是徒劳的,甚至会适得其反。

2. 先道歉,再做事后解释工作

当受到上级领导的责备和训斥、在其火气正盛时,解释的话是多余的。但是,你可以找机会在其他时候把问题解释清楚。

一般来说,人们发完脾气后,都是会有些懊悔。最好的方法是在上级领导发完脾气、安静下来后,再找个时间做解释。而且,最好能经过一个夜晚的间隔,使上级领导有时间平息心境,反省自己的态度、措辞和方式方法问题。

作为负责一方或一面事务的中层领导,如果你的确做错了事,一定不要羞于见上级领导,或害怕再被训斥。高明的上级领导是绝不会为同一个问题动两次肝火的,但你在事后深刻地检讨和表明决心却是十分必要的。因为这表明,你并没有忽视上级领导的训话,并且进行了自我反省,希望有机会进行改正。

如果上级领导对你的责难是错误的,你就更应该在事后澄清,洗去不白之冤。但是,虽然真理在手,你仍要讲究策略。具体的技巧是,先承认自己的一点错误,然后话锋一转,向上级领导解释事情的真相和原委。

3. 拿出实际行动

有时候,上级领导发脾气,你一言不发也决非万全之策。当需要解决问题时,面对上级领导怒气冲冲地质问,你最好的办法是拿出实际行动来。事实胜于雄辩,行动胜于表白。如果你在工作中的确出现了失误,在上级领导发火之余,你一定要积极地展开行动,使错误得到补救和改正。

因为这说明,上级领导的话已起了作用,拿出实际的行动是最好的"败火剂"和"清凉剂"。如果你受了委屈,并且有确凿事实或材料加以证明,那不妨坚持一下自己的看法,用事实而不是用解释来证明自己。但要注意,你一定不要暴跳如雷,针锋相对,而是要镇静自信,并且说话言简意赅。

> **小贴士**
>
> 作为下属,要想与上级领导融洽相处,重要的是你必须考虑到他的目标和压力。要进行换位思考,试着站在上级领导的地位看问题、想问题。

(四)面对上司的冷落

1. 调整好自己的心态

大凡事业有成者都是调整自我的高手,即使是在逆境中也能把握自我,保持心态的某种平衡。

中层领导受到冷遇时,最高明的办法莫过于坦然地接受它,并努力使自己的心态做到平和,不为逆境所困扰、所挫伤,使自己的精神永远不能被打败。调整心态,不是一时的权宜之策,是今后做好工作所不可或缺的修行。失意会给你一个使自己更加坚强的机会,而这种坚强又是事业有成的一个重要因素。

2. 不断"充电"武装自己

受上级领导的冷落,并不意味一生就失去了发展的机会,中层领导应该认识到这点。同时,为迎接这种机遇做好最充分的准备。而其中最好的准备莫过于武装自己,充实自己,增长自己的才干。因为万事都在变,养精蓄锐等待时机,是成大事的人应有的心态。

有时候你不得领导赏识,可能确实是因为工作能力不佳,不能够胜任上级领导分派的工作,或不能与上级领导形成心有灵犀的合作关系。这时你更应该为自己补课了。

在受上级领导冷遇的日子里,你可以从繁忙沉重的工作负担中解脱出来,拥有一片闲适的自由空间。在此期间,可以去大学进修、考取一项职称、读读史书或者去完成一项思虑已久却没空去做的任务。不颓废,不绝望,用心去做,就会有收获。

3. 增加与领导的接触

有许多时候,上级领导冷落某一个中层领导,是因为他不大了解他,没有深入地知道他的才干,或者对他的忠诚没有把握。因此,在中层领导尚未得到重视之前,是很难得到上级领导重用的。很多时候,这就是中层领导被上级冷落的一个原因。属于这种情况的,中层领导就应该采取主动措施加强与上级领导的沟通和接触,或者注意提高自己的知名度。

(1) 有意识地去寻找与上级领导交流的机会,如请教一个问题、提出一个建议、与领导聊天等。

(2) 不妨在某一领域一显身手,从而引起上级领导的注意,如跳舞、书法、写作等。

(3) 通过增加在上级领导面前出现的频率,增加上级领导对自己的印象和兴趣,为交流奠定某种心理基础。

(五)如何巧妙地拒绝上级

1. 以委婉的方式表达自己的立场

在拒绝、反驳上级的时候,应委婉地提出自己的观点,这样既可维护上司的面子,也能让他感觉你说得很有道理,从而容易使上级改变原来的主张。

案例

委婉的表达方式

约翰·沃德爵士于1599年出版了著名的传记小说《亨利四世》。但出乎他意料的是，这差点儿给他招来了杀身之祸，因为当时的伊丽莎白女王认为作者是借古讽今，在含沙射影地抨击国家的现行政策。于是，女王召开大会，决定以谋反罪对沃德提起诉讼。

培根读过此书，了解作者的一片苦心，便站起来表示反对，极力为作者开脱。他说："我不敢保证这本书里没有谋反的证据，但我敢说，书里确实有不少重罪的证据。""你怎么知道？"女王急切地问。

"在他从古罗马历史学家泰西塔斯那儿剽窃来的好多段落中，就能找到这类罪证。"培根回答。他说完，立刻把资料找出来对证。女王见培根所言属实，又见他说话十分风趣幽默，便不再追究此事。

培根所言是要证实约翰·沃德爵士并没有写讽刺意味的语句，只是引用了别人著作的原文，但他没有直接说约翰·沃德抄袭了泰西塔斯的文字，而是以另一种形式表达出来。这种委婉的表达方式成功地替约翰·沃德洗脱了罪名，可谓反驳上级的绝佳技巧。

2. 借助于他人的力量

当上级要求你做某件事，你想拒绝但又不好说出口时，不妨请来两位同事和你一起到上级那里去，借助他人达到拒绝的目的。

去见上级之前，你要与同事商量好，他们两个谁是赞成的一方，谁是反对的一方，然后与上级争论。争论一会儿后，你再向反对的一方靠拢，说："原来是这样，那可能太勉强了。"这样一来，就可避免直接拒绝上级，而表明自己的态度。通过这种方法，上级会认为"大家是经过讨论之后，才做出这种结论"的，而包括上级在内的所有人，都不会觉得哪一方受到了伤害，从而上级会自动放弃原来的想法。

对上级说"不"的时候，一定要注意方式，采用一定的技巧，使拒绝巧妙而见成效。拒绝上司决不能用生硬的语气，言辞不能过于直白，对于如何运用技巧，运用什么样的技巧，应因时、因地、因人、因事灵活机动地随机应变。

小贴士

"激"出上司的同情心

世界上所有的人差不多都具有同情弱小和怜悯困难者的情感，利用上司善良的同情心说低头话，如果运用沟通的方法恰当，即使对方铁石心肠，也能收到"以情感人"的奇效。因为大凡能激发人的公正之心、慈悲之心和仁爱之心的事情，都能引起人们的同情和帮助，都能使人在帮助他人之后产生一种伟大的济世之举。

第二节　实现与下级的有效沟通

优秀领导者的主要任务之一，就是能够不断地提高下级的干劲，使下级的能力有所发挥。作为领导要切记：下级不是宣泄的对象，而是与你并肩作战的伙伴。凭借沟通，我们将得到一个和谐愉悦的全新团队。

如何才能叫下级信服，充分发挥其能力呢？可以用孙权的一句话概括："贵其所长，忘其所短。"对下级的缺点或短处，不必在意，使他的能力得以在毫无牵制地情形下尽情发挥。

一位知名企业大中华区的总裁在员工祝酒会上说："我真心地期望大家成功，只有你们每个人都成功了，我才能成功，我们的公司才能成功！"

有些企业领导人错误地认为：决策是领导做的，部下只需要执行上级决策，不需要相互沟通。其实沟通是双向的。领导要使决策合理和有效必须要广泛收集信息、分析信息，才能做出科学判断。

如果企业管理者不信任自己的员工，不进行必要的沟通，不让他们知道公司的进展，员工就会感觉自己被当作"外人"，轻则会打击员工士气，造成部门效率低下；重则使企业管理者与员工之间相互不信任，产生严重隔阂，无法达成共识，员工有时甚至会误解领导的意图，认为决策是领导的事，与员工无关，而消极抵抗。

在实际生活中，影响对下沟通的主要因素就是领导没"心"，缺少热忱。一些企业领导也注意跟员工沟通，但是由于没有交心，隔靴搔痒，沟通的效果也就大打折扣。上级对下沟通，关键是要一个"诚"字，用心去沟通。

作为一名企业管理者，要尽可能地与员工们进行交流，使员工能够及时了解管理者的所思所想，领会上级意图，明确责权赏罚。避免推卸责任，彻底放弃"混日子"的想法。而且员工们知道得越多，理解就越深，对企业也就越关心。一旦他们开始关心，他们就会爆发出数倍于平时的热情和积极性，形成势不可当的力量，任何困难也不能阻挡他们。这正是沟通的精髓所在。

一、与下级成功沟通的六个原则

（一）发挥下属的能力

在企业面临激烈竞争、既定目标总达不到的情形下，如果想让组织活跃起来，就需要每位职员在自己的岗位上勤奋地工作。能否使下级有这种干劲，是领导者的首要任务。如何才能叫下级信服，充分发挥其能力呢？

案　例

善 用 其 能

三国时期，局势混乱，权谋纵横其间，在这方面孙权似乎难望曹、刘之项背，但孙权仍能凭借江南地势，与曹操、刘备抗衡，并且有了相当的发展，除了其过人的才干之外，巧妙地统率部下是关键之一。

首先,孙权拥有众多的优秀人才,那是因为他对部下的缺点不斤斤计较,而让部下展其长才,以此手腕难怪能得天下诸多英才而用之。其次,依赖自己所栽培出来的部下,把实权交给他们。正因为孙权培养了众多优秀人才,并善用他们的特长,而与双雄形成鼎足的局面。

(二)调整自己的态度

领导者只有以冷静沉着的态度,才能做出精确的决断,《孙子兵法》中说:"主不可怒以兴师,将不可愠以致战。"荣辱不惊才是大将风度。

案 例

谢安喜不形于色

西晋之后,东晋偏安江左,建都建康,当时北方民族势力日益强盛,不断地以武力胁迫东晋,使得司马王朝深受其苦。当时东晋由谢安执掌相权。有一次,北方前秦大举南侵,以号称百万的大军渡江南来,而东晋迎敌部队只有数万人,以寡敌众的例子虽然不少,但兵力如此悬殊,连东晋人民都失去了信心,人人准备再临劫难。

而宰相谢安虽处于这种非常不利的局势中,却异常冷静沉着。当他一切准备妥当后,便悠闲自在地饮酒下棋,好像不知前方有战事似的。

在谢安的运筹下,东晋艰难地打败了前秦,获胜的消息很快地传回在京城的宰相谢安处,这时谢安正与人对弈,看完捷报后,他仍若无其事地下棋。

"有什么重要的事吗?"客人好奇地问。

谢安答道:"没什么,不过是前方的将士打败了敌人而已。"在客人面前,即使是大军获胜,谢安也依然不改其沉着的态度。送走客人后,谢安返回屋内,一不小心脚踢到了门槛,撞断了木鞋的鞋齿,但谢安竟毫无所觉,原来他是将喜悦之情硬生生地压制在心中。

其实,这正是领导者必须具备的素质之一。

(三)对下属要宽严相济

上级对于下级,应是慈母的手紧握钟馗的剑,平时关怀备至,犯错误时严加惩罚,恩威并施,宽严相济,这样方可成功统领。

每一个领导者都应具备慈母的手、慈母的心。对于自己的下级,要维护和关怀。因为,他们是你的同路人,甚至是你的依靠。也只有如此,才能团结他们,共达目标。

案 例

批评的学问

三洋机电公司前副董事长后藤清一先生年轻的时候,曾在松下公司任职。有一次因为一个小错误,他惹恼了松下幸之助。当他进入松下幸之助的办公室时,松下幸之助气急败坏地拿起一只火钳死命地往桌子上拍击,然后对后藤清大发雷霆。后藤清被骂得狗血喷头,正欲悻悻离开,忽然听见松下幸之助说道:"等等,刚才因为我太生气了,不小心把这只火钳弄弯了,所以麻烦你费点力,帮我弄直好吗?"

后藤无奈,只好拿起火钳拼命敲打,而他的心情也随着这敲打声逐渐归于平稳。当他把敲直的火钳交给松下幸之助时,松下看了看说道:"嗯,比原来的还好,你真不错!"然后高兴地笑了。

批评之后,反以题外话来称赞对方,这是松下幸之助的高明之处。

松下幸之助认为,经营者在管理上宽严得体是非常重要的。尤其是在原则和制度面前,更应该分毫不让,严厉无比;对于那些违反了条规的,就应该举起钟馗剑,狠狠砍下,绝不姑息。松下幸之助说:"上级要建立起威严,才能让下级谨慎做事。"当然,平常还应以温和、商讨的方式引导下级自动自发地做事。当下级犯错误的时候,则要立刻给予严厉的纠正,并进一步地积极引导他走向正确的方向,绝不可敷衍了事。所以,一个上司如果对部属纵容过度,工作场所的秩序就无法维持,也培养不出好人才。

(四)与下属要坦诚交流

近年来,一些竞争力强的美国公司纷纷成立"员工协助"单位,目的在于提供员工心理保险,以解决员工的个人与家庭问题。

无论你的公司是否有这种管理制度,关心员工的心理健康已成为现代管理趋势中较重要的一环。要做好这种心理辅导工作,管理者首先应与员工面谈。

面谈时要注意下列原则。

时间上选择一个星期中的前几天而不是接近周末的后几天,选择早上而不是下班之前。选择让员工感觉有隐私的地方,譬如办公室附近安静的咖啡厅,可供散步的花园或公司内的会议室,以使得面谈的过程不受干扰,让员工轻松自在地和盘托出。

使用"我"而不是"你"的关心语言。如"我对于你造成的意外事件感到焦虑不安",而不是"你这样焦虑不安,以致引起许多意外事件";"我对你的不理睬命令感到生气",而不是"你用不理睬命令的方式激怒我";"我要与你谈谈",而不是"你来找我谈谈"。

注意聆听而不作任何建议或判断。此外,要将谈话的内容保密,会谈后不与其他同事讨论细节。

不良行为来自各方面:容易生气、悲哀或恐惧,感到孤单、忧郁、情绪不稳,酗酒或吸食药物。亲朋好友的去世,高度的压迫感,无法专心,容易失眠,有自杀的想法,有体重肥胖的烦恼,缺乏自信,害羞,对工作、对自己或对这个世界感到悲观,人际关系不良,缺乏激励自己的欲望,家庭及经济的困扰。

(五)让下属发表意见

松下允许员工当面发表不同意见与不满。第二次世界大战前期,有一位候补员工向松下再次表达过不满。那时的松下电器员工分一、二、三等和候补四级。这位候补员工迟迟未获升迁,就直截了当地对松下说:"我已经在公司服务很久,自认为对公司有了足够的贡献,早已具备了做三等员工的资格。可直到现在,我也没有接到升级令。是不是我的努力还不够?如果真是如此,我倒愿意多接受一些指导。其实,恐怕是公司忘了我的升级吧?"

松下对此很重视,责成人事部门查处,还真办了升级手续。接着,除了立即发布升级令外,松下明确表示,非常赞赏员工这种坦白的请求。松下鼓励大家把不满表达出来,而不是闷在心里。如此就不会增加自己的内心痛苦,对公司也会有很多好处。

(六)让下属大胆去做

作为领导者,不要过多干涉员工去做自己的工作,放手让他们去做就可以。只有在一个目标明确,又有充分自由空间去实现目标的环境下,员工才有可能最大限度地发挥自己的才智。如果规定了他们的工作目标,又为他们划定了许多做事的条条框框,他们当然就失去了行为的主观能动性。所以培养员工拥有自己的头脑,发挥员工的智慧是大有必要的。

离开员工是检验领导者是否成功的最好方式。如果你已经能够培养员工按照你所构想的方式去做,如果你让他们真正承担起自己的责任,如果你能让他们自行其是,那么,当你离开的时候,所有的一切可以照样圆满地完成。

作为领导者,你只需为员工指引方向,而且这一方向不应在三个星期或三个月内就做出改变。即使出现一些问题,员工也应该像你一样能够妥善地处理。当然,如果是一个十分重大的问题,那他们不可能自行其是,必须报告于你。

小贴士

> 只有能进行有效沟通的领导,才能真正激励员工,从而成就自己、成就事业。

二、与下级沟通的几个技巧

(一)让下级知道你关心他们

每个人都有自己的尊严,都希望得到别人的认可。而上级对下级的关心,对下级倾注的感情,尤其是对下级生活方面的关怀与照顾,可以使他们的这种尊严得到满足。有许多身居高位的大人物,总会记得只见过一两次面的下级的名字。如果在电梯或门口遇见时,点头微笑之余,叫出下级的名字,就会令下级受宠若惊,感到被重视。

领导对于下属,不仅仅是在工作上的领和导,还应在下级的生活方面给予一定的关爱。特别是下级碰到一些特殊的困难时(如意外事故、家庭问题、重大疾病、婚丧大事等),作为领导,此时应伸出温暖的手,才是雪中送炭。下级这时会对你产生一种刻骨铭心的感激之情,并且会时刻想着要如何报效于你。他时刻像一名鼓足劲的运动员,只等你需要他效力的发令枪一响,就会冲向前去。这时的"雪中送炭"比"锦上添花"更有价值。

(二)宽容大度、虚怀若谷

案 例

大 将 风 度

公元 199 年,曹操与实力最为强大的北方军阀袁绍对峙于官渡。袁绍拥兵十万,兵精粮足;而曹操的兵力只有袁绍的十分之一,又缺粮,明显处于劣势。当时很多人都以为曹操必败无疑了。曹操的部将以及留守在后方根据地许都的好多大臣,都纷纷暗中给袁绍写信,准备一旦曹操失败便归顺袁绍。

半年以后,曹操采纳了谋士许攸的奇计,袭击袁绍的粮仓,一举扭转了战局,打败了袁绍。曹操在清理从袁绍军营中收缴来的文书材料时,发现了自己下属的那些信件。他连看也不看,命令立即全部烧掉,并说:"战事初起之时,袁绍兵精粮足,我自己都担心能不能自保,何况其他的人!"这么一来,那些动过二心的人便全部都放了心,这对稳定大局起了很好的作用。

曹操的做法的确非常高明,它将已经开始离心的势力又收拢回来,没有气度的人是无法做到的。作为领导,就应具有这样的胸怀,只有这样下属才会尽心竭力为他做事。

(三)诚心接受下级的意见

卡耐基承认,每当有人开始批评他的时候,只要他稍不注意,就会马上很本能地开始为自己辩护——甚至可能根本不知道批评者会说些什么。卡耐基说,每次这样做的时候,他就会觉得非常懊恼。每个人都不喜欢接受批评,而希望听到别人的赞美,也不管这些批评或赞美是不是公正。

领导者应该有足够宽阔的心胸,能够容纳下级的批评,以此来不断促进自己的工作。一个合格的领导者应向员工传达批评与自我批评的观念,最有效的方法莫过于当面痛快地承认自己的过错。领导者必须能够勇于接受下级的批评,否则就不可能在批评他人时有说服力。即便是听到那些不很审慎的坏话,也不要先替自己辩护。

身为领导者,有必要表现得与众不同,要谦虚、明理,要成为下级模仿的榜样。只有这样,领导者才能依靠自身,而不是凭权力去赢得别人的喝彩。

(四)正确对待下属的越级沟通

在你的部门里,是否经常有人越过你直接向你的上司提出意见或建议?你是否曾为这样的沟通而苦恼过?如果有,说明你的组织存在着越级沟通现象。这里仅讨论常见的、简单的、自下而上的越级沟通形式。

下属产生越级沟通的基本条件:一是下属认为他通过与其主管的中层领导进行信息沟通无助于问题解决,或不能满足其沟通期望,如晋职、提薪和对部门的合理化建议等;二是员工认为只有越级沟通才是解决问题的最优方式,才能达到沟通效用最大化和目标最大化。越级沟通只有满足了以上两个条件,才成为可能。

面对下属的越级沟通,中层领导应持以下态度。

1. 要肯定下属的越级沟通行为

一方面,下属实施越级沟通面临着巨大风险,需要有一定的胆识。这些风险主要有:组织高层领导可能不采纳自己的建议而自讨苦吃;直接上级知悉此事的负面压力,引起周围同事的警惕、疏远以及冷眼旁观;引起下属更大范围的模仿等。另一方面,下属相信会引起高层领导重视才实施了越级沟通,因而可认为这些人对组织具有较高的责任感和信心,尤其是那些以组织发展为沟通目标的越级沟通行为。

2. 不提倡对越级沟通的事大包大揽,要讲究分层管理

高层领导对下属的越级沟通可予以肯定,但不必事事都要亲力亲为。高层领导不可能也不应该淹没在冗杂的日常事务上,而要把精力放在组织重大决策和进行战略思考上。因而对沟通的内容和形式要有一定的要求,切不可事无巨细都包揽起来。要根据组织规模、结构层次,实施有效的面向越级沟通的分层管理体系。

3. 倡导下属沟通的信息对事不对人

越级沟通有别于"打小报告",要强调越级沟通是面向组织的而非针对个人,上级领导要有保护好中层领导的姿态。一方面,对于中层领导而言"心无余悸",越级沟通能够接受;另一方面,唤起组织成员有效的民主参与意识,形成沟通"无级限"的气候。另外,对涉及的问题要先从组织全局、部门工作入手,切勿直接针对个人,甚至作为考评主管的依据或实施个人报复的材料。

4. 对沟通信息要有反馈

反馈是沟通有效实施的根本。高层领导对沟通内容要进行信息加工和处理,要给中层领导以反馈,力求营造"大事小事有人谈,大事小事有人管"和"人人关心组织,组织关心人人"的良好组织氛围。

(五) 帮助下属改进工作方法

下属工作不力,该怎么办?是声色俱厉、横加呵斥,还是越俎代庖、亲力亲为?不同的人有不同的看法。其实,最明智的做法是深入调查,找准下属工作不力的原因,从而对症下药,帮助下属优质高效地完成工作任务。具体来说,对策有以下四点。

(1) "导"。下属工作不力,思想不顺,认识不高,态度不端是原因之一。有的对你安排的工作不满意,或者与你之间有矛盾,以致干起活来情绪低落、心不在焉;有的因某种原因,对你分配的工作的重要性缺乏足够的认识;面对这种下属,中层领导应该头脑冷静,耐心细致地加以引导。一要放下架子,亲近下属,听取意见和呼声,把准思想脉搏,缩短上下级之间的心理距离;二要帮助下属理顺思想,消除疙瘩,振奋精神;三要帮助下属正确认识自己所承担的工作的重要性,勉励其积极主动地把工作做得又快又好。

(2) "扶"。胆量不大、能力不强,往往也会使得下属工作不力。对待这样的下属,决不能轻言放弃,闲置不理。因为这些下属并非真的是天生迟钝的懦弱无能之辈,有的还很具潜力,只是缺乏培养锻炼。倘若着意雕琢,他们是完全有可能成才的。况且合适的人选短时间内难以找到,即使自认为找到了,干起活来也未必真行;何谓"扶"? 就是不断创造机会,让其在实践活动中提高素质、增强能力和胆识。

(3) "逼"。有的下属工作不力,完全是因为惰性太强,懒散成性。但这样的人往往脑子好使,行动起来爆发力强。他们之所以不能按质如期完成工作任务,主要原因是律己不严、自由散漫、工作缺少紧迫感,习惯于到"火烧眉毛"之时方欲认真"作答",无奈时间所剩不多,只得糊弄几下,硬着头皮交差。调教这种下属,最有效的办法就是增加压力、加强督促、时常鞭策,一个"逼"字足矣。

(4) "换"。对于实在不能胜任工作的人,也只能采取能上能下的办法,请其另谋高就。但有几个前提,一是他各方面的素质和能力确实不适合现岗位,属于当初选人时没有把握准,这是常会发生的事情,不要有顾虑;二是要提前有后备的更强的人选供你使用;三是你在之前出于与人为善的心态提醒和帮助过下属,并与你的上级进行了必要的沟通。

案 例

开明的老板

玛丽小姐是一位食品包装业的行销专家,她的第一份工作是一项新产品的市场测试。可是,她却犯了一个大错,导致整个测试都必须重来一遍。当她开会向老板报告时,她恐惧得浑身发抖,以为老板会狠狠训她一顿。可是老板并没有像她想象的那样,而是谢谢她的工作,并强调在一个新计划中犯错并不是很稀奇的。而且他有信心等待第二次测试对公司更有利。老板保留了玛丽的面子,使她深为感动。果然第二次测试她进行得十分成功。

(六)纠正下属的"老毛病"

一些下属由于受工作和生活环境中不良习惯的影响,日积越累,便会形成"老毛病"。诸如办事粗心、拖拉现象严重,经常迟到早退,或者贪杯误事等。中层领导者在对待这一问题上,既不能听之任之,也不能过于苛求,而要宽严适度,正确对待。

1. 暗语相示巧点醒

(1)可以给那些下属一个失望的眼神,一声无奈的叹息,让他们察言观色,反思自己的行动,然后进行自我剖析和改正。诸如对那些上班爱迟到、工作中爱聊天和搞小动作的下属,就可假以辞色。

(2)可以通过一些幽默的解嘲或调侃来对待那些办事拖拉、粗心大意的下属,既给他们施加一种无形的思想压力,同时也给他们一个台阶下,使他们去认识和改正自己的"老毛病"。

(3)可以采取"放一放"式的冷处理,让那些经常因"老毛病"影响正常工作的下属尝尝受冷落的滋味,让别人暂时代替其工作,然后迫使其改正。

2. 直言相告善批评

既然是"老毛病",有时候就具有较强的反复性,如果点醒不能促使其提高觉悟或改正,那么就应该采取批评的办法来解决,但前提应是一个"善"字。因为,善意的批评能够更好地使下属认识和改正自己的不足,进而增强工作积极性。如果不是这样,一味地认为批评是公事公办,那么就不易把握分寸。批评不到位,无济于事;批评重了,容易引起下属的反感,出现事与愿违的结果,挫伤下属的工作积极性。

因此,在批评时,首先,要开诚布公,直言相告。通过"老毛病"做工作,分析利害,动之以情,晓之以理,并热心地为其指明改进的方向。其次,要抓住要害,有的放矢。对那些错误性质比较严重的下属,可当众点名批评,限期改正,以观后效,但不能泛泛而批,或者是乱扣"帽子",影响群体情绪。最后,要把握分寸,适可而止。不能因为下属有"老毛病"就大会"批"、小会"点"。那样不仅不利于领导者正确处理与下属的人际关系,而且会让下属认为领导度量狭小、不能容人,进而影响领导形象和工作。

3. 强化管理严奖惩

(1)要根据单位的实际工作情况和现状,建立健全各项工作制度。只有靠制度来约束下属,消除"老毛病"存在的温床,才能有效防止"老毛病"给工作带来的危害。

(2)管理要有针对性和灵活性,可以根据实际情况和部门的职责任务,明确指出禁止什么,反对什么和提倡什么,要紧贴实际,让下属能自觉接受,但也不能过于宽松,让下属钻空子,以致达不到初期的目的。

(3) 制定适当的奖罚措施,在工作中给予那些比较顽固的下属一定的经济处罚,让他们体验到另一种切"肤"之痛,并记住教训,更好地去工作。但处罚一定要考虑其承受能力,对处罚的经济收入要正确使用,做到方法得当,奖优罚劣,公道合理,而不能有营利之目的。或者奖罚不明,使下属产生抵触情绪,因小失大,酿成后患。

(七)处理员工上班时间办私事

作为中层领导,要处理员工在工作时间办私事的问题,得先找出原因,然后可就不同的情况,作弹性处理。

有些职员在工作时间办私事的原因,是因为他的工作岗位过于清闲、无事可做,唯有找别的事情打发时间。中层领导可给他安排较多或较有挑战性的工作,情况会自然地改善。

现在有不少员工有数份兼职,由于工作之余没有足够时间应付兼职工作,于是便利用正职的工作时间。或许他的工作能力较强,尚能应付工作"量"的要求,但在"质"的方面,可能是马虎了事。对待这些员工,你要清楚地表明立场,要求他不要在办公时间另赚外快;在下班后,如果他的兼职工作没有与公司利益发生冲突,你便无须提出严格的要求。

令员工遵守公司的纪律,当然是中层领导的职责,但切勿忘记你要做一个有人情味的中层领导。有些情况下,员工办理私事是情有可原的,例如员工家庭发生事故,或者只在工作较清闲时,偶然打私人电话。如果在上述情况下仍要严格执行纪律,终会招致员工的反感,在有需要时,很难要求他们通力合作。

(八)处理下属的"抵抗运动"

假如你刚成为某公司或单位的一名中层领导,而一群老牌员工总是与你作对,从第一天起就不服管教。那么,你该怎样对待这一难题呢?

迎接挑战的最好办法是保持与该群体经常性的接触与双向沟通,比如在拟定部门计划与目标时请他们也参与进来。还有这些员工在设计有助于部门工作目标和私人目标的过程中,你积极给予指导和支持,会让他们感到鼓舞。

> **小贴士**
>
> **批评下属要讲究方式方法**
>
> 批评下属也是一门领导艺术,如何对待犯错误的下属,是领导者必须慎重对待的一个大问题。处理得当,双方满意,可以促进工作;处理不得当,则可能为自己树敌,增加工作上的阻力,应注意批评惩罚的尺度,方能惩前毖后,一箭双雕。

第三节 实现与同级的有效沟通

平行沟通最难,因为大家职务相当,不可以带有丝毫指令,必须把握"敬人者人恒敬之"的原则,由尊重对方做起。关键在于建立自己的沟通信用,使同人充分了解自己"不爱占便宜"的作风。"多琢磨事,少琢磨人",是处理好同事关系的一条原则。

要知道善于与他人团结协作的人,大都会取得事业上的成功,因此合作是许多成功人士的共同特征,而且合作本身就是一件快乐的事情。有些事情人们只有互相合作才能做成,不合作彼此都得不到好处。

现实生活中,平级之间以邻为壑,缺少掏心掏肺的沟通和交流,因而相互猜疑或者互挖墙脚。这是因为平级之间都过高看重自己的价值,而忽视其他人的价值;有的是人性的弱点,尽可能地把责任推给别人;还有的是利益冲突,唯恐别人比自己强。

一个优秀的企业,强调的是团队的精诚团结,密切合作。因此平级之间的沟通十分重要。平级之间要想沟通好,必须开诚布公,相互尊重。如果虽有沟通,但不是敞开心扉,而是藏着掖着,话到嘴边留半句,仍然达不到沟通的目的。

一、与同事有效沟通的五个原则

(一)主动帮助他人

不要错误地认为帮助别人,自己就有所牺牲,别人得到了的自己就一定会失去。实际上,帮助别人也是帮助自己,你在帮助别人的同时收获了快乐,这就是付出得到的回报。

(二)主动参与集体活动

在团队中,每个成员都应具有奉献精神,贡献自己的聪明才智。如果你不敢抛头露面,不敢大胆地表述自己的观点,或觉得你的观点不如他人的有价值,那么,你就无法培养自己的社交能力,也无法赢得团队中其他成员对你的认识和尊重,更无法对团队的决定施加影响。

(三)积极表述自己的观点

清楚地表达你的观点,并阐述理由。认真地聆听他人的意见,努力了解他人的观点及理由。这些做法可以提高自己在团队中的参与性。

(四)尊重他人

即使你确信自己比其他同事更有知识、更有能力,也不要太张扬,而要尊重其他人的意见。重要的是,你要让他人充分地表达自己的观点,不要随意打断或表现出不耐烦,做到这些对于团队力量正常地发挥是很必要的。

(五)倾听他人的意见,不要过于武断

除了提出自己的观点外,你还应该注意倾听其他同事的观点。当他人提出自己的观点时,要做出积极的和建设性的反应。要客观地评价别人的观点,不要意气用事。即使不同意也不要冷冷地反驳,要平和地表达自己的意见。

案 例

我是重要的

一位在纽约任教的老师决定告诉她的学生,他们是如何重要,来表达对他们的赞许。她决定将学生逐一叫到讲台上,然后告诉大家这位同学对整个班级和对她的重要性,

再给每人一条蓝色缎带,上面以金色的字写着:"我是重要的"。

之后那位老师想做一个研究计划,来看看这样的行动对一个社区会造成什么样的冲击。她给每个学生3个缎带别针,教他们出去给别人相同的感谢仪式,然后观察所产生的结果,一个星期后回到班级报告。

班上一个男孩子到邻近的公司去找一位年轻的主管,将一条蓝色缎带别在他的衬衫上,并且再多给了2个别针,接着解释,"我们正在做一项研究,我们必须出去把蓝色缎带送给感谢尊敬的人,再给你们多余的别针,让他们也能向别人进行相同的感谢仪式。下次请告诉我,这么做产生的结果。"

过了几天,这位年轻主管去看他的老板。从某些角度而言,他的老板是个易怒、不易相处的同事,但极富才华,他向老板表示十分仰慕他的创作天分,老板听了十分惊讶。

这个年轻主管接着要求他接受蓝色缎带,并允许他帮他别上。一脸吃惊的老板爽快地答应了。

那年轻人将缎带别在老板外套、心脏正上方的位置,并将所剩的别针送给他,然后问他:"您是否能帮我个忙?把这缎带也送给您所感谢的人。这是一个男孩子送我的,他正在进行一项研究。我们想让这个感谢的仪式延续下去,看看对大家会产生什么样的效果。"

那天晚上,那位老板回到家中,坐在14岁儿子的身旁,告诉他:"今天发生了一件不可思议的事。在办公室的时候有一个年轻的同事告诉我,他十分仰慕我的创造天分,还送我一条蓝色缎带。他认为我的创造天分如此值得尊敬,甚至将印有'我很重要'的缎带别在我的夹克上,还多送我一个别针,让我能送给自己感谢的人,当我今晚开车回家时,就开始思索要把别针送给谁呢?我想到了你,你就是我要感谢的人。"

"这些日子以来,我回到家里并没有花许多精力来照顾你、陪伴你,我真是感到惭愧。有时我会因你的学习成绩不够好,房间太过脏乱而对你大吼大叫。但今晚,我只想坐在这儿,让你知道你对我有多重要,除了你妈妈之外,你是我一生中最重要的人。好孩子,我爱你。"

他的孩子听了十分惊讶,他开始呜咽啜泣,最后哭得无法自制,身体一直颤抖。他看着父亲,泪流满面地说:"爸,我原本计划明天要自杀,我以为你根本不爱我,现在我想那已经没有必要了。"

有人习惯将对旁人的关心与赞美埋在心里,但往往表现出对他人的关心才能带来更好地沟通,拉近彼此的关系。

资料来源:http://www.1010jiajiao.com/paper/timu/3483728.html。

二、与同事沟通的几个技巧

(一)认识和了解同事

要达到与别人有效沟通的目的,你必须了解同事的秉性、脾气、个人爱好、能力特长、之前的阅历和经历,特别是他最成功的那段经历。这样,首先使你们有了很多共同的话题,沟通之初就相见恨晚,就一定能够成为谈得来的好朋友,后续工作上需要支持的沟通自然也就顺理成章了。

> **小贴士**
>
> **飞走的订单**
>
> "气死我了!"一回到办公室,杜尚就愤愤地把手里的方案拍到了桌子上。现在网站的竞争越来越大,他手里的这个客户是花了大力气才争取到的,经过了连续半个月的谈判和觥筹交错后,终于在前天凌晨,客户口头上答应了下单,但同时也要求,两天内拿出方案。正在兴头上的杜尚立刻赶回公司,找到了技术部门要求协助此事。
>
> 他再三叮嘱道:"这是个大单,很急的,两天后就要交货,你们快点,要不耽误了事情就不好办了。"谁知两天后,当杜尚到技术部门拿结果时,却被告之,这两天活儿太多,还没时间处理他的事情。杜尚和技术部门的同事大吵一顿后,他只能回头又向客户再三赔礼道歉,但客户却以他们不守信用为由终止了合作。事后,竹篮打水一场空的杜尚百思不得其解:为什么明明是公司的业务,到了最后,却好像成了他的私事一般?
>
> 曾为企业解决了大量因沟通不畅而导致效率低下案例的心理咨询师指出,类似这种跨部门合作因为沟通不畅而引发矛盾的事情实在太多了。她到公司了解情况,技术部门的人说业务部门的人每次来交涉工作都"像大爷一样",而且来的时间总是很突然,比如这次,杜尚派活的时候将近半夜三点了,问候都没有一句,就让干活。听到同事的这番抱怨后,杜尚也很委屈:"我有什么办法,这单太难得了,我也是争取到那个时候才敲定的,难道我就不辛苦吗?"
>
> 在杜尚的公司,业务部和技术部的矛盾由来已久。专家建议,杜尚在以后的工作中,不妨多了解一下技术人员的性格特点,比如:性格清高、对自己的专业能力比较看重等,在日常交往中,多和他们交流感兴趣的问题,多向他们请教,多体谅他们的难处,时间一长关系自然就好了。"不要等有需要了才去找别人,只要成了哥们儿,就算是半夜四五点把他们从被窝里拽起来估计也没有问题的。"
>
> 专家认为,现在很多人都在宣传沟通技巧,但她认为,沟通要从了解人性开始,技巧始终只是辅助手段。"你首先要充分了解人性,知道比如自私、嫉妒等都是人性的一部分。举例来说,很多人都会抱怨,获得了升职或出国培训等机会后,同事和自己越来越疏远,越来越难沟通了。其实这是很正常的。你不妨在以后谈论此事时多讲讲它的负面影响,多自嘲一下,尽量减少这件事给其他人带来的心理落差。"

(二)主动关心和帮助同事

好多人上班时都遇到过这样的尴尬,刚换到一个新的工作岗位,总会感到万分别扭、战战兢兢,对很多事情都是既新鲜,又提防,总想尽快磨合,适应新环境,可是一些资深的同事却对你爱理不理。甚至在一些事情上还故意跟你作对,使你觉得简直无所适从,可又别无选择。谁让他们是你的同事呢?

不跟他们好好合作、套近乎,今后简直难以工作。该如何面对这种处境呢?

人天生都是需要别人关心的:高兴的事情愿意有人与你分享;痛苦的时候,愿意有人关心,为你化解。在工作中最好不要只寄希望于对方总向你伸出援手,而是要多考虑自己如何去关心和帮助别人。特别是与关系不太好的人。首先,你可以尝试着去了解对方的难言之隐,如能化敌为友,说不定还会有意想不到的收获。同时应扪心自问无法与对方精诚合作的原因,究竟出在对方还是自己身上?自己是不是也应该负一点责任?清楚这些之后,应努力营造愉快融洽的气氛,学会与同事和平相处、友好合作。

(三)真诚相处

与同事相处应该真诚,当他工作上有困难时,你应该尽心尽力予以帮助,而不是冷眼旁观,甚至落井下石;当他征求你的意见时,你不要给他发出毫无意义的称赞;当他在无意中冒犯了你,又没有跟你说声对不起时,你要以无所谓的心情,真心真意原谅他,如果今后他还有求于你时,你依然要毫不犹豫地帮助他。

有人会问:"为什么我要待他这么好?"答案是:因为你是他的同事,你每天白天一大半的时间都是跟同事在一起,你能否从工作中获得快乐与满足,与你经常相处的同事有很大关系。当你在办公室里,没有人理你,没有人愿意主动跟你讲话,也没有人向你谈心时,你还会觉得工作有意思吗?一般来说同事之间有一点竞争、有摩擦是很正常的现象。但是我们要懂得如何把这种摩擦降到最低限度,应该学会怎样把这种竞争导向对自己有利的方向。

如果你还是觉得与同事相处很困难,请试试以下办法,相信你一定会有收获。

(1)当同事们聚在一起聊天的时候,你应该暂时放下工作,走过去跟他们很融洽地开些无伤大雅的玩笑,让同事感觉你与他们很合得来。

(2)不能随便把同事对你说的话告诉上司,否则你会很容易招致大家联手反对。

(3)同事有意无意表示自己有多能干,想获得上司的信任时,你切勿妒忌他,而应该诚心诚意欣赏对方的优点。

无论你跟谁共事,要想创造辉煌业绩,首要条件是双方默契配合,共同努力。

(四)保持适度距离

在任何时候只有和同事们保持合适的距离,才会成为一个真正受欢迎的人。你应当学会体谅别人,不论职位高低,每个人都有自己的工作范围和责任,所以在权力上千万不要喧宾夺主。但也不能说"这不是我的事"这类的话,过于泾渭分明,只会破坏同事间的关系。在筹备一个任务前,应该谦虚地问上司:"我们希望得到些什么?""要顺利完成任务,我们应该再做些什么?"

不要在背后议论别人长短。比较小气和好奇心重的人,聚在一起就难免说东家长西家短。你一定不要加入他们的一伙,偶尔批评或调笑一些公司以外的人,倒无所谓,但对同事的弱点或私事,保持沉默才是聪明的做法。

公私分明也是重要的一点。同事众多,总有一两个跟你特别投机,可能私底下成了好朋友。但不管你职位比他高或低,都不能因为关系好而进行偏袒纵容,一个公私不分的人是成不了大事的,更何况上司对这类人最讨厌,认为这是不能信赖的人,所以你应该知道有所取舍。

与同事相处,太远了显然不好,人家会误认为你不合群、孤僻、性格高傲;太近了也不好,因为这样容易让别人说闲话,而且容易使上司误解,认定你是在拉帮结派。所以不即不离、不远不近的同事关系,才是最合适的和最理想的。

有人认为好朋友最好不要在工作上合作,这句话有一定道理。一天,公司来了一位新同事,他不是别人,正是你的好朋友,而且,他竟分为你的拍档。如果上司将他交托与你,你首先要向他介绍公司分工和其他制度。而不能跟他拍肩膀拉关系,以免惹来闲言碎语。大前提是公私分明。在公司里,他是你的搭档,你俩必须忠诚合作,才会有良好的工作效果。私底下,你们十分了解对方、关心对方,但这些表现最好留到下班以后,你们可以跟往常一样一起去逛街、闲谈、买东西、打球,完全没有分别,只是奉劝你一句,此时少提公事。

还有一种情况就是:当一位旧同事重返公司工作时,你也要注意自己的态度。因为旧人对你和公司都有一定的了解,虽然和他并不需要时间去适应,但是首先你得清楚,这位旧同事以前的职级如何?他的作风属哪种类型?与你的关系怎样?如今重返旧巢,他的地位会有所改变吗?

如果他以前与你共过事,请不要在人前人后再提以往的事,就当是新同事合作,这样可以避免大家尴尬。要是他过去与你不相干,如今却成了搭档,不妨向对他有些了解的同事查询一下他的情况,但注意要装作轻描淡写,不留痕迹。

有些同事生性暴躁,常因小事就唠叨不已,虽然事后他会把事情忘得一干二净,但当时粗声粗气或过烈的反应会叫你闷闷不乐。对待这种脾气的人,最好的办法是以静制动。然而,消除误会,并非是采取凡事忍耐的策略,相反,这恰恰是积极和主动。你不妨细想一下,有同感的肯定不只你一个,所以不妨就由对方猛烈地说下去,你只要处之泰然,即使有其他同事表示不同,你也保持缄默,直至事情明朗化,对方的态度平静下来,你再摆出明白事理的态度来,细心分析事情,如此便能化解不良情绪。

(五)多听同事说话

繁体的"聽"字是很有讲究的:要用耳朵(左上)、要把说话者当王(左下)、要用十个眼睛注视着对方(右上)、要一心一意(右下)。而现代的"听"字却总是用嘴打断别人,总与人斤斤计较,说人家讲得不对,这又如何与人和睦相处呢?

要知道在同事间的交往中,每个人都希望能得到别人的肯定性评价,都在自觉不自觉地强烈维护着自己的形象和尊严,如果有人对他过分地显示出高人一等的优越感,那么无形之中是对他自尊的一种挑战与轻视,同时排斥心理乃至敌意也就应运而生。

法国哲学家罗西法古说:"如果你要得到仇人,就表现得比你的朋友优越;如果你要得到朋友,就要让你的朋友表现得比你优越。"这句话很对。当我们让朋友表现得比我们优越时,他们就会有一种得到肯定的感觉,但是当我们表现得比他还优越时,他们就会产生一种自卑感,甚至对我们产生敌视情绪。

日常工作中就不难发现这样的同事,他们虽然思路敏捷,口若悬河,但刚说几句就令人感到狂妄,所以别人很难与他苟同。这种人多数都是因为太爱表现自己,总是想让别人知道自己很有能力,处处想显示自己的优越感,以为这样才能获得他人的敬佩和认可,结果适得其反,这样做只会在同事中失去威信。

在这个世界里,那些谦虚豁达的人总能赢得更多的知己;相反,那些妄自尊大、小看别人、高看自己的人总是令别人反感,最终在交往中使自己到处碰壁。

老子曾说"良贾深藏若虚,君子盛德貌若愚",是说商人总是隐藏其宝物,君子品德高尚,而外貌却显得愚笨。这句话告诉我们,平时要敛其锋芒,收其锐气,千万不要不分场景地将自己的才能让人一览无余。你的长处短处被同事看透,就很容易被他们支配。

另外还要谦虚一些,谦虚的人往往能得到别人的信赖,因为谦虚,别人才不会认为你对他有威胁。这样你就会赢得别人的尊重,更好地与同事建立关系。

所以,我们对自己要轻描淡写。我们必须学会谦虚,只有这样,才会永远受到别人的欢迎。

小贴士

> 卡耐基曾有过一番妙论:"你有什么可以值得炫耀的吗?你知道是什么原因使你没有成为白痴的吗?其实不是什么了不起的东西,只不过是你甲状腺中的碘而已,价值并不高,才五分钱。如果别人割开你颈部的甲状腺,取出一点点的碘,你就变成一个白痴了。在药房中五分钱就可以买到这些碘,这就是使你没有住在疯人院的东西——价值五分钱的东西,有什么好谈的呢?"

(六)公平竞争

处理同事之间的竞争关系,好比行走在沼泽地一样,稍有不慎就会陷入泥坑里,别慌,解脱你的救星来了。

美国斯坦福大学心理系教授罗亚博士认为:人人生而平等,每个人都有足够的条件成为主管,但必须懂得一些待人处事的技巧,他提出以下6条建议。

(1)无论你多么能干,多么自信,也应避免孤芳自赏,更不要让自己成为一个孤家寡人。在同事中,你需要找一两位知心朋友,平时大家有个商量,互通声气。

(2)要想成为众人之首,获得别人的敬重,你要小心保持自己的形象,不管遇到什么问题,不必惊慌失措,凡事都有解决的办法。你要学会处变不惊,从容面对一切难题的本领。

(3)当你发觉同事中有人总是跟你唱反调时,不必为此而耿耿于怀,这可能是你"人微言轻"的关系,对方以"老资格"自居,认为你年轻而工作经验不足,你应该想办法获得公司一些前辈的支持,让人对你不敢小视。

(4)若要得到同事的赏识与信任,首先你要对自己有信心,自我欣赏,不要随便对自己说一个"不"字;尽管你缺乏工作经验,但不必感到沮丧,只要你下定决心把事情做好,必定有出色的表现。

(5)凡事须尽力而为,也要量力而行,尤其是你身处的环境中,不少同事对你虎视眈眈,随时准备找出你的错误,你需要提高警觉,按部就班把工作做好,是每一位成功主管必备的条件。

(6)利用时间与其他同事多沟通,增进感情,消除彼此之间的隔膜,有助于你的事业发展。

(七)给同事留点面子

在与同事交往的过程中,聪明人从不会把话说死、说绝,说得自己毫无退路可走。例如

"我永远不会做出你所搞砸的那些蠢事""谁像你那么不开窍,要是我几分钟就做完了""你跟×××一样缺心眼,看他那巴结相",如此种种,估计谁听了都不会痛快,因为人人都爱惜自己的面子。而这样绝对的断言显然是不给别人面子的一种表现。

保留他人的面子是个非常重要的问题。但是在现实生活中,我们很少会考虑到这个问题。我们常喜欢摆架子、我行我素、挑剔、恫吓、在众人面前指责同事或下属,而没有考虑到是否伤了别人的自尊心。其实,只要多考虑几分钟,讲几句关心的话,为他人设身处地想一下,就可以缓解许多不愉快的场面,使沟通更加愉快地进行。

小贴士

> 《圣经·马太福音》有句名言:"你希望别人怎样对待你,你就应该怎样对待别人。"这句话被大多数西方人视为工作中待人接物的"黄金准则"。

真正有远见的人不仅要在与同事一点一滴的日常交往中为自己积累最大限度的"人缘",同时也会给对方留有相当大的回旋余地。给别人留面子,其实也是给自己挣面子。在言谈交往中,可以多用一些"可能""也许""我试试看"和某些感情色彩不强烈、褒贬意义不太明确的中性词,以便自己能"伸缩自如"。

人人都有自尊心和虚荣感,甚至连乞丐都不愿意受嗟来之食,因为太伤自尊、太没面子,更何况是原本地位相当、平起平坐的同事。但很多人总喜欢扫别人的兴,当面令同事难堪,以致当面撕破脸皮,互不相让,翻脸成仇。

纵使别人犯错,而我们是对的,如果没有为别人保留面子也会毁了友谊。同事其实是很复杂的一个群体,这个群体中有各种各样的人,有君子、有小人、有好人、有坏人、有光明磊落的、有阴险狡诈的,但你必须和他们相处下去,因为你们是同事。

(八)化解同事间的矛盾

人与人之间,除非有不共戴天之仇不可化解,但工作中的矛盾一般不至于达到那种地步。毕竟是同事,都在为同一家单位而工作,只要矛盾并没有发展到你死我活的关头,总是可以化解的。记住:敌意是一点一点增加的,也可以一点一点消灭。中国有句老话"冤家宜解不宜结"。同在一家公司谋生,低头不见抬头见,还是少结冤家比较有利于自己。不过,化解敌意也需要技巧,并非一味迁让与软弱。

怎样化敌为友?在工作中是一门高深的学问。他与你曾经为一个职位争得不可开交,今天你俩已分别为不同部门的主管,虽然没有直接接触,但将来的情况又有谁能明白呢?所以你应该为将来铺好路,做好准备。

如果你无缘无故去邀约对方或送礼给他,太唐突,也太贬低了自己,应该是见机行事。如从人事部探知他的生日,在公司发动一个小型生日会,主动集资送礼物给他……真诚的善意,谁也不好拒绝。

要是对方获得升职,这就是最佳的时机了,写一张贺卡,衷心送出你的祝福吧。如果其他同事替他搞庆祝会,你无论多忙,也要抽空参加,否则就私下请对方吃一顿午餐。恭贺之余,不妨多谈大家在工作方面的喜与乐,对以往的不愉快事件绝口不提,拉近双方的距离。

这些亲善工作必须在平常就抓紧机会去做,否则到了你与他有直接来往时才行动就太迟了。那时,也只会给人们一种"市侩"之感。所谓"和气生财""和为贵",商场上很忌讳结成仇敌,长期对抗。在商场上树敌太多是经营者的大忌,尤其是如果仇家联合起来对付你,或在暗中算计你,你纵有三头六臂也应接不暇。

小贴士

> 在工作中可能与同事之间产生各种误会,误会给我们带来痛苦、烦恼、难堪,甚至会产生恶劣的后果。所以,一旦发现自己陷入误会的圈子后,必须调整自己,及时采取有效的方式予以消除,使自己与同事能尽快消除误解、友好相处。

本章小结

本章着重讨论了在人际交往中的三大沟通流动方向:与上级的沟通、与下级的沟通和与同级的沟通原则以及沟通技巧。

与上级沟通的10个原则:了解你的上司、积极工作、说话简洁、仔细聆听、关系要适度、信守诺言、解决好自己职责内的难题、圆通委婉、早到而不迟退、维护上司的形象。

与下级沟通的6个原则:发挥下属的能力、调整自己的态度、对下属要宽严相济、与下属要坦诚交流、让下属发表意见、让下属大胆去做。

与同级沟通的5个原则:主动帮助他人;主动参与集体活动;在会议或讨论中表述自己的观点;要尊重他人;倾听他人的意见,不要过于武断。

我们还分别就三大沟通流动方向列举了一些沟通技巧。然而,实际情况是错综复杂的,具体情况还需要具体分析。望同学们在掌握基本原则的前提下,灵活处理各种事宜。

复习思考题

(1) 沟通有哪三种流动方向?
(2) 与上级沟通有哪些原则?
(3) 与下级沟通有哪些原则?

拓展阅读

学会这几招,帮你搞定90%的职场沟通痛点

一、和上级沟通

情况可以分为以下四种。

1. 同步工作

让老板了解进度、把控风险、关键节点要同步再同步,可以按照"结论+详情+补充"的步骤进行,不要过多赘述。

2. 汇报工作

汇报的内容根据汇报的对象调整,对方重点关注的什么,你的内容就应该是什么。但是注意不要夸大其词,多运用数据。比如给客户看的,内容可以是帮助他们提升了多少业绩。

3. 请求资源

职场沟通讲究懂得抓住要害来表述,要会哭,更要哭得好听!不然,就可能是噪声……我们可以站在领导的角度思考,为什么要资源?给了资源你能带来什么好处?

4. 闲聊

态度上主张不卑不亢。不懂不要装懂,一个诚实的傻瓜远比一个不诚实的聪明人可爱。

二、同级沟通

可以分以下为三个场景。

1. 需求流转

如果对方已经知晓了你传达的内容,还在不断的询问你有关内容问题,那就要反思沟通是否到位。

2. 答疑解惑

思路可分为:确定问题→选择答疑媒介→答疑。

3. 讨论问题

注意三个要点:情绪管理、有理有据、表达清晰。

职场沟通情绪管理太重要了。控制情绪先从放慢语速开始,你会发现,语速放慢了情绪就平合理许多。面对面可就考验职场沟通的能力,说话卡壳的话不仅容易丧失话语权还难以表述清晰自己的想法,所以流畅的表达是职场沟通的前提。

三、下属沟通

下属沟通应注意以下三个原则。

1. 耐心

当一些经验不足的下属跟我们沟通或者交接工作时肯定会有一些纰漏,这时候就要考验我们的耐心,有些问题并非是不仔细的原因,仅仅是指责很难解决问题,下次还会出现同样的情况。所以我们要做的就是发现问题,解决问题。

2. 同理心

当我们跨越过一个阶段后,往往会忘了我们曾经也处于那个阶段。如果对方做事主动认真,我们不妨宽容一些,多些爱和帮助少些伤害。

3. 分享心

这一点是很多人比较忌讳的,不愿意把自己的技巧教给别人。其实我觉得分享是个双赢的事情,因为我们要想把自己的知识传递给别人,首先得总结概念和语言,再让对方能听懂,这无形之中也帮我们巩固了自身的知识和沟通能力。

四、客户沟通

客户可分为以下三种类型。

1. 天使型

天使型客户无论是前期需求沟通还是后期优化反馈,他们都始终都能保持平等沟通,并且提出优化的时候给出明确理由,当遇到修改的时候还表示抱歉,面对这类用户只需按照前面提过的常规沟通就足够了。

2. 如来型

这类客户比较佛系,喜欢当甩手掌柜,不怎么管事,只在关键决策的时候拍板,但是遇到这样的客户,一定要注意职场沟通的技巧,千万不能放松,否则就会埋下隐患。遇到这样的客户需要沟通沟通再沟通,确认确认再确认,需要我们主动去推动。

3. 魔鬼型

面对这样客户,对方不将就什么职场沟通的艺术和原则,胡乱的打法只用两个字来回应"好的",绝不留下把柄。

不管是生活还是在职场上,如何处理人际关系都是非常重要的,特别是在职场上,如果想要长远的发展,学会处理人际关系、学会沟通十分重要,这是人生的一场修行,值得我们终身学习。

资料来源:https://www.163.com/dy/article/GT3PLN9S0552GXIA.html,2022-01-07。

实 践 课 程

训练

提高集中注意力的能力

每2人一组;并排站立,听意思举牌;让A发命令,B根据A的命令做动作;A举起红牌;B举起红牌。

A:放下黄牌;B:放下红牌。

A:不要放下黄牌;B:举起黄牌。

A:放下红牌;B:放下红牌。

A:不要不放下红牌;B:放下红牌。

A:不要不举起黄牌;B:举起黄牌。

A:我喊一声后就举起红牌;B:不举牌。

A:说:举起黄牌;B:举起黄牌。

A:千万不要不举起黄牌;B:举起黄牌。

A:不要放下红牌;B:举起红牌。

A:不要不放下黄牌;B:放下黄牌。

A:千万不要不举起红牌;B:举起红牌。

A:举起双手、原地跳一下、放下黄牌;B:放下黄牌、举起红牌。

A:放下红牌;B:放下红牌。

A:不要放下黄牌;B:举起黄牌。

A:千万不要不举起黄牌;B:举起黄牌。

A:不要不举起黄牌;B:举起黄牌。

第七章 演讲与谈判技巧

CHAPTER 7

🔑 学习目标

(1) 了解演讲的概念与作用,熟知演讲的准备工作内容,掌握培养演讲的方法。
(2) 理解谈判的概念与作用,重点掌握谈判的策略与技巧。

技能要求

(1) 掌握克服演讲中遇到各种障碍的能力。
(2) 在熟练掌握谈判策略和技巧的基础上,能进行较高质量的谈判。
(3) 尝试扮演不同的谈判角色。

 引导案例

充足的准备是谈判的关键

我国某冶金公司要向美国购买一套先进的组合炉,派一高级工程师与美商谈判。为了不负使命,这位工程师做了充分的准备工作,他查找了大量有关冶炼组合炉的资料,花了很大的精力对国际市场上组合炉的行情及美国这家公司的历史和现状、经营情况等了解得一清二楚。谈判开始,美商一开口要价150万美元。中方工程师列举各国成交价格,使美商目瞪口呆,终于以80万美元达成协议。当谈判购买冶炼自动设备时,美商报价230万美元,经过讨价还价压到130万美元,中方仍然不同意,坚持出价100万美元。

美商表示不愿继续谈下去了,把合同往中方工程师面前一扔,说:"我们已经做了这么大的让步,贵公司仍不能合作,看来你们没有诚意,这笔生意就算了,明天我们回国了。"中方工程师闻言轻轻一笑,把手一伸,做了一个优雅的请的动作。美商真的走了,冶金公司的其他人有些着急,甚至埋怨工程师不该抠得这么紧。工程师说:"放心吧,他们会回来的。同样的设备,去年他们卖给法国只有95万美元,国际市场上这种设备的价格100万美元是正常的。"果然不出所料,一个星期后美方又回来继续谈判了。工程师向美商点明了他们与法国的成交价格,美商又愣住了,没有想到眼前这位中国商人如此精明,于是不敢再报虚价,只得说:"现在物价上涨的利害,比不了去年。"工程师说:"每年物价上涨指数没有超过6%。一年时间,你们算算,该涨多少?"美商被问得哑口无言,在事实面前,不得不让步,最终以101万美元达成了这笔交易。

资料来源:https://office.iask.com/f/5ReQbCLjwax.html,2021-04-24.

第一节 演　讲

> **小贴士**
>
> 演讲是在公共场合经常使用的一种效果显著的沟通方式,它虽然可能缺乏面对面沟通的亲切感,却有着不可思议的鼓动和煽动力。

一、演讲的含义及作用

(一) 演讲的含义

演讲又称演说、讲演。它是一个人在公共场合向众多人就某一问题发表意见或阐明事理的传播活动,其基本模式为一个人讲,众人听。

讲,就是陈述,是指运用口头语言把要发表的意见或阐明的事理表达出来,达到说服公众的目的。

演,包含着演绎和表演两种意义,特指运用非语言行为来体现和辅助口头语言表达的内容,给人以艺术化的具体表象,强化口头语言表达的效果。

因此,演讲是以讲为主,以演为辅,讲演结合的信息传播形式。从本质上看,演讲就是艺术化地发表意见或阐明事理。

(二) 演讲的作用

演讲向来是人际沟通的重要手段。也是宣传鼓动的重要方式。哪一位出色的政治家、外交家、活动家不具有出色的演讲才能?拿破仑对出征前战士的演讲,激动得他们热血沸腾;林肯在葛底斯堡的两分多钟演讲奠定了几百年的治国纲领,其影响超越了国界;列宁的每场公开演讲都使工人欢欣鼓舞,让敌人闻风丧胆。

在现代社会,演讲也是传授文化知识,促进科学理论发展的重要手段。如《财富》论坛活动中的专家讲演。管理沟通需要出色的演讲才能。它不仅是杰出人物必备的品质,也是普通人应具的才华。

二、演讲的准备

一次成功的演讲,取决于充分的准备。在动手撰写讲稿以前,演讲者必须对以下两个问题做到心中有数。

(1) 演讲的主题,也就是说,我为什么要来演讲,准备讲什么。公关演讲的话题一般须紧密结合组织的当前形势和发展环境,及目前公众迫切关心的问题,能够给公众带来新知识、新信息。

(2) 了解公众。公众由于职业、职务、年龄、性别、文化水平的差异,对演讲的内容和方式有不同的要求。只有把握住公众的这些要求,演讲者才能写出受公众欢迎的演讲稿。

另外，演讲者对公众数量也要有一定的了解，数量不等的公众会在场上形成不同的气氛，因此演讲者事先要有所准备。

（一）如何确定演讲的题目

演讲的题目要做到以下四点。

（1）准确、直接、具体。和写作其他文章一样，演讲的题目也要起到画龙点睛的作用，使公众一眼就能看出演讲的主要内容。第二次世界大战时期，保加利亚共产党总书记季米特洛夫在德国法西斯的法庭上，发表了"控诉法西斯"的演讲，题目简单直接，震撼了世界。

（2）新颖、醒目、有吸引力。演讲最怕没有新意，新意则当自题目始。题目应不落俗套，给人以新鲜感，甚至使公众产生悬念。

（3）生动活泼。演讲是一种与公众直接交流的语言艺术，容不得反复琢磨，应当让人一听就懂。因此演讲应当避免咬文嚼字，故弄玄虚。

（4）富有时代气息。演讲题目要想吸引公众注意，必须紧密结合时代，使人产生亲近感。

（二）写好演讲的开场白

出色的演讲高手总是在开篇便一鸣惊人，他们会立即抓住听众的心。作为演讲者，你必须从登上讲台的那一刻起就吸引听众的注意力。否则，你将不能顺利传递信息，无法保持听众对你演讲话题的兴趣，最终丧失你在讲话中的主导地位——这一切都是阻碍讲话成功的障碍。

作为演讲者，不管你准备了多少演讲内容，最初的30秒都是最重要的。不要小看这短短的开场白，听众将根据你给他们留下的第一印象来决定是否耐心聆听你的演讲。因此，你必须把握好开篇。

案 例

引人入胜的开场白

好的开场白，会收到引人入胜的良好效果。

1883年恩格斯在伦敦安葬马克思时，在马克思墓前的讲话："3月14日下午两点三刻，当代伟大的思想家停止思想了……永远地睡着了。"恩格斯不说"逝世"，而说"停止思想"，说"睡着了"，他用委婉的修辞手法，表达了对伟大革命导师去世的巨大悲痛，渲染了悼念的气氛。

一次，上海某单位请陈毅市长做报告，讲台上铺了洁白的台布，花瓶里插上了鲜花，还备了些茶点瓜果。

陈毅见此情景，略一迟疑，顺手将花瓶移到了台下，并搬走了糕点，然后风趣地说："我这个人做报告容易激动，激动起来就会手舞足蹈，这花瓶就碍手碍脚了，说不定碰翻砸碎了，我这个供给市长还赔不起呢！"顿时整个会场一片活跃。

（三）演讲的内容

从演讲的内容来看，常见的开场形式有以下几种。

(1) 从一件具体事件开始。
(2) 陈述一件惊人或意外的事件。
(3) 从演讲的题目入手。
(4) 由当时的社会形势引入主题。
(5) 要求公众举手提问。
(6) 给公众提一个问题。
(7) 使用展示物。
(8) 引用他人的言论等。

从演讲的风格来看,常见的开场方式有以下4种。

(1) 轻松幽默型。即在演讲开篇的时候,演讲者故意讲一些与主题看似无关的、诙谐幽默的话,给听众一个惊喜。

(2) 感情趋近型。演讲者为了在心理上与公众拉近距离,注意找一些公众熟悉的关系到他们切身利益的话题开始。

(3) 悬念吸引型。演讲者在演讲开始前先提出一些能调动公众想象力、思维能力的问题,以引起他们对演讲的注意。悬念的设置要与演讲的内容相呼应,让公众在不断的猜想中逐渐进入演讲的主题。

第四,先声夺人型。演讲者事先估计听众会从某个方面思考问题,得出结论,故意在演讲开始时就主动提出来,然后立即进行反驳,用先声夺人的方式树立自己的观念,显得非常有力。

案 例

鲍威尔·希丽的开场白

下面是鲍威尔·希丽在宾夕法尼亚州费城运动俱乐部演讲的开场白。

140年前,伦敦出版了一本被公认为不朽的小说杰作,很多人都称它为"全球最伟大的一本小说"。当小说出版初期,市民们在街头巷尾遇到朋友,都要彼此相问:"你读过这本书吗?"答案总是一成不变的:"是的,上帝保佑,我读过了。"

它出版的第一天便销售了1000册,两周内销售了15000册,自那时起,它无数次地再版,并且很快被翻译成各国文字。数年前,银行家J. P. 摩根以不菲的价格买到了这本书的原稿,现在它正与许多无价的珍宝安憩于纽约市的美术馆里。

当观众被这本好奇的书所吸引,急切想知道书名和作者时,鲍威尔这才点破了谜底:这一部世界名著就是狄更斯在19世纪40年代写的《圣诞欢歌》。

(四) 演讲的主体

演讲的主体指正文部分,是演讲的核心内容。要求演讲在主体部分必须内容丰富、信息量大,能够给听众以充实的知识、富有启发性的思想。写作演讲的主体部分要符合以下要求。

(1) 脉络清晰,紧扣主题。演讲需要才华横溢,幽默生动,但绝不能为了说笑话而说笑话,东拉西扯,不着边际。在组织演讲材料时,演讲者一定要根据设定的主题选取材料,没用的话不说。

（2）层次分明，结构严谨。演讲如同一篇文章，每个段落、每个小节的内容安排必须有内在的联系，纲目分明，推理过程符合逻辑。

（3）内容充实，语言简练。演讲的内容要经过充分的选择，避免说一些人人讨厌的空话、大话、假话，要根据实事求是的原则，如实向公众说明问题。同时演讲者还要注意语言的简练，华而不实、过分修饰的文字都会引起公众的反感。

（4）节奏适度，张弛有致。演讲是说给公众听的，不同于文章可以自由选择阅读速度。所以演讲者在撰写演讲稿的时候，必须考虑公众的接受能力，方便问题的提出，有张有弛，便于公众理解要说明的问题，同时使公众在听演讲的过程中享受到一种乐趣。

（五）演讲的结尾

演讲的结尾要顺理成章，深刻精彩，压得住台。合理的结尾应当能够起到对演讲的主题进行强化和提升的作用，使整个演讲得以升华。

如果演讲在主题尚未充分展开之前就仓促收尾，会给人"虎头蛇尾"的印象，使听众不知所措。反之，演讲该结尾了，公众已经几次鼓掌致谢，演讲人还在那里"再强调几点"，就有"画蛇添足"之累。演讲结尾的方式很多，常见的有以下几种。

（1）总结式。在结尾部分总结全篇，突出重点，深化主题，揭示题目的主旨，使公众加深认识。这种方式不仅可以使演讲的内容主体更加突出，而且有利于公众留下长久的印象。

（2）激情式。利用感情激昂、动人心弦的语言将演讲推向结束，引起听众激烈的掌声。激情式结尾通常是提出某种美好的前景，向公众发出充满激情的呼吁，往往具有很强的感染力。

（3）深思式。当一些演讲不能立即得出明确的结论时，可以提出一些问题让公众去思考，使他们自己寻找问题的答案，促人深思，耐人寻味，强化公众对演讲的印象。

（4）幽默式。运用各种寓意深刻的反语、富有喜剧性的诙谐、充满学识的机智，生动地结尾，使听众在轻松的笑声中回味无穷。

（5）借用式。引用名人名言、名著的段落、著名的诗词来结尾，以强化自己的观点，并显得学识渊博。

总之，演讲的结尾很有学问，没有现成的模式可以照搬照抄，演讲者一定要充分运用自己的大脑认真思考，追求一种"语不惊人死不休"的境界。

在演讲稿写好以后，有时为了达到预期的效果，演讲者可以在小范围内进行试讲，请一些有经验的朋友提意见。这也可以使演讲者熟悉自己演讲的内容，对如何安排演讲的时间和节奏做到心中有数，删除一些不上口的语词。

三、演讲的心理准备和上台演讲

（一）演讲的心理准备技巧

1. 调整认识

用演讲成功有效的积极声明来取代消极声明。如果总是担心"会把准备好的内容忘得一干二净……""我不适合做演讲……",那么担心真的可能会变成现实。可以按以下方法进行调整。

（1）建立正确的认识,并承认这样一个事实：怯场是一种心理上的反应,只要能放开来讲,就可以改变——要相信自己的实力。

（2）了解消极声明的主要内容,然后审查剖析,看其有无合理之处。

（3）以积极声明代替消极声明,自我鼓励"只要我不慌不忙地讲,就能获得演讲的成功""凭我的实力和充分的准备,我完全能行"。

（4）在专家的指导下进行针对性地训练,有效减轻怯场心理,了解害怕当众说话的实情。

你害怕当众说话并不奇怪。某种程度的登台恐怖感反而有用,我们天生就有能力应付环境中不寻常的挑战。许多职业的演说家也从来没有完全消除登台的恐惧。

即使登台的恐惧一发而不可收,造成心灵的滞塞、言语的不畅、肌肉过度痉挛无法控制,因而严重降低了你说话的效力,你也无须绝望。只要你多下功夫,就会发现这种上台恐惧的程度很快便会减少到某一地步,这时它就是一种助力,而不是阻力了。

2．充分准备

怯场心理大多是对准备工作心中无数而产生的。克服怯场心理有以下办法：要自信；演讲提出的论题能被有趣而具体的实例证明；演讲的结构已成竹在胸,并已在演讲前演练；有一篇条理清晰的稿子,演讲时能轻松自如,举止适度；而且准备记录资料的摘录卡片,记下演讲的思路、重要的词和短语,可帮助回忆论题；提前几分钟入场,熟悉环境氛围,调整自己的状态。

3．做些设想

预先想一下将要做的事情,越具体越好；牢牢记住自己的形象,这有利于演讲时去完成这种形象。凭想象可以创造出任何一种意境。

4．嗓音练习

在条件许可的情况下,应练习演讲时所需要的洪亮的讲话声音。在清晨大声呼喊、放松声带,在有条件的情况下放声歌唱。

演讲要真正感到轻松自如,还必须进行大量的实践——发表演讲。

5．表现得信心十足

把身体站直,直视听众,然后开始信心十足地讲话。

（二）上台演讲技巧

演讲的各种准备,最终要通过走上演讲台发表演讲表现出来。

1．面对听众

一般要面对听众站着。要站得稳,别扭的站立姿势会分散自己或听众的注意力；不要把桌、椅、讲台作为"拐杖",把身体靠在上面；站势也并不意味着纹丝不动,根据演讲的需要可来回走动,有时甚至走到听众中间的过道上去。

演讲者走上讲台,应该精神饱满,容光焕发,富有朝气,给听众留下深刻的印象；表情自然,镇定自信；用眼神与听众进行诚恳的交流,正视听众,不要超越听众的头顶或凝视远方。

2. 塑造形象

案例

形象的重要性

1961年美国大选,呼声极高的尼克松以微弱的票数差额输给了肯尼迪,原因在电视辩论中,出现了两个截然不同的形象:尼克松显得憔悴不堪、精疲力竭;肯尼迪却气宇轩昂、风度翩翩。无疑,仪表风度上的优势,帮了肯尼迪的大忙。

演讲者的仪表风度,听众是严格审视和评判的。演讲者要保持良好的仪表风度,需要饱满的精神状态;衣着打扮得体、协调、适中、和谐,与演讲内容、环境氛围相吻合,讲求庄重、整洁、朴素;举止雍容大方、彬彬有礼、不卑不亢。

演讲过程应该稳健潇洒、干练英武,给人以胸有成竹、生气勃勃的印象;还应给听众诚实的印象,用轻松的姿势、熟练的手势、愉快的情绪、看着听众等来赢得听众的信任与支持。

3. 强调重点

强调重点的办法,包括有节奏的停顿,音量和语气语调的变化,还有动作、手势等。

(1) 若要让听众记住你所讲的内容,内容安排是重要因素。演讲的内容和时间是有限制的,但听众最容易记住演讲开头和结尾的话,听众的注意力在开头最高,中间逐渐低落,快结束时又回升。这样,演讲者要费一番设计演讲的开场白和结尾,重点内容也最好放在开头几分钟。

(2) 开门见山地宣布你要发表一篇重要的演讲,或者强调某个问题比较重要。如老师说:"这一点很重要,期末考试极有可能要考。"学生们肯定会把有关内容背得滚瓜烂熟。另外,强调的内容要确实重要,阐明的论点也易于为人理解和记忆。

(3) 有关重复的研究表明,一个内容重复35次就能够被记住。但演讲不可能重复这么多次。可以集中性地重复,用不同的语气重复同一内容:"世界人口将在今后30年成倍地增长。到2030年,我们这个星球的人口将增加一倍。"或者,可以用抑扬顿挫的音调重复同一句话。

4. 适当的提问

提问的问题可能是听众感兴趣的,或是演讲中易引起争论的部分。

(1) 材料一定要丰富。在提问过程中,听众不仅可以搞清楚模糊的观点,而且能反映演讲者是否真正弄懂了自己的论题。因此,在回答问题时,演讲者应补充新的材料和运用其他例子论证观点。

(2) 预先做好回答各类问题的准备。有了充分的准备就不会惊慌失措,要对各种问题和反对观点成竹在胸。让听众认为,你欢迎有这样的机会来阐明观点。

(3) 回答问题简明扼要。

(4) 面向全体听众回答,除非是演讲结束后的私下交流。对听众的提问,一般要向全体听众重复一遍,然后回答,让大家都能听清。

(5) 要照顾到大多数人的提问。提问的气氛应该是活跃的,不能拖拖拉拉。要让尽可能多的听众参与。如果有人接二连三地提问,在听清所提问题的要点后,要果断地加以阻止,回答了他们的问题后立即转向其他听众的问题。如果与一位听众纠缠不清,势必会影响会场气氛。

(6) 控制整个会场。演讲者应注意观察会场情况,如果提问变成了听众之间的讨论或私下交谈,就应有所控制。如果无效,可以停止提问。要能处变不惊。

(7) 选择恰当时机结束提问。演讲提问的时间长短取决于实际情况,由于演讲时间有限,演讲者要事先设计好提问时间并告知听众。但在全体听众趣味浓厚时应继续答问。注意不要让一两个人提问而使其他人厌倦。在演讲答问中,可以设法插入结论性的话作为退场话。

5. 反馈信息

听众反馈是演讲效果真实而重要的衡量标准。反馈信息表明:听众是感兴趣,还是感到厌倦?演讲者是否达到了其演讲目标?这些反馈信息可能是直接或间接的,可能是非语言的或以语言表示的。

听众最直接的反应是热烈鼓掌,表示赞同和欣赏。其他反馈信息,如打哈欠、低声讲话、摇头、打盹等,可能有一定的隐蔽性——打哈欠或闭着眼睛的人也可能比看上去精神十足的人听讲更专心;频频点头的听众并不一定赞同你的观点,或许他只是在注意演讲的内容。演讲者要对这些信息做出判断,并据此调节会场气氛,甚至变更准备的部分演讲内容。

(三) 选择演讲方式的技巧

在正式场合发表演讲,演讲方式的选择至关重要。

1. 照本宣科

政治家发表的演讲常用这种方式。这种照本宣科地念讲稿,提出的观点是经过推敲的,很少出现漏嘴,演讲稿也可以直接传阅发表。但是,这种方式的不利方面是演讲者只顾念稿,与听众的沟通极少,会场气氛冷淡枯燥;听众也会提出疑问:他的讲稿是不是由别人(秘书)撰写的(在宣读出错时尤其如此)?因此怀疑演讲者的能力。

2. 背诵演讲

同一讲稿多次使用,这是有一定的好处的,尤其是对演讲者本人。但好像是在背书,机械单调,缺乏新意,听众不乐于接收,也不利于演讲者与听众的沟通。如果演讲者突然忘了某句话,就会不知所措。演讲者要记住整篇演讲,特别是那些长篇大论的演讲将是困难的。

3. 脱稿演讲

演讲者运用写好的提纲帮助回忆,仔细设计和组织好要讲的话,要用的关键词。偶尔翻一下提纲卡片,就可以顺利地从一个论点转向另一个论点。脱稿演讲具备其他演讲方式的优点。

4. 即兴演讲

大型宴会常用即兴演讲的方式。如果演讲者对某个题目没有什么观点和材料要说,最好不做即兴演讲,以免既丢面子又浪费别人的时间。在这种情况下,谦虚的退让要胜过勇敢的尝试。出色的即兴演讲,并非随兴而发,而是演讲者经过深思熟虑的成熟的见解;演讲者往往拥有雄厚的思想基础和丰富的信息材料,有着熟练的演讲。

小贴士

> 即兴演讲,关键点是借题发挥,无论是有明确题目的命题式即兴演讲,还是没有明确题目只有情境的即兴演讲,甚至是那种生活中的突然的"请你说几句",演讲者应能抓住演讲的关键"题眼"。"题眼"确定了,就可以在丰富多彩的生活阅历中,从古今中外的知识宝库里寻找材料围绕"题眼"进行组织。

四、培养演讲才能的方法

演讲的才能尽管受到天赋的影响,但更重要的是后天的培养。只要经过正确的训练,人人都可以成为一名出色的演讲者。

案 例

宋庆龄:说话的音量,暴露了你的内在修养

宋庆龄15岁就进入美国的一所女子大学学习。有一次,班上讨论历史方面的问题,一位美国学生站起来发言:"所谓文明古国,譬如亚洲的中国,已经被历史淘汰了。"坐在前排的宋庆龄听到后虽不以为然地摇了摇头,但仍耐心听同学的发言。那位同学讲完后,宋庆龄站了起来,她虽然有点激动,但仍用柔和的语调反驳了美国同学所说的话。

现实生活中往往有不少人说话气势强盛。其实这部分人说话声音大,一方面是认识到了自己的错误,为了掩饰内心的虚弱,另一方面是没有认识到自己的错误,企图用气势压倒别人。宋庆龄的修养恰恰体现在她懂得什么样的场合用什么样的音量,她在公众面前的发言从来都是温柔而坚强有力的。

拥有一流的口才,获得演讲的成功,其实不需要采取德摩斯梯尼那些近乎苛刻残酷的方法,只要掌握一定的技巧,循序渐进地训练,就能超越自我,实现目标。

那么,如何培养演讲的才能呢?下面提出几种方法。

(一)读

要口才好,必须要见多识广,有丰富的知识。读书会使人的头脑开阔,思维敏捷,想到哪就可以讲到哪,看到哪就可以说到哪,问什么答什么。"读"又是"背"和"诵"的基础。读有默读、朗读、唱读。唱读更是有利于锻炼口才。

(二)背

背是读的发展,是熟记的必要手段。背,是培养记忆的最好方法。要多背名篇、名段、名句,久而久之,印在脑海里的东西就丰富、深刻、巩固了,这样演讲起来就会头头是道。

(三)诵

诵是背的艺术化,是要把演讲者的感情倾注到字里行间。要有抑扬顿挫、高低快慢和喜怒哀乐的色彩。

（四）讲

多讲，反复讲，不仅能熟记事物，而且能培养胆量、养成习惯，持之以恒可使口齿清晰，发音准确，表情丰富。到各种正式场合和非正式场合去讲，尤其是在讨论会、学习会上踊跃发言，久而久之胆子就大了。同时，应该对每次演讲，无论是成功还是失败，都要进行追踪记录，总结经验教训。

杰出的历史学家艾兰·尼文斯对作家也有类似的忠告："找一个对你的题材有兴趣的朋友，详尽地把你的想法讲给他听。这种方式，可以帮你发现你可能遗漏的见解、事先无法预料的争论，以及找到最适合讲述这个故事的形式。"

（五）练

在练习表达时，设法想象面前有听众。

(1) 面对着墙站着，巡视"听众"。记住与室内所有的人保持目光接触。

(2) 核对演讲开始的时间。在演练期间，你要看演讲需要多少时间。

(3) 要一次把所有的演讲内容讲完，不要停下来。在演讲时，要记住注视"听众"。

(4) 演讲完后，看一下结束的时间。

(5) 现在分析一下你的表演：是否演讲的某部分让你觉得很难？演讲组织得清楚吗？检查一下纲要。在演讲中遗漏东西了吗？纲要清晰和容易看清楚吗？时间怎样？需要增加或删除任何材料使其满足演讲的时间要求吗？

(6) 做出必要的改变并且再练习一遍。

五、如何克服演讲中的障碍

案 例

利用幽默，克服演讲中的紧张情绪

演讲者碰到的第一个问题，就是当主持人向听众介绍并称赞你的时候，你应该怎么办？怎样出现在听众面前？请注意，不要只是点头，更不要羞怯腼腆。最好的办法是做出快速反应，开个小小的玩笑，包括来点自嘲。

比如，你可以说："看来，我被主持人出卖了。说你们大家会因为我来演讲而深感幸运。现在恐怕不是这样，如果你们先失望，就会给我演讲成功带来希望。"或者说："糟糕，我觉得现在就像一只笨熊掉进了蜜蜂窝，但愿我的舌头不会辜负这一番好意的挑战。"

由于演讲是集语言和非语言艺术于一身，而且是一人对多人的沟通，所以往往容易给演讲者造成很大的心理压力，再加上现场出现的各种不可知因素的干扰，会给演讲的顺利进行造成更大的障碍。要克服这些障碍，需要做到以下几点。

（一）控制紧张情绪

偌大的演讲场地、众多的听众，再加上自身的胆怯，必然会产生紧张情绪。要克服它需要做到以下几点。

1. 做好充分的事先准备

如果演讲的主题、材料、论证等都已经非常明确和丰富，那么就能增加演讲的信心。一

般情况下还需要准备一个较为详细的提纲,或把提纲简化为关键词,写在小卡片上。为了增加信心,还可以提前演练几遍。

2. 采用积极的心理暗示

当消极情绪出现时,可以在心里给自己增加一些积极的心理暗示,告诉自己"我能行""我一定会成功的"。

3. 转移注意力

您可以将注意力全部投入演讲的内容上,不要考虑其他任何因素的影响。

4. 熟悉演讲的场所

在有可能的情况下,先参观一下演讲场所,熟悉之后自然能缓解紧张情绪。

(二)克服听众的逆反心理

无论是知识性还是劝说性的演讲,来自听众的提问和质疑往往会让演讲陷入窘境。要克服这种来自听众的阻力需要做到以下几点。

1. 坚定信心

如果你对自己所演讲的主题、内容都不自信,就很难打动听众让他们赞同你的观点。这种信心不是盲目的,要建立在对演讲材料的充分掌握和严密的论证基础上。

2. 理解听众

在人们接受一种观点或者新事物时首先会对它的正确性、可行性、真实性等产生怀疑,这是很正常的现象。这也需要你通过论证向听众展示出来,打消他们的疑虑,心甘情愿地接受你的观点。

3. 努力协调

当听众产生了疑虑或者不满时,不能因为一时的冲动而中断演讲,或者和听众产生争执。要努力寻找解决问题的方法。这就需要利用你准备的材料或者日常的积累来帮助听众解开疑团,这样不仅得到了听众的信服,而且也是你观点的一个有力论据。

4. 注意语言表达

演讲的语言要迎合听众的口味和欣赏水平,这就要求你要有丰富的语言积累,能依据听众的不同文化层次来恰当调节语言表达。这样会极大地减轻听众对你演讲的反感情绪。

演讲中的障碍并不可怕,只要你能采取恰当的方式,就可以扫除这些障碍。

第二节 谈判及技巧

 小贴士

有位谈判的理论家说过,你的现实世界是一个巨大的谈判桌,不管你愿意与否,你都是一个谈判者。商务谈判是施展谋略、斗智斗勇的舞台。在这个舞台上,谈判双方谋略的施展,需要靠语言来实现,靠沟通来完成。

谈判,无时不在,无处不有。每一个要求满足的愿望,每一项寻求满足的需要,都可能诱发谈判。谈判，大可在国家之间、党派之间、社会集团之间、企业之间进行，足以影响部分人类群体的生存与发展；小可在社会中的个人之间，家庭中的父母与子女、兄弟姐妹之间进行。

企业的经营管理、生存发展，更是离不开谈判，当企业与社会公众发生矛盾和利益冲突时，就可以借助于谈判来解决，维护和协调双方的利益关系。矛盾和利益冲突的解决，有利于建立和维护企业与社会公众的良好关系，有利于塑造企业的良好形象。

一、谈判概念

案 例

"圆满的"谈判实例

哥哥和弟弟为一块苹果馅饼的分配而发生了争论，两个人都坚持要分得一块大的，谁也不同意平均分配。但是，谁也提不出一个双方都能接受的分配方法。

这时，父亲给他们提了一个建议，由一个人先来切馅饼，他愿意怎么切就怎么切，而另一个人则可以先挑自己想要的那一块。兄弟俩都觉得这个建议很公正，于是同意照此办法分配馅饼。这样，不仅解决了馅饼的分配问题，还使兄弟俩都觉得自己得到了公平的待遇。

这是几乎所有论述谈判的著作都要提到的一个著名的谈判实例。但是，谈判到底是什么呢？

人们常将"磋商""洽谈""商谈""谈判"相提并论，并在同一场合交替使用，实际上这几个词在本质上没有区别，它们基本上都体现了讨论、交换意见、争议、协商、评断等意义。如果说有什么区别，那就是"谈判"更具严肃性，不像其他几个词那样灵活、温和，具有外交色彩。那么，究竟什么是谈判呢？尽管目前学术界对它的定义不尽相同，但美国谈判学会会长杰勒德·I.尼尔伦伯格的观点得到了大多数人的共识。他说："所谓谈判，就是人们为了改变相互关系而交换意见，为了取得一致而相互磋商的一种行为。"

谈判有广义和狭义之分。广义的谈判不仅指正式场合下的谈判，还指一切"协商""交涉""商量"等行为。狭义的谈判仅指在正式场合下所进行的谈判。

在现代社会，无论什么意义上的谈判，它在我们的政治生活、经济生活和社会生活中都占有重要的位置。不仅战争、外交、国界、民族、党派、经济贸易等重大问题需要用谈判来解决，文化、教育、家庭、社交等问题同样离不开谈判。

小贴士

> 有关资料表明：在发达国家中，有10%的人每天直接或间接从事谈判工作。正因为谈判所显示出的魅力和独特的功能，世界上一些国家纷纷成立了专门的研究机构，如美国早就成立了"美国谈判学会"，日本于1988年6月成立了"交涉谈判学会"。

不仅如此，一些发达国家的著名学府也建立了自己的研究机构。如哈佛大学的谈判培训中心不仅负责培养政府机构、公司企业的高级谈判人员，而且经常参与一些重大的国际谈判活动。20世纪80年代中期以来,随着我国对外开放、对内搞活的社会改革的进一步深化,谈判越来越受到人们的重视。

综上所述,我们认为:谈判是有关组织(或个人)对涉及切身权益的有待解决的问题进行充分的交换意见和反复的磋商,以寻求解决的途径,意欲达成协议的合作过程。

二、谈判的基本作用

(一) 调节利益关系

在现代的市场经济环境下,人与人的关系中利益的成分占了越来越大的比重。其中有相互竞争的一面,也有相互合作的一面。现在有一种说法,商场如战场,其实这仅仅反映了经济关系中冲突的一面,而双方还存在互利互助的一面。一项双方都赞同的买卖,不但对卖方有利,对买方也有利,这就是一种"双赢"的局面。

有人在谈判过程中坚持自己的利益,寸步不让,非要置对方于死地而后快。其实,这是一种形而上学的错误观念,只是一种一厢情愿的幻想。如果自己有能力完全"吃掉"对方,也就用不着谈判了。凡是需要谈判的场合,一定是对立的双方处于实力基本对等的地位,而且有着利益的相互需要。一个组织要想取得谈判的实际成果,必须抛弃寸步不让的错误念头。

(二) 解决冲突,缓和矛盾

在市场经济的条件下,组织与组织之间,组织与个人之间存在冲突是不可回避的现实,谁如果对此视而不见,或者故意掩盖矛盾,大谈友谊与合作,虽然表面上看似一团和气,但必定为日后的合作埋下不和的种子。

因此,正确的立场应当是正视矛盾,不回避矛盾,通过谈判来解决矛盾,寻找合作的新立场。在经济合作的过程中,合同的某些缺陷,有时会给工作造成预想不到的麻烦,通过谈判求同存异,寻找解决问题的方法,可以使双方的利益都得到保证。

案 例

谈判解决冲突

某电池厂与外商合资引进了一条生产线,计划10个月投产,但是因为种种原因,计划未能实现,外商却要如期撤走专家。中方此时面临两种选择,或者诉诸法律,或者谈判。如果提起国际诉讼,将会陷入旷日持久的法庭调查,生产线投入实际使用就会变得遥遥无期。

权衡利弊,中方采用了先礼后兵的谈判策略,向对方说明,合同虽然到期,但生产线仍然无法正常运转,应视为对方未能履约。如果对方一定坚持回国,中方要求对方赔偿损失。外方考虑到自身的利益,同意了中方的要求,坚持把生产线调试成功才回国。

通过这个例子我们可以看到,谈判是现代生活中调节社会人际关系的有效工具。

(三) 建立组织的良好形象

谈判还有一个作用,就是要注意处理好组织与公众的关系。工作人员应当把谈判视为一种改善组织形象、沟通人际关系的重要渠道。

小贴士

> 美国的谈判学会会长杰勒德·I.尼尔伦伯格认为：谈判是"人们为了改变相互关系而交换意见,为了取得一致而相互协商的一种行为",是"直接影响各种人际关系,对参与各方都产生持久利益"的一种过程。

这样对谈判者的要求就更高了,谈判人员除了要掌握一般的谈判技巧,达到预想的目的以外,还必须使对方能够通过谈判感受到你真诚合作的信心。

三、谈判的过程

谈判的全过程应包括三方面：谈判的准备、正式谈判以及谈判的收尾。

（一）谈判的准备

为使谈判获得成功,需要对谈判进行必要的准备。通过对谈判进行准备,达到分析形势,弄清自己和谈判对手的需要和目标,估量谈判双方的实力,最后确定自己的谈判目标和制定具体的战略方针的目的。谈判的准备工作主要包括以下几个阶段。

1. 收集资料

谈判,是谈判实力运用的技术。而谈判实力则由两个因素决定：一是掌握的信息;二是谈判经验。对于前一个因素,除了单调无味地收集信息,然后把它们变成谈判计划之外,别无他法。

具体来讲,就是要了解自己在谈判中的相对位置,如自己的优势与劣势,舆论对自己的评价,自己的竞争能力等。此外,充分的心理准备,健全的、健康的心态也是谈判取得成功的关键之一。还要了解和掌握谈判对手的各种情况,甚至包括谈判对手的一些个人详细资料。在这方面,日本商人值得称道。在谈判之前,他们对谈判对手的各种情况都力求有所了解,包括他的经历、爱好、家庭情况、生日等,都摸得清清楚楚。这为他们谈判的成功奠定了基础。最后是己方和对方的财务状况、决策的优先顺序、成本分析、期限压力、组织结构及经营方向,等等。

2. 确定谈判组人员

谈判,是人与人之间相互交往、相互交涉的一系列活动和行为,人是谈判中的首要因素。作为谈判者,其各方面的特征和素质直接影响谈判的顺利进行、谈判效率和谈判成果。因此,对谈判人员的挑选是谈判准备工作中的首要内容。具体的挑选工作,可以参考以下三个方面进行。

（1）谈判人员的知识。谈判人员的知识,包括知识水平和知识结构,关系到谈判人员的信誉和威望,从而直接影响其谈判实力、谈判效率和谈判结果。

（2）谈判人员的个人素质。谈判人员的个人素质包括知识、道德、心理等因素。

谈判人员应具备的个人素质包括追求高目标、观察力敏锐、表达能力强、掌握听的艺术、自信沉着而富有弹性以及正直和幽默等。

（3）谈判人员的年龄。年龄对谈判人员的谈判效率也有着直接的影响。因为年龄在一定程度上代表着谈判人员的知识、精力和经验。

这几方面对谈判的成功都有很重要的影响。尤其是经验,它体现出谈判人员对谈判艺术的把握。在遇到以前出现过的问题时,经验可以使谈判人员驾轻就熟;而在遇到前所未有的问题时,经验可以使谈判人员举一反三。

英国谈判专家斯科特指出,谈判人员的最佳年龄在33～35岁。

因为,在就业的早期,人具有竞争的特点和理想主义的色彩,在这一时期,人高度关心自己的社会地位,注意积累经验和希望得到提升。

而在就业的晚期,则具有能够容忍他人意见和对企业内部与社会目标承担责任的特点,但这一阶段,人的竞争性已经不足,事业成功与否已不再被当作人生最重要的标准。

在就业的早期与晚期之间存在着一个中间阶段,人在这个时期已经积累了一定的经验,仍然精力充沛,富有进取心,这是人生的黄金时期。这个时期的精确年龄因人而异,但对大多数人来说,一般在33～35岁。

上述三种因素综合起来,所表现出的就是谈判人员的能力。因此,对谈判人员的挑选,实际上是根据谈判人员的能力来进行的。

3. 拟订谈判计划

在调查研究的基础上,拟定谈判计划(正式或重大的谈判都必须拟定一个谈判计划)。

谈判计划主要从以下几个方面制订。

(1) 确定谈判计划的主题。主题是谈判的基本目的,应当具体、简洁、明了。

(2) 确定谈判的要点。谈判要点包括:谈判目的、谈判程序、谈判进度和谈判人员。其中,谈判程序是最主要的环节,必须考虑到它的互利性和简洁性,以提高谈判效率。

(3) 关于谈判策略的运用,特别是一些特殊策略的运用。如是说服、强迫还是控制;是协作还是争论;是采取"闪电"战术,还是采取拖延,或长期施加压力的策略等。

谈判是一个千变万化的过程。因此,不能把谈判计划看得一成不变,死死守住寸步不让。理想的状态应该是:预先制订计划,根据面临的实际情况进行必要的改动,提高谈判的成功率。

4. 做好必要的物质准备

谈判准备工作的另一项重要内容是物质准备。从表面上看,物质准备与谈判内容,乃至谈判结果没有内在的联系。但是,很多富有经验的谈判专家对此深有感触,他们认为,谈判的物质准备直接体现了作为东道主一方的诚意,因而对谈判气氛,乃至整个谈判的发展方向都有着直接的影响。

如果准备工作潦潦草草,一塌糊涂,应邀来谈判的一方会认定东道主缺乏必要的诚意,在谈判开始之前,谈判双方就存在隔阂,这势必影响谈判的气氛和谈判最后的结果。

谈判物质准备的内容,包括谈判环境的布置和谈判人员的食宿安排两个方面。

1) 谈判环境的布置

谈判环境的布置,首先要选择一个好的谈判房间。一个好的谈判房间应具备的起码条件是:宽敞、灯光适宜、通风、隔音以及温度适宜。另外,还应在房间的墙壁上布置一些让人精神放松的装饰物。如果谈判对手有特殊爱好或忌讳,在房间的布置上要特别注意针对其爱好或回避其忌讳,以期创造出一个适宜的环境。

其次要选择好谈判桌。一般而言,圆形谈判桌比方形桌要好些,因为方形桌方方正正,谈判人员对面坐定后,往往过于正规和严肃,有时甚至还会使人产生对立的情绪,这显然不利于创造一个良好的谈判气氛。

最后是关于谈判人员座位的安排,通常是谈判双方各自坐在一起,谈判双方的人员依据职务等级对应而坐。当然,关于谈判人员具体怎么坐,并无什么规则,可根据具体情况灵活掌握。

随着社会的进步和谈判的日益增加,谈判环境已不再局限于某一固定的空间,不再局限于谈判桌前的来回讨论了。谈判双方在高尔夫球场、在台球桌边、在酒会或宴会上,一边潇洒地击球、聊着社会新闻,唱着、吃着,一边谈着共同的利益,就谈判双方关心的问题进行交谈和磋商。这种寓谈判于游玩或交际之中的谈判,对谈判环境的要求不是低了,而是更高了。对这些谈判形式的认识,将促进谈判物质准备工作提高到一个更高的水平。

2) 谈判人员的食宿安排

谈判人员食宿条件的好坏,将直接影响谈判人员的精力、情绪和工作效率。一个不能让谈判人员很好休息的住宿条件,势必影响谈判人员的体力恢复,影响谈判人员的精力,从而造成谈判人员的紧张,甚至对立情绪,影响最后的谈判结果。

5. 模拟谈判

模拟谈判也叫假设演习,即从己方代表选出有关成员代表洽谈对象,从洽谈对象的立场出发,与之进行磋商。

事实已经表明,这种模拟谈判是必要的、可取的,它可以从多种多样的假设中,提取一种最佳的谈判方案,与谈判对手展开有效的攻势,并获得成功。

同时,模拟谈判可帮助己方人员从中发现问题,对既定谈判方案做出某种修改或加以完善,使谈判计划的安排更具实用性和有效性。

6. 抓住正式谈判前的开场白机会

在谈判伊始,双方正式见面,彼此寒暄、入座,主持者道几句开场白,此时正是谈判者创造和谐谈判气氛的好时机。首先应该认识到,一开始就进入正题往往是弊多利少,容易造成空气紧张,不利于良好气氛的形成。在谈判开始到底应该选择什么话题才能创造出和谐的谈判气氛呢?

开场白的方式主要有以下几种。

(1) 借助物品开始。可以展示一张地图、一幅画、一张统计表、一张照片、一件实物等,只要有助于阐述观点就行。

(2) 用提问的方式。开始交谈时,若提出问题,对方就会按照这个问题的思路去思考,产生一种想要知道正确答案的欲望。但是要注意,提出的问题不一定要与交谈的主题有关,但是要侧重于开放型问题。

(3) 以名言警句开始。名人在一般听众的心目中的形象总是崇高的,他们的话也总有一种吸引听者的魅力。

(4) 用令人震惊的事实开始。它可以使对方从一系列触目惊心的事实中醒悟过来,并产生一种要对述说的事追根究底的"悬念"。

(5) 用赞美的话开始。一般来说,人都喜欢听称赞的话。因此,开始说话时,可以赞美对方的衣着得体、气质高雅;可以称赞所在地区的悠久历史和光荣传统;可以赞美当地的丰富文化遗产和勤劳勇敢的人民等。

（6）用涉及对方切身利益的话作为引子。这是有经验的交谈者经常使用的开始谈论的方法，就是把自己表达的内容与听者的切身利益联系起来，以引起对方的关注和重视，吸引对方。

（7）寻求共同点。这些共同点可以涉及双方以往的相同经历和遭遇，也可以涉及双方以前的密切合作，还可以展望双方友谊发展的前景等。

通过这样的开场白，双方的感情一下子会接近许多，此后再谈正题就好办得多了。但是，开场白也不宜过多，以免冲淡谈判的主题。时间应占谈判总时数的5％左右，如谈判准备为1小时，那开场白的时间应为3分钟左右。

（二）正式谈判

1. 开局阶段

开局阶段也称"开谈阶段"，它延续了开场白阶段所营造的良好气氛，又为以后进入实质性内容做好必要的准备。如何开局是谈判人员必须掌握的技巧之一，一般可以以轻松、愉快的口气，以询问商量的方式与对方交换些容易达成一致意见的话题，如谈判的目的、谈判的程序等。这些话题与谈判有关，但又是非实质性问题，一般不会引起对方的反感。由于一开始双方就取得程序等方面的一致，就为以后谈判取得进展甚至达成协议开了一个具有象征意义的好头。

2. 概说阶段

概说阶段双方各自说出自己的基本想法、意图和目的。概说时要简明扼要、诚挚友善。经过此阶段后，双方都对对方有一个大致的了解。

3. 明示阶段

不可否认，谈判双方必会有一些不同意见和分歧，明智之举是及早提出这些问题以求彻底解决。一般而言，谈判双方包含四类问题，即自己所求、对方所求、彼此互相之求、外表看不出的内蕴需求。为了达成协议，双方应心平气和地提出这些问题并就此展开讨论。

4. 交锋阶段

谈判的目的就是获得自己所想要的东西，谈判双方的对立状态在这个阶段才渐渐明朗。谈判双方都列举事实与数据，希望对方理解并能接受自己的要求，而对方也会举出事例来反驳你，从而各自坚持自己的立场。

5. 妥协阶段

交锋不会无休止地进行下去。与激烈的交锋同时进行的，便是双方均在寻找与对方的共同点，寻找缩小双方目标之间差距的各种可能途径，并就此提出各种可行的折中方案，这就是让步或妥协过程。

只要谈判的双方均有诚意并存在共同利益，就会在经过激烈交锋之后达成妥协。不管谁先向对方妥协，都必须因此得到补偿。

6. 协议阶段

经过交锋和妥协，双方均已认为基本上达到了自己的目标，即可形成双方认可的协议书并由双方代表在协议书(也称谈判合同书)上签字,并加盖双方单位的公章。

7. 进行公证

由公证员当场进行公证,宣布双方所签订的谈判合同书自签订之日起有效,负有法律责任,双方都应严格遵守等。至此,谈判程序结束。

(三) 谈判的收尾

谈判的收尾工作有以下三点。

(1) 将谈判的成果以及谈判取得成功的友好气氛继续下去,以利于以后双方的各种交往和谈判。

(2) 对一些贸易谈判而言,要马上落实各项事务,以保证所签合同的履行。

(3) 需将谈判情况进行总结,总结内容主要有:目标制定、谈判前的调研、物品准备、程序安排、谈判气氛营造、谈判中遇到的各种情况和问题以及谈判的策略、技巧等。

小贴士

> 有人认为,只要通过谈判达到自己的目的,就可以不择手段,这样的看法肯定是偏激的。在商务谈判中是有原则可循的,如客观真诚原则、平等互惠原则、求同存异原则、公平竞争原则和讲求效益原则等。

四、谈判的策略与技巧

策略是指为实现谈判目标所采取的智谋手段。在谈判中正确地运用各种策略,可收到事半功倍的效果。谈判中的策略不胜枚举,这里介绍几种常用的策略。

案 例

开诚布公的谈判

广东玻璃厂与美国欧文斯玻璃公司就引进设备一事进行谈判。在谈判过程中,双方在全部引进还是部分引进这个问题上僵住了,双方各执一词,相持不下。这时广东玻璃厂首席代表换了一个愉快的话题。

他说:"你们欧文斯的技术、设备和工程师都是世界上一流的。你们投入设备与我们合作,只能用最先进的设备,这样我们才能成为全国第一。这不单对我们有利,而且对你们更有利。"欧文斯的首席代表是一位技术水平很高的人,听了这番话心里自然很高兴。

接着广东玻璃厂的代表话锋一转:"我们厂的外汇有限,不能买太多的东西,所以国内能生产的就不打算进口了。现在,你们也知道,法国、比利时与日本的厂家都在与我国北方的厂家搞合作,如果你们不尽快与我们达成协议,不投入最先进的设备、技术,那么你们就会失去中国的市场,人家也会笑话你们欧文斯公司无能。"

经过这一番开诚布公的交谈,使濒于僵局的谈判气氛得到了缓和,最后双方达成了只进口主要设备的协议。广东玻璃厂因此省下一大笔外汇,而欧文斯公司也因为对广东玻璃厂出口技术和设备,并使其成为全国同行业产值最高、耗能最低的企业而声名大噪。

(一) 以诚取胜

在谈判中,并不是所有的谈判信息都要求保密,有时开诚布公反而能收到意想不到的效果。

(二) 最后通牒

最后通牒是指在谈判陷于僵持阶段时,某一方宣布以某一新条件或某个期限作为谈判中合同成败的最后决定条件,逼对方最终答复的做法。通常人们也爱用"边缘政策"的说法来表达之。

例如卖方降了一次或两次价后,宣布"我是最后价了,请贵方研究"。有的还说"我已无别的条件,我等到明天中午,如果贵方接受我方建议,则我留下签合同;否则,下午有 2 点的飞机,我就回国了"。

买方也常使用该策略压卖方。有的谈判高手还玩"最后×分钟"的把戏。在某个上午或下午将尽时,说"给你最后×分钟""没有新建议就到此散会,下一步怎么办?另商量"等,凡带"威胁性的通告"均有最后通牒的味道。使用该招时应注意:通牒要"令人可信"。

如"要走"的可能性存在,下午 2 点的确有飞机,机票的确订好,要不然是个笑话,也会失去效果,且会影响以后的谈判。此外,通牒不要"滥用"。在一场谈判中,过多地使用此策略不好,会伤感情,也无大效果。

(三) 出其不意

出其不意是指谈判手法、观点或提案的突然改变,以造成谈判出现戏剧性的变化。在一些谈判中,常用这样的手法,突然用一个备用提案来打乱甚至推翻前面的提案,使对方感到措手不及、不知所措。

心理学的研究表明,当你的对手突然推翻前面的提案,采用"出其不意"的手法向你袭击时,常出自两种动机:一种是根本不想成交,或者是感到成交时候不到,条件不具备;另一种是你的对手对你是否接受前一提案产生了怀疑,因而推翻前一提案,目的是测试你的反应,从而估计自己是否在这笔交易中吃了亏,并伺机重新制定谈判的方案。但"出其不意"的手法在使用时要谨慎。

(四) 先苦后甜

先苦后甜的意思是先紧后松,通过这种心理上的对比,强化对方认为眼前所争取到的已是比较大的利益,从而达成协议。如飞机晚点,最先预报晚一小时,可等了几分钟后又预告只晚半小时,最后只晚 15 分钟到达,这时旅客都非常高兴,拍手称庆。从最终结局来看,飞机确实是晚点了,但旅客们反而感到庆幸和满意。

先苦后甜就是有意识地利用人们这种心理上的效应。如当你想要对方在价格上打折扣,但又估计对方难以接受时,可以采取"先苦后甜"策略。除了价格以外,你同时在品质、运输条件、交货后支付条件等几方面,提出较苛刻的要求。在交锋时,你要尽力使对方感到,在好几项交易条件上,你都做了让步,对方占了不少便宜。

于是,当你提出折扣问题时,可能会不费多少口舌就能获得对方的同意。事实上,前几项交易条件上的让步是你本来就打算给予的,只是为了让对方感到尝到了甜头,最后,在你关注的项目上让步的效果。

(五) 中途换人

中途换人策略是指在谈判桌上的一方遇到关键性问题或与对方有无法解决的分歧时，借口自己不能决定或其他理由，转由他人再进行谈判。这里的"他人"或者是上级、领导，或者是同伴、合伙、委托人、亲属、朋友。

运用这种策略的目的在于：通过更换谈判主体，侦探对手的虚实，耗费对手的精力，削弱对手的议价能力；为自己留有回旋余地，进退有序，从而掌握谈判的主动权。使用这种走马换将策略时，作为谈判的对方需要不断面对新的谈判对手，陈述情况，阐明观点，重新开始谈判。这样会付出加倍的精力、体力和投资，时间一长，难免出现漏洞和差错。这正是运用中途换人策略一方所期望的。

案 例

中途换人策略

美国《生活》杂志就曾介绍史科拉斯兄弟电影公司在商谈中使用了这一策略。有一位演员经纪人和史科拉斯兄弟电影公司商谈时，先被安排和弟弟谈。经过长时间的讨价还价后，等到双方快要达成协议之时，弟弟说须请示哥哥批准，结果哥哥不同意。于是这位经纪人又和哥哥重新开始了马拉松式的谈判。

很少经纪人会有这种耐力和精力，经得起这种长时间的会谈。因为他又不得不重复陈述自己的观点以及谈判的进程，对他来说，这将是一种身体和心理上的双重折磨，最后不得不再次让步。

中途换人策略的另外一个特点是能够补救己方的失误。前面的主谈人可能会有一些遗漏和失误，或谈判效果不尽如人意，则可由更换的主谈人来补救。并且顺势抓住对方的漏洞发起进攻，最终获得更好的谈判效果。

在业务谈判中，如遇到这种情况，需冷静处理，并采取一定的应付措施，有时能变不利为有利。

(六) 润滑剂

谈判双方在交往过程中，经常会出自礼貌、友好和联络感情而相互赠送一些礼物、纪念品等，这无疑会对谈判的进展起到润滑剂的作用，故幽默地称为"润滑剂"策略。

"润滑剂"策略是个微妙的策略，敏感性很强，弄不好会引起种种误解、戒心、反感、效果适得其反。同时，由于文化、习俗的差异，各国谈判界对使用"润滑剂"的评价也不一，因此我们还应慎重对待。

馈赠礼品时要注意对方的文化背景、风俗习惯；礼品的价值不宜过重；注意送礼的场合，尤其在初次见面时即以礼相赠有失妥当，甚至被认为是贿赂。总之，我们在涉外谈判过程中，如果需要向对方馈赠礼品，就一定以尊重对方习俗为前提。

(七) 让步策略

在谈判中，一方向另一方让步，甚至双方互作一定程度上的让步是常有的事。但是，在实际做起来却不是一件容易的事。每一个让步，均应考虑其对全局的影响。一般来说，让步有下列基本原则和策略;每一次让步都应争取得到对方的回应,不做无谓的让步。

让步要恰到好处,即以最小的让步使对方感到获取了最大的满足;在重要的问题上,力求使对方先作让步;让步幅度不宜过大,节奏也不宜太快,让对方珍惜我方的每一个让步;不要承诺做同等幅度的让步;让步要同步进行;让步可以反悔,完全可以推翻重来。

案 例

谈判争取来的破例

12月5日,美国最大的电信企业AT&T公司与上海电信公司、上海信息投资股份有限公司签署合同,共同投资组建上海信天通信有限公司。这是电信领域第一家中外合资企业。它的成立表明中国电信领域开放进入一个新的里程碑,同时也表明中国开始履行WTO多边谈判协议的承诺。

由于合资领域引人注目,这次中外谈判成了我国尖端服务领域国际谈判的范例。谈判伊始,中外双方都有强大的律师阵容参加。中方律师团由留美法学博士、上海市锦天城律师事务所黄仲兰律师领衔,顾晓峥、毛天敏、周汀等律师参加;美方则由AT&T的法律顾问及多家律师事务所的资深律师组成。谈判双方斗智斗勇。美方律师依仗的是丰富的跨国投资法律服务经验;中方律师则凭借对中美两国法律的熟悉、IT专业知识及工作态度。

以往,大型国际合作项目谈判通常是由外方提供文本草案,但在这次谈判中,中方律师率先起草了第一版合同草案。整个谈判以中方文本草案为依据,这样就为中方争得了主动。

随着谈判的深入,AT&T方面谈及了具体的投资方案,即AT&T公司将通过其为这一项目特意在美国特拉华州设立的全资子公司进行投资。中方虽对这一国际通行的做法表示理解,但由于电信服务是长期性的,其投资商必须有确切的资金来源、实力以及从事这一行业的资质和能力。中方真正合作方是AT&T。

黄仲兰律师提出,该AT&T子公司资金势力较为有限,将来在合同履行能力及违约责任承担上可能会有问题,进而他建议,由AT&T出具书面文件对子公司的履约做出相应承诺,中方仅在一个平等的限额内承担责任。AT&T经慎重考虑,同意黄律师的建议,出具了一份书面承担担保义务的文件。事后,美方谈判人员说,在此之前,AT&T公司从未出具过相类似的文件,这是一次破例。

(八) 暗示

暗示具有与明示、明言相反的含义。某些情况,不便于直接说出某种话,或不便于明确地表达出某种含义,则可用隐晦、曲折的语言,或某些特定的表情、动作,表达出"只可意会,不可言传"的内容,对方对此也只能心领神会。因此,暗示只能是在特殊场合使用的特殊语言,如使用得当也可起到特殊的效果。

在商务谈判中,商业情报、技术秘密,以及涉及谈判对手与第三方的情况等往往不可公开,但已成为影响谈判进程的筹码。如谈判对手对某技术要价过高,可适当暗示己方有自己开发的能力,或具有从第三方购买的可能性。当然也可以就对手的暗示进行反击,如暗示对手借以争取高价的情报并不准确,或对方技术可能被潜在的第三方超过等。

本章小结

(1) 演讲是以讲为主,以演为辅,讲演结合的信息传播形式。从本质上看,演讲就是艺术化地发表意见或阐明事理。

(2) 作为演讲者,不管你准备了多少演讲内容,最初的 30 秒都是最重要的。

(3) 演讲的各种准备,最终要通过走上演讲台发表演讲表现出来。

(4) 培养演讲才能的方法:读、背、诵、讲、练。

(5) 克服演讲中的障碍需要做到控制紧张情绪和克服听众的逆反心理。

(6) 谈判是有关组织(或个人)对涉及切身权益的有待解决的问题进行充分的交换意见和反复的磋商,以寻求解决的途径,意欲达成协议的合作过程。

(7) 谈判的全过程应包括:谈判的准备、正式谈判以及谈判的收尾。

(8) 谈判的策略与技巧包括:以诚取胜、最后通牒、出其不意、先苦后甜、中途换人、润滑剂、让步策略、暗示等。

复习思考题

(1) 你对培养演讲的方法是如何理解的?

(2) 结合自己的经历,谈谈演讲前应做好哪些准备?

(3) 谈判的开场白为什么那么重要?

(4) 你认为谈判的技巧在谈判中起着什么样的作用?

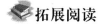
拓展阅读

采购谈判的 16 个技巧

1. 谈判前要有充分的准备

采购人员必须了解商品的知识、品类、价格、供需情况、企业情况、本企业所能接受的价格底线与上限,以及其他谈判的目标。

2. 只与有权决定的人谈判

谈判之前,最好先了解和判断对方的权限。尽量避免与无权决定事务的人谈判,以免浪费自己的时间,同时也可避免事先将本企业的立场透露给对方。

3. 尽量在本企业办公室内谈判

零售商通常明确要求采购员只能在本企业的洽谈室里谈业务。除了提高采购活动的透明度、杜绝个人交易行为外,最大的目的其实是在帮助采购人员创造谈判的优势地位。

4. 对等原则

不要单独与一群供应商的人员谈判,这样对你极为不利。

5. 不要表露对供应商的认可和对商品的兴趣

无论遇到多好的商品和价格,都不过度表露内心的看法。在谈判时要一直持怀疑态度,不要流露与对方合作的兴趣,让供应商感觉在你心中可有可无,这样可以比较容易获得有利的交易条件。

6. 放长线钓大鱼

有经验的采购员会想办法知道对手的需要,因此尽量在小处着手满足对方,然后渐渐引导对方满足采购人员的需要。

7. 采取主动,但避免让对方了解本企业的立场

善用咨询技术,询问及征求要比论断及攻击更有效。在大多时候,供应商在他们的领域非常专业,多询问可获得更多的市场信息。

8. 必要时转移话题

若买卖双方对某一细节争论不休,无法谈判,有经验的采购人员会转移话题,或暂停讨论以缓和紧张气氛,并寻找新的切入点或更合适的谈判时机。

9. 谈判时要避免谈判破裂,同时不要草率决定

有经验的采购人员,总会给对方留一点退路,以待下次谈判达成协议。

10. 尽量以肯定的语气与对方谈话

在谈判的中盘,对于对方有建设性的意见和发言,如果采取否定的语气则容易激怒对方。故采购人员应尽量肯定对方,称赞对方,这样对方也会愿意给你面子。

11. 尽量成为一个好的倾听者

一般而言,供应商业务人员总认为自己能言善到,比较喜欢讲话。采购人员知道这一点,应尽量让他们讲,从他们的言谈举止之中,采购人员可听出他们的优势和缺点,也可以了解他们谈判的立场。

12. 尽量从对方的立场说话

成功的采购谈判要在彼此和谐的气氛下进行才可能达成。在相同交涉条件上,站在对方的立场上去说明,往往更有说服力。

13. 以退为进

有些事情可能超出采购人员的权限或知识范围,此时不妨以退为进,请示领导或与同事研究弄清事实情况后,再答复或决定。

14. 交谈集中在我方强势点上(销售量、市场占有率、成长等)

告诉对方我公司未来的发展目标,让供应商对我公司有热忱、有兴趣。不要过多谈及我方弱势点,一个供应商的谈判高手会攻击你的弱点,以削减你的强项。

15. 以数据和事实说话,提高权威性

无论什么时候都要以事实为依据。用事实说话,对方就没办法过分夸大某些事情,从而保护住你的原则。

16. 控制谈判时间

谈判时间一到,应即刻结束谈判离开,让对方紧张,做出更大的让步。

实践课程

训练一

可以将自己的一次演讲录制下来,通过回放,仔细观察自己的肢体语言是否完全到位,是否出现手势过多、过于死板、目光呆滞、面部表情冷淡等各种不良状况。找出不足之处和改正的办法。

训练二

自主命题。把同学们分成组,扮演甲方和乙方。做一次模拟谈判。

训练三

注意观察市场上买卖双方讨价还价的技巧,并结合所学的谈判知识,写一篇观察报告。

训练四

绕 口 令

(1) 作用:在口才、口语训练中既有趣又有效。对纠正发音、锻炼舌肌十分有益。
(2) 程序:由简到繁、由短到长、由慢到快。
(3) 要求:清、准、快、连,也就是清晰、准确、快速、连贯。

练习1:
对面有个白粉墙,白粉墙上画凤凰,先画一只黄凤凰,后画一只绯红绯红的红凤凰,红凤凰看黄凤凰,黄凤凰看红凤凰,红凤凰、黄凤凰,两只都是活凤凰。

练习2:
九个酒迷喝醉酒。九个酒杯九杯酒,九个酒迷喝九口。喝罢九口酒,又倒九杯酒。九个酒迷端起酒,"咕咚、咕咚"又九口,九杯酒,酒九口,喝罢九个酒迷醉了酒。

练习3:
玻璃杯倒进白开水,
白开水倒进玻璃杯。
玻璃杯倒进白开水就成了装白开水的玻璃杯。
装白开水的玻璃杯倒进白开水,
白开水倒进装白开水的玻璃杯。

练习4:
天上七颗星,地上七块冰,台上七盏灯,树上七只鹰,墙上七枚钉。
吭唷吭唷拔脱七枚钉。喔嘘喔嘘赶走七只鹰。乒乒乓乓塌坏七块冰。
一阵风来吹灭七盏灯。

练习5:
八百标兵奔北坡,炮兵并排北边跑,炮兵怕把标兵碰,标兵怕碰炮兵炮。

第八章 沟通礼仪

CHAPTER 8

学习目标

（1）了解礼仪的起源、概念及发展历程，明确礼仪的原则和作用。
（2）理解礼貌、礼节、仪表、仪式的含义，领会化妆礼仪应注意的问题。
（3）掌握服饰穿戴的基本原则，掌握交际过程中的各种礼仪。

技能要求

（1）学会对日常生活中不良姿势的纠正，掌握各种场合服装及化妆的基本要求。
（2）在人际交往中领会各项礼仪的要领。

国际赛事志愿者的语言沟通礼仪

国际赛事志愿者能否与服务对象进行有效的语言沟通，与志愿者表达的清晰度、聆听的专注度、反馈的及时度有很大关系。

河北师范大学体育学院教授表示，平稳、悦耳的声音能使人心情愉快。国际赛事志愿者要保持比较平稳的声调，控制好音量，保持中等语速，语气要谦和亲切。交谈中要发音标准，少用方言，无外宾在场时慎用外语，并多使用"您""您好""请"等礼貌用语。

国际赛事志愿者在和服务对象交流时，要耐心地倾听对方谈话，并表示出兴趣，同时发出认同对方的"嗯""是"之类的声音，但不要打断对方的话，等到对方停止发言时，再发表自己的意见。切忌左顾右盼、心不在焉，或不时看手表、伸懒腰等。要善于回应对方的感受，如果服务对象为某事特别忧愁、烦恼时，则应以体谅的心情，说："我理解您的心情，要是我，我也会这样。"这么一来，会使对方感到你对他的感情是尊重的，能增进互信。

国际赛事志愿者在和服务对象交流时，要善于总结对方的意思，讲出对方观点及感受，表示已明白对方感受和说话背后的含义。面对服务对象的不理解或抱怨，要耐心解答，懂得换位思考，设身处地为服务对象着想，缓和气氛。

资料来源：https://m.gmw.cn/baijia/2021-04/22/1302246888.html，2021-04-22。

第一节 礼仪的概述

人类活动在受自然规律的影响和制约的同时,还受社会规律以及由社会规律决定的各种社会规范的影响和制约。在这些社会规范中,除了道德规范和法律规范以外,还有一个很重要的方面,这就是礼仪规范。礼仪,作为人类历史发展中逐步形成并积淀下来的一种文化,始终以某种精神的约束力支配着每个人的行为。

礼仪是现代人的处世根基,礼仪是成功者的潜在资本。

礼仪是一门综合性较强的行为科学,是指在人际交往中,自始至终地以一定的、约定俗成的程序、方式来表现的律己、敬人的完整行为,是一种为时代共识的行为准则或规范,即大家认可的,可以用语言、文字和动作进行准确描述和规定的行为准则,并成为人们自觉学习和遵守的行为规范。

小贴士

> 中国素有"文明古国、礼仪之邦"的美称,自古至今,历来崇尚礼仪。古代流传下来的有《周礼》《礼记》等专门记载礼仪的著作,历史典籍中也不乏关于礼仪方面的记载。孔子曰:"不学礼,无以立。""礼用之,和为贵。"荀子曰:"人无礼则不生,事无礼则不成,国无礼则不宁。"

礼仪是一个人立足社会、成就事业、获得美好人生的基础;礼仪是人类文明进步的重要标志。学习礼仪是为了能够与他人和谐相处;宣传、推广礼仪是为了社会的祥和、稳定。

在古代,人们赞美"谦谦君子,玉树临风""惊若翩鸿,矫若游龙";在现代西方国家,人们提倡"绅士风度""淑女规范""骑士精神";在今天,对职场人员的形象要求男士仪表堂堂、精明干练,女士举止得体、典雅大方。

随着社会的进步,市场经济的发展,人们对内、对外交往的日益频繁,礼仪更成为人们社会生活中不可缺少的内容。礼仪修养,不仅是现代文明人必备的素质,而且是社会交往、商务活动和其他各项事业成功的一个重要条件。因此,学习礼仪,遵守礼仪,弘扬礼仪文化就成为社会主义精神文明建设的一个重要任务。

一、礼仪的起源与发展

(一)礼仪的起源

社交礼仪起源于原始社会和奴隶社会时期。归纳起来,大体有五种礼仪起源说:一是天神生礼仪;二是礼为天地人的统一体;三是礼产生于人的自然本性;四是礼为人性和环境矛盾的产物;五是礼生于理,起于俗。

1. 天神生礼仪

这是人们还没有认识到礼仪的真正起源时的一种信仰说教,是神崇拜的反映,代表了人类图腾崇拜时期对原始礼仪的一种认识。《左传》有言:"礼以顺天,天之道也。"意思是说,礼是用来顺乎天意的,而顺乎天意的礼就合乎"天道"。"天神生礼仪"虽然不科学,但却反映了礼仪起源的某些历史现象。

2. 礼为天地人的统一体

这种观点是春秋以后兴起的一股思潮。它认为,天地与人既有制约关系和统一性,又具有高于人事的主宰性。把礼引进到人际关系中来讨论,比单纯的"天神生礼仪"有了很大进步,但仍没有摆脱原始信仰,所以仍是不科学的。

3. 礼产生于人的自然本性

这是儒家的创见,儒家学派把礼和人性结合起来,以为礼起源于人的天性。孔子以仁释礼,一方面把"礼"作为处理人际关系的总则,另一方面把"仁"当作"礼"的心理依据。克己以爱人,就是"仁";用仁爱之心正确而恰当地处理好人际关系,就是"礼"。

4. 礼为人性和环境矛盾的产物

这一学说的目的在于解决人和环境的矛盾。孔子"克己复礼"的观点,就是看到了人和环境的矛盾,而解决这种矛盾的方法是"克己"。人的好恶欲望如不加以节制,什么坏事都干得出来,于是圣人制礼,节制贪欲。

5. 礼生于理,起于俗

这是对礼仪起源的更深入的探讨。理,是指事物的必然性的道理。人们为了正常生存和发展,根据面临的生存条件,制定出合乎人类生存发展必然性和道理的行为规范,就是"礼"。"礼"是理性认识的结果。事物的礼落到实处,使之与世故习俗相关,所以又有了礼起源于俗的说法。荀子说:"礼以顺民心为本……顺人心者皆礼也。"从理和俗上说明礼的起源。

根据上述种种说法,可以认为,"礼"先于"仪",有了"礼"这个道德规范,才用"仪"这种形式去表现。"礼"与"仪"常常密不可分。礼仪与部落群居的形成过程同步产生,并随着社会组成形式和国家制度的变化而变化,随着人类社会生活的发展而逐步完善起来。

(二) 礼仪的发展

我国礼仪的发展大体可以划分为以下四个阶段。

1. 礼仪形成阶段(约公元前21世纪至公元前771年)

这一阶段主要是指夏商周时期。从史料上看,夏代已开始制礼,商代礼仪已渗透到社会生活中的各个方面。记载周代礼仪的书籍"三礼"的出现,标志着《周礼》已经达到了系统完备阶段。

在这一时期,礼仪的特征已从单纯祭祀天地、鬼神、祖先的形式,跨入了全面制约人们行为的领域。在这一阶段中,礼的内容主要体现在《周礼》中的"王礼"部分。所谓"王礼",就是分别用于祭祀、冠婚、宾客、军旅和丧葬的"吉礼""嘉礼""宾礼""军礼"和"凶礼"。这是对我国古代礼仪的总结汇编。这些礼仪内容对后世人们的行为规范、人际交往以及社会公德的形成,都产生了极大的影响。

2. 封建礼仪阶段(公元前771年至1911年)

这一阶段主要是指从儒学的产生,到以儒学为基础的封建礼仪形成、强化和衰落时期,以孔子为祖师的儒家学派逐步形成。这一时期,礼仪成为儒家学派的核心——"礼教"。

在这时期,礼仪的明显特征,就是把人们的行为纳入封建道德的轨道,把人们教化成

"非礼勿视,非礼勿听,非礼勿言,非礼勿动"的精神奴隶。礼教文化是这个时期"礼"的核心和基本内容。

3. 近代礼仪阶段(1911年至1948年)

辛亥革命的胜利,结束了统治中国2000多年的封建专制制度。新的礼仪礼俗也随之出现。这一时期的礼仪体现了近代自由、平等的原则,因此,资产阶级的平等思想、文化习俗和审美观点开始渗透到社会生活中的各个方面,冲击着森严的封建意识和等级观念,对当今中国社交礼仪产生了重大影响。

4. 当代礼仪阶段(1949年至今)

新中国成立后,新型的社会关系和人际关系的确立,标志着我国礼仪进入了一个新的历史时期。这一时期,确立了同志式的合作互助关系和男女平等的新型社会关系,而尊老爱幼、讲究信义、以诚待人、先人后己、礼尚往来等中国传统礼仪中的精华则得到继承和发扬。

改革开放以来,随着国际交往日益频繁,我国又吸取了世界上一些先进的文明礼仪,融入我国当代礼仪部分。借鉴国际上一些通行的礼仪规则和惯例,为我国的社会主义现代化建设服务。

二、礼仪的概念

小贴士

> 礼,在汉语中本意为敬神,后引申为敬人。仪,《说文解字》中"仪,度也。"本意为法度、准则、典范,后引申为礼节、仪式和仪表。

礼仪属于道德范畴,是人类社会活动的行为规范,是人们在社交活动中应该遵守的行为准则。礼仪具体表现为礼貌、礼节、仪表、仪式等。

礼貌是指人们在相互交往过程中表示尊重、友好等谦虚恭敬的规范行为。按东汉经学家赵岐的解释:"礼者,接之以礼也;貌者,颜色和顺,有乐贤之容。"司马光则进一步要求:"凡待人无贵贱贤愚,礼貌当一。"意思是说,在交往中,无论对什么人都要一视同仁,讲究礼貌,都要用言语、行动对对方表现恭敬谦虚。如果一个人在待人接物时傲气十足、出言不逊、动作粗俗或衣冠不整,就是对他人没有礼貌。

礼节是人们在日常生活中,特别是在交际场合中,相互表示尊敬、祝颂、问候、致意、哀悼、慰问以及给予必要的协助与照料的惯用形式。礼节是待人处事的规矩,但并不是某个人或某个组织制定的。而是人类在长期的社会生活中自然产生、约定俗成的行为规则。它虽然不像法律那样至高无上,但是,要得到别人的理解、社会的承认,就必须遵守人与人之间交往的规则和方式,即遵守礼节。

仪表是指人的外表,包括容貌、姿态、风度、服饰及个人卫生等,是礼仪的重要组成部分。仪式是指特定场合举行的专门化、规范化的活动。

总之,礼貌、礼节、仪表、仪式等都是礼仪的具体表现形式,它们是互相联系的。

案 例

生活细节见礼仪

一个哈佛大学的优秀毕业生,刚被一家公司聘为经理,他之前曾参加过这家公司老板所举办的家庭聚会,当时他优雅的仪态与魅力,给在场参加聚会的人们留下了深刻的印象。但某个星期天在超级市场的停车场,驾着一辆时髦跑车的他,在遍寻不到停车位之下,竟然占用靠近店门口、专供残疾人士使用的停车位,并与一位残疾的驾驶人发生口角。

此一情况正好被他公司首席执行官的太太瞧见,当时这位太太好不容易花了15分钟才找到一个停车位,她将她亲眼看见的事实告诉她的丈夫后,这位首席执行官便决定不再任用他。上班的时候,这位执行官便跟他说,星期天他投机取巧的行为正巧被他的太太撞见,接着表示:"你那卑劣的行径并不符合本公司的文化,你在本公司不可能有太大的升迁机会,最好还是到别处另谋发展。"

这位哈佛大学的高才生在被解雇后,吸取了教训。在找到另一份工作后,利用周末与晚间闲暇时间,在社区医院担任义工,还获得社区颁发的杰出义工称号。之前解雇他的公司得知这件事情后,对他的印象大为改观,于是又再请他回去担任原职。

三、礼仪的新特点

交际礼仪在今天的发展又呈现出以下新的趋势。

(1) 形式趋简。如中国古代交际礼仪中的"拜"随着时代的变迁,为适应当代人快节奏生活方式,致意的礼仪相继以握手、点头、微笑等代替。

(2) 内容日渐丰富。当代人交往频繁,范围扩大,礼仪也有很大变化。如语言礼仪增加了大量的外语词汇,而非语言交际礼仪更显示了当今科技、生产力发展水平,以及生活方式与文化思想的和谐。如现在刊登广告、电视(台)点歌祝寿、贺新婚、电话拜年、发短信等已成为最新颖的礼仪形式。

总之,从礼仪产生和发展的轨迹可以看出:礼仪作为人们的行为模式和规范,属于社会的上层建筑,由社会的经济基础所决定,并随着社会实践而不断地丰富和发展。在任何一个阶级社会里,占统治地位的礼仪思想和制度总是那个社会统治阶级思想和意志的体现,是为统治阶级服务的工具。而现代礼仪无疑有了本质的飞跃性的进步,它最终由社会的物质生活条件所决定,并且它又将以自己特有的方式对社会的发展起着越来越重要的作用。

小贴士

如果你失去了今天,你不算失败,因为明天会再来。
如果你失去了金钱,你不算失败,因为人生的价值不只是在钱袋里。
如果你失去了文明,你是彻彻底底的失败,因为你已经失去了做人的真谛。

第二节 礼仪的原则与作用

一、礼仪的基本原则

孔子说:"礼仪三百,威仪三千。"虽未免言过其实,但说明礼仪名目之多。今天的礼仪细则也很纷繁,加上世界各国的礼仪习俗,更是五彩缤纷。因而除了人类共同遵守交往的基本礼仪准则以外,还应注意以下几个方面的原则。

(一)系统整体原则

礼仪是一个完整体系,几千年来已经无所不包,因而在对外交往和人际交往中,我们一定不能忽视它的整体性,并注意采集信息应完整。因为来宾或合作对象的性别、年龄、国籍、民族、宗教、信仰、职业都决定了他适应并喜好什么样的礼仪接待,搞错一个环节都可能招来负面效果。

(二)公平对等原则

礼仪的核心点即尊重交往对象,以礼相待。社会交往中每个人都希望得到尊重,体现自我价值。因而,对任何交往对象都必须一视同仁,给予同等程度的礼遇。如果因为交往对象彼此之间存在年龄、性别、种族、文化、职业、身份、地位、财富等方面的差异,而有亲有疏,厚此薄彼,或傲慢冷落,或曲意逢迎,都会被视为不礼貌。故交往时应公平大方,不卑不亢,主动、友好、热情又有所节制。

(三)遵时守约原则

中国传统文化讲人际交往,做人要以信义为本,提倡"一诺千金"。在交际应酬之中,每一位参与者都必须自觉遵守礼仪,用礼仪去规范自己的言行举止,现代社会节奏加快,遵时守约更为重要。任何人,不论身份高低、职位大小、财富多寡都有自觉遵守、应用礼仪的义务,守法循礼,守约重诺,再正当的理由失约后也应道歉,无故失约将会受到公众的指责。

(四)和谐适度原则

古人云:"君子之交淡如水,小人之交甘如醴。"此话不无道理。在人际交往中,沟通和理解是建立良好人际关系的重要条件,但如果不善于把握沟通时的感情尺度,即人际交往中缺乏适度的距离感,结果会适得其反。

例如在一般交往时,既要彬彬有礼,又不能低三下四;既要热情大方,又不能轻浮诌谀。在接待服务时,既要亲切友好,尊重客人;又要自尊自爱,端庄稳重。特别要注意做到把握分寸,认真得体。"礼仪使人们接近,礼仪使人们疏远。"为什么呢?在陌生人初次见面时,礼仪可以表现为有教养,可以展示内在气质与人格魅力。但不分场合、亲疏,乱用礼仪,反而会表现出不懂教养,令人难以相处,甚至会弄巧成拙。因此,应用礼仪要和谐适度,具体情况具体分析,因人、因事、因时、因地恰当处理。

（五）尊重习俗原则和风俗禁忌原则

"十里不同风，八里不同俗""进门见礼，出门问忌"等，这些劳动人民有益的格言都说明尊重各地不同风俗与禁忌的重要性。特别是在对外交往中不懂外国禁忌，不懂少数民族禁忌可能会造成不愉快的后果。因此，必须坚持入乡随俗，充分了解与交往对象相关的习俗、禁忌，才能真正做到尊重交往对象。

（六）外事礼宾顺序原则

外事礼宾顺序原则是指在外事活动中，根据礼宾需要列出的排名顺序规范。这一原则几乎渗透一切外事交往中，迎来送往、衣食住行、会见、升旗等，谁先谁后都要符合礼仪规范，稍有差错就会被认为是对一个国家的不尊重。因而国际上已有《维也纳外交关系公约》对此做出明文规定，所有从事涉外工作人员都应掌握这一原则。

（七）女士优先原则

"女士优先"是国际社会公认的一条重要的礼仪原则。外国人强调"女士优先"的主要原因，并非是因为妇女被视为弱者，值得同情、怜悯，最为重要的是，他们将妇女视为"人类的母亲"。因此，"女士优先"是西方的一个体现教养水平的重要标志。中国人讲"扶老携幼"，外国人可能不接受，但为女士开门、让座、引路、行走时让出安全的一边等，则都体现出懂礼貌和具有绅士风度。

小贴士

> "女士优先"的含义是：在一切社交场合，每一名成年男子，都有义务主动自觉地、一视同仁地去尊重、照顾、体谅、关心、保护妇女。

二、礼仪的地位与作用

人类自诞生以来，就从未间断过相互之间的交往，礼仪也随之产生和发展，它是人类文明的重要标志。讲究礼仪、尊重他人是一个人精神状态、文化教养和道德水平的反映。古人云："国尚礼则国昌，家尚礼则家大，身尚礼则身正，心有礼则心泰。"可见，礼在社会生活中的地位和作用何等重要。

（一）礼仪促进了社会关系的发展，同时也促进了生产力的发展

不论是女娲的子孙，还是亚当的后代，他们都渴望和平、渴望友好，以礼相待是人们从心底发出的呼声，礼仪是人类自身发展的产物。古人云："礼以安上化人。"礼仪正是维系、巩固这种人们之间的联系和社会关系的纽带。礼尚往来不仅促进了社会关系的发展，同时也促进了生产力的发展。

（二）礼仪是治国之本，是民族凝聚力的体现

在孔子时代，"礼仪"被看作是治国之本，当时人们所演习的"六艺"之中，"礼"一直被当作重要的必修课，是孔子治国的理想。荀子在《修身篇》中提出："故人无礼则不生，事无礼则不成，国无礼则不宁。"《管子》中说："礼义廉耻，国之四维。"将礼列为立国四精神要素之

首,其突出的社会作用不言而喻。

习俗是一种神圣的、不可侵犯的、除环境和文化进步之外不屈服于任何权力的东西。由此可见,不论任何国家、任何民族,礼仪在现实世界中都是非常重要的,是民族凝聚力的体现。

(三) 礼仪是个人道德水准和教养的重要标志

古人云:"人之所以为贵者,以其有信有礼。"礼仪是以对别人的尊重为基础的,是一个人的道德水准高低和有无教养的重要标志。"美德是精神上的一种宝藏,但是决定它们生出光彩的则是良好的礼仪。"

现实社会中,人们都在以各种不同的方式追求着自身的完美,寻求通向完美的道路。加强礼仪修养则是实现自身完美的最佳方法,它可以丰富人的内涵,从而提高自身素质与内在实力,使人们面对纷繁的社会,有勇气、有信心充分地实现自我,展示自我。

(四) 礼仪是搞好改革开放、走向世界的桥梁

在世界各国人民的长期交往过程中,不论是使节往来、文化交流,还是宗教传播、通商贸易,礼仪都起着沟通与桥梁的作用。随着中国入世后,社会的快速进步和文明程度的不断提高,完备的礼仪可以联络人与人之间的感情,协调上下左右的关系,加强国际的合作。

小贴士

> 不学礼,无以立。——孔子
> 如果把礼仪看得比月亮还高,结果就会失去人与人真诚的信任。——培根
> 人不能像走兽那样活着,应该追求知识和美德。——但丁

第三节 仪表仪容

一、仪表与风度

(一) 仪表

仪表是指人的外表,它包括人的容貌、服饰、姿态和个人卫生等方面,它是一个人精神面貌的外在表现。

仪表在人际交往的最初阶段,是最能引起对方注意的,人们常说的"第一印象"的产生大多来自一个人的仪表。仪表端庄、穿戴整齐就显得有教养,也更懂得尊重别人。

案例

仪表语言

行为学家迈克尔·阿盖尔曾做过这样的实验,一次他穿着西装以绅士模样出现在街上,与他相遇的陌生人,无论问时间或问路,大多彬彬有礼,这些人看上去属上流社会,颇有

教养。另一次,迈克尔妆份成无业游民,接近他的人以流浪汉居多,或是来借火或是来借钱。这个实践证明,仪表虽是人的外表,却是一种无声的语言,在人们初次交往时能给人以鲜明的印象。

注重仪表是讲究礼节、礼貌的表现,是尊重他人的一种表现,同时又是一个人自尊自爱的表现。如果一个人衣冠不整、不修边幅,会被认为作风拖沓、生活懒散、社会责任感不强,因而难以得到人们的信任。

小贴士

> 穿衣是"形象工程"的大事。西方的服装设计大师认为:"服装不能造出完人,但是第一印象的80%来自于着装。"因此,大家都不可以掉以轻心哦。

(二) 风度

风度是指人的言谈、举止、态度。风度是一个人的性格、气质、文化水平、道德修养、审美情趣的外在写真。

良好的风度是众人所追求的,而它则是以人的良好的素养、渊博的学识、深邃的思想和灵活的应变能力为核心的,那些金玉其外、胸无点墨的人,任其仪表怎么美丽,也不可能具有美好的风度。只有加强自身内在的涵养,才能将这种内在的美转化为良好的风度。

公共关系人员在交际中要充分利用体态语言,举止落落大方,姿态合乎规范,充分展示一个人的精神力量和仪表风度美,使交际对象有一种美的感受,创造和谐的气氛,达到思想和审美共鸣的境界。

小贴士

> 敬人者,人恒敬之;爱人者,人恒爱之。——孟子
> 人有礼则安,无礼则危。——《礼记》
> 周恩来总理的座右铭:面必净,发必理,衣必整,钮必结;头容正,肩容平,胸容宽,背容直;气象勿傲、勿暴、勿怠;颜色宜和、宜静、宜庄。
> 彬彬有礼的风度,主要是自我克制的表现。——爱迪生

(三) 不良姿势及纠正

1. 不良站姿及纠正

站立时,不可驼着背、弓着腰或一肩高一肩低,懒洋洋地靠在墙上或椅子上,这样会破坏自己的形象。交际场合双手不可叉在腰间,不可抱在胸前或双臂胡乱摆动,也不宜将手插在裤袋里,更不要下意识地做小动作,如摆弄打火机、香烟盒,或咬指甲、缠发辫等。这些不良姿势不但使人显得拘谨,给人以缺乏自信和经验的感觉,而且也有失仪表庄重。

小贴士

> 标准站立要求：上半身挺胸收腹，双肩齐平，双臂自然下垂，双手有侧放式、前腹式、后背式；下半身双腿直立，身体重心在两脚之间。女士双膝和双脚要靠紧，双脚可调整成"V"字形或"T"字形，男士的双脚可略微分开，但不宜超过肩膀。

2．不良坐姿及纠正

入座后，切忌两腿分开过宽成八字形，或将脚伸得过远，也不要跷起二郎腿，不停地抖动；不可在椅子上前俯后仰，或将腿架在沙发扶手上、茶几上；坐时不要将双手放在两腿之间或压在臀下，女士叠腿要慎重、规范，不可呈"4"字形。不规范的坐姿是不礼貌的，是缺乏教养的表现。对不雅坐姿应在平时加以纠正，养成良好的就座姿态。

小贴士

> 正确的坐姿要求：入座时要轻柔和缓，起座时要端庄稳重，一般从座位的左边入（左边出）只坐椅子的三分之二，不要坐满或只坐一点边儿。

女子入座时，若是裙装，应用手稍微拢一下。坐定后，身体重心垂直向上，上身保持正直，可将右手搭在左手上，平放于腿面，双膝自然并拢，双腿正放或侧放，双脚并拢或交叠。男士可将双手掌心向下，自然放在膝上，亦可放在椅子或沙发扶手上，双脚可略分开。在同左右客人谈话时，应有所侧重，即上身与腿同时转向一侧。

总之，优美的坐姿让人觉得安详舒适，这是体态美的重要内容。

3．不良走姿及纠正

行走时，最忌内八字、外八字；不可弯腰驼背、摇头晃脑、扭腰摆臀；不可左顾右盼，回头张望，不要老是盯住行人乱打量，更不要一边走路一边指指点点对别人评头论足；不可没精打采，身体松松垮垮；多人一起行走，不要排成横队，勾肩搭背，说说笑笑，这都是不美的表现。

小贴士

> **正确的走姿**
>
> 男性应当抬头、挺胸、两眼平视、上身不动，两肩不摇，两臂自然摆动，大步向前，步态稳健有力，显示出刚强、雄健、英武、豪迈的阳刚之气。
>
> 女士应当头部端正，不宜抬得过高，两眼直视前方，上身自然挺直收腹，两手前后摆动幅度要小，步幅合适，走成直线，步态自如、匀称、轻盈，显示出女性庄重、文雅的阴柔之美。

二、仪容

仪容一般是指人的面部和头部,对仪容的修饰即对人的面部与头部的修饰,通过修饰以展现或淡雅清秀或健康自然的富有个性的容颜。

(一)发式

头发处在人的仪表最显著的部位,整洁、大方的发型会给人留下神清气爽的印象,而头发脏乱、发型不整会给人以萎靡不振的感觉。因此,除了保持头发整洁以外,发型的选择十分重要。一个好的发型,能弥补头型、脸型的某些缺陷,使人显得神采奕奕,生机勃勃,体现出内在的艺术修养和良好的精神状态。

发式本身无所谓美丑,只要选择与自己的脸型、肤色、体型相匹配,与自己的气质、职业、身份、年龄相吻合的发式,就可以扬长避短,显现自然的美。

(二)面容

面容是人的仪表之首,也是最为动人之处。

1. 男士面容的基本要求

男士应养成每天修面剃须的良好习惯,切忌胡子拉碴就去参加各种社交活动,尤其是外事活动,因为这是对他人不敬的行为。

2. 女士面容的基本要求

女士面容的美化主要是化妆。美容化妆是生活中的一门艺术,恰到好处的容妆,可以充分展示自己容貌上的优点。不同行业、不同层面的人,有不同的化妆风格,但从礼仪角度讲,社交妆宜淡不宜浓,宜雅不宜俗。

凡是在较为正式的场合,化妆均应以"雅"为恪。用优雅的淡妆与得体的着装,烘托出高雅的气质。切忌蓬头垢面或"加厚面部包装",那样有失自尊,也有失礼仪。

(三)化妆礼仪及应注意的问题

1. 化妆的浓淡要考虑时间、场合

根据参加活动的时间、场合的不同,化妆也应有相应的变化。白天,自然光下一般女士略施粉黛即可,职业女性的工作妆以淡雅、清新、自然为宜。工作中在脸上涂一层厚厚的粉底、嘴唇鲜红耀眼、夸张的眼影,会让人觉得过分招摇、举止轻浮、工作不认真,这是不懂礼仪的表现。

另外也不要使用大量浓香型香水,把自己搞得香气四溢,这样反而容易让人厌烦。夜晚,一般是娱乐活动时间,夜色朦胧,无论浓妆淡妆都能为众人所接受。在正式场合,女士不化妆会被认为是不礼貌的。

2. 不在公共场所当众化妆

我们经常会遇见一些女士对自己的形象过分在意,不论是工作、学习、上街、社交或是赴宴,一有空闲,就会拿出化妆盒对镜修饰,旁若无人。在公共场所,众目睽睽之下修饰面容,是对他人的妨碍,也是对自己的不尊重,是没有教养的行为。特别不能当着男士化妆,以免引起误会,即便是男友或丈夫也不例外,应保持一定的距离美。如果必须化妆或补妆,一定要到无人处或洗手间去完成。

3. 不要非议他人的化妆

由于民族、文化传统的不同,个人审美情趣的不同,以及肤色上的差异,每个人的化妆会有不同,所以,切不可对他人的化妆品头论足。

4. 不要借用他人的化妆品

借用别人的化妆品,不仅不卫生,而且不礼貌。

5. 正确美容

化妆美容,虽然能弥补个人容貌的一些缺陷,暂时增添几分妩媚,但这是消极美容。要想使容颜不衰,永葆花容月貌,并非浓妆艳抹,唯一正确的方法是采取体内调和、正本清源的积极美容法,才能使自己长久地保持青春的光彩,充满朝气与活力。

小贴士

仪容的标准

整体:整齐清洁,自然,大方得体,精神奕奕,充满活力。

头发:头发整齐、清洁,不可染色,不得披头散发。短发前不及眉,旁不及耳,后不及衣领,长发刘海不过眉,过肩要扎起(使用公司统一发夹,用发网网住,夹于脑后),整齐扎于头巾内,不得使用夸张耀眼的发夹。

耳饰:只可戴小耳环(无坠),颜色清淡。

面貌:精神饱满,表情自然,不带个人情绪,面着淡妆,不用有浓烈气味的化妆品,不可用颜色夸张的口红、眼影、唇线;口红脱落,要及时补妆。

手:不留长指甲,指甲长度以不超过手指头为标准,不准涂有色指甲油,经常保持清洁,除手表外,不允许佩戴任何首饰。

衣服:合身、烫平、清洁、无油污,员工牌佩戴于左胸,长衣袖、裤管不能卷起,夏装衬衣下摆须扎进裙内,佩戴项链,饰物不得露出制服外。

围兜:清洁无油污,无破损,烫直,系于腰间。

鞋:穿着公司统一配发的布鞋,保持清洁,无破损,不得趿着鞋走路。

袜子:袜子无勾丝,无破损,只可穿无花、净色的丝袜。

身体:勤洗澡,无体味,不得使用浓烈香味的香水。

第四节 服装服饰

一、服饰概述

服饰是个人形体的外延,包括衣、裤、裙、帽、鞋、袜、手套及各类饰物。它们除了起着遮体御寒的作用,更重要的是起着美化人体的作用。

服饰是一种文化,它可以反映一个民族的文化素养、精神面貌和物质文明发展程度。服饰又是一种无声的语言,它显示着一个人的社会地位、思想修养、个性特征、心理状态、审美情趣等多种信息,也能表现出一个人对自己、对他人以致对生活的态度。

得体和谐的服饰有一种无形的魅力,它可以使一个人平添光彩。当服饰与穿戴者的气质、个性、身份、年龄、职业以及穿戴的环境、时间协调一致时,就能真正达到美的境界。

案 例

浓妆淡抹总相宜

王芳,某高校文秘专业高才生,毕业后就职于一家公司做文员。为适应工作需要,上班时,她毅然放弃了"清纯少女妆",化起了整洁、漂亮、端庄的"白领丽人妆"。一年来,王芳以自己得体的外在形象、勤奋的工作态度和骄人的业绩,赢得了公司同仁的好评。著名影星索菲亚·罗兰就深有感触地说过:"你的服装往往表明你是哪一类人物,它们代表着你的个性。一个和你会面的人往往自觉不自觉地根据你的衣着来判断你的为人。"莎士比亚也说过:"服装往往可以表现人格。"因此,从这个意义上来说,服装就不仅仅具有蔽体、遮羞、挡风、防雨、抗暑、御寒的作用,它可以美化人体,扬长避短,展示个性,体现生活情趣,还具有反映社会分工,体现地位和身份差异的社会功用。

(一)西方国家服装和中国服装

1. 西方国家服装

西方各国日常穿着的服装有各式外衣、衬衫和西装。参加各种隆重的典礼仪式要着礼服或深色西服。

(1)男子的礼服分为晨礼服和大礼服。

① 晨礼服又称常礼服。通常上装为灰、黑色,后摆为圆尾形,下装为深灰色底、黑条子裤,系灰色领带,穿黑皮鞋,戴黑礼帽。这种礼服在白天参加典礼、婚礼等场合穿用。

② 大礼服也称燕尾服。黑色或深蓝色上装,前摆齐腰剪平,后摆剪成燕尾状,翻领上镶有缎面,下装为黑或蓝色配有缎面、裤腿外侧有黑丝带的长裤,系白领结,穿黑皮鞋,黑丝袜,戴白手套。

(2)女子服装种类、样式繁多,礼服可分为晨礼服、小礼服和大礼服。

① 晨礼服又称常礼服,通常为质料、颜色相同的上衣与裙子搭配,有的则以华丽而有光泽的面料缝制成的连衣裙,佩戴合适的帽子和薄纱短手套。这种礼服适合在白天参加庆典、婚礼时穿用。

② 小礼服也叫晚礼服,是一种质地高档,长至脚背而不拖地的露背式单色连衣裙服装。根据连衣裙衣袖的长短,选配长短适当的手套,一般不戴帽子或面纱。这种礼服适合参加晚六点以后举行的宴会、音乐会穿着。

③ 大礼服是一种袒胸露背、拖地或不拖地的单色连衣裙式服装,并配以颜色相同的帽子、薄纱手套以及各种头饰、耳环、首饰等。适宜在晚间举行的正式宴会、交谊舞会穿着。

现在除少数国家在个别场合还有规定外,大多数国家在穿着方面越来越趋于简化。

2. 中国服装

我国没有严格的礼服、便服之分。我国的出国人员基本上按国内服装穿着,但也应尊重当地的习惯和东道主的要求。女士在正式场合不应穿长裤,应穿旗袍或裙子。

男子的礼服为中山服,这是我国的民族服装。一般为上下身同色的黑色、深蓝色或深灰色的毛料精制而成,内穿白衬衣,穿深色袜、黑色皮鞋。这种礼服在国外的礼仪场合很受尊重。现在更多的男子穿西装参加正式活动。

女子按季节和活动性质的不同,可穿西装(在国内可配穿长裤,在国外正式场合,一般配穿裙子而不配长裤)、民族服装、中式上衣配长裙、旗袍或连衣裙。

小贴士

最具民族特色的女装——旗袍

旗袍是中华民族历史上流传下来的最具有民族特色的女装,它能很好地表现出女性柔美的身体曲线,显得高雅、端庄、仪态万千,因而受到各国妇女的赞赏。

(二)各种场合的服装选择

1. 庄重场合

庄重场合主要是指庆典仪式、正式宴会、商务谈判、会见外宾等。这种场合的服饰要以庄严、端正、整洁为主要基调。如果请柬上规定来宾一律穿礼服,那么无论男女宾客都应服从,不可别出心裁。

2. 喜庆场合

喜庆场合一般是指节日纪念、开业典礼以及其他联欢晚会等。这些场合大都气氛热烈、温馨、愉快、轻松,所以,要求人们在服饰上也相应地热烈、明快、活泼一些。

如男士除在正式的喜庆场合一般穿中山装、西装或自己民族的服装外,其他的喜庆场合可以着各种便装,如夹克、牛仔服等,但要穿得大方、整洁,千万不要穿皱皱巴巴的衣裤。出席婚礼,鞋子必须是黑色的而不能是茶棕色的。

女士服装款式多样,套裙、连衣裙、旗袍等均可,穿得美观大方,并适当化妆,戴一些美丽、飘逸的饰物。但如出席婚礼,穿着不宜超过新郎、新娘,也不要打扮得过于怪异。

3. 悲哀场合

悲哀场合主要是指殡葬仪式、吊唁活动、扫墓等场合。这种场合气氛比较沉痛、肃穆,所以要求人们在服饰上应注意以黑色或其他深色、素色为主,内穿白色或暗色衬衣。丧服的原则是不露肌肤,所以不能穿大领圈、无袖的服装和超短裙。女士不宜过分打扮,不涂口红,不佩戴饰物。男士在举行追悼仪式时不要忘记脱帽,也不要敞怀祖胸。

小贴士

服装可以传递信息

服装不是一种没有生命的遮羞布。它不仅是布料、花色和缝线的组合,更是一种社会工具,它向社会中其他的成员传达出信息,譬如个性、能力、工作态度、精神面貌等都可以通过着装传达出来。

> 心理专家表示,在公共场所,一个人的穿着打扮不仅反映了自身的审美观念,同时还向别人透露着你的个人信息:职业身份、文化气质、教育背景等。如果女士穿得太惹眼,很可能让人觉得轻浮,甚至误以为她在勾引异性。

二、服饰穿戴的基本原则

(一)服饰穿戴要与环境相协调

人置身于不同的环境、不同的场合时,就应该有不同的服饰穿戴,要注意所穿戴的服饰与周围环境的和谐。如居家可以穿随意舒适的休闲服;办公上班,则需身着端庄典雅的职业装;出席婚礼,服饰的色彩可鲜亮些,而参加吊唁活动,则以凝重为宜。

(二)服饰穿戴要与社会角色相协调

在社会生活中,每个人都扮演着不同的角色。不同的社会角色必须有不同的社会行为规范,在服饰的穿戴方面自然也有规范。例如一位女性,在家身为太太时可以自由穿戴;上街购物,作为顾客,不作精心修饰也无可厚非,然而作为"上班族"的一员出现在工作场所,面对同事与上司时,就不能无所顾忌、随心所欲了。

总之,无论你出现在哪里,无论你干什么,最好先弄明白自己扮演的角色,然后再考虑挑选一套适合这个角色的服饰来装扮自己,这会使自己增强自信,更会使旁人对自己多几分好感。

(三)服饰穿戴要与自身条件相协调

人们追求服饰美,就是要借服饰之美来装扮自身,即利用服饰的质地、色彩、图案、造型和工艺等因素的变化引起他人的各种错觉,从而美化自己。在了解服饰诸因素的同时,人们必须充分了解自身的特点,挑选适合自身条件的服饰,达到扬长避短、扬己之美、避己之丑的目的。

例如,身材矮小者适宜穿着造型简洁、色彩明快、小花形图案的服饰。肤色偏黄者,最好不要选与肤色相近的或较深暗的服色,如棕色、土黄、深灰、蓝紫色等,它们容易使人显得缺乏生机。V形夹克衫适合双肩过窄的男性穿着,而H形套裙对腰粗腹大的女性来说再合适不过了。

(四)服饰穿戴要与时节相协调

注重了环境、场合、社会角色和自身条件而不顾时节变化的服饰穿戴,自然也是不可取的。如寒风凛凛中身穿一条超短"迷你"裙就不可取。比较理想的穿戴,不仅要考虑到服饰的保暖性和透气性,而且在其色彩的选择上也应注意与季节相适宜。

春秋季节宜选用中浅色调的服饰,如驼色、棕色、浅灰色等;冬季服饰色调以偏深色为宜,如咖啡、藏青、深褐色等;夏装可选丝棉织物,色调以淡雅为宜。

以上是服饰穿戴最基本的原则。除此之外,还应特别注意保持服饰的清洁与整齐。

> **案 例**
>
> **首饰佩戴不当引起的误会**
>
> 李丽中专毕业被分配到某公司做文秘工作不久,在一次接待客户时,领导让她照顾一位华侨女士。临分别时,华侨对小李的热情和周到的服务非常满意,留下名片,并认真地说:"谢谢! 欢迎你到我公司来作客,请代我向你的先生问好。"小李愣住了,因为她根本没有男朋友。可是,那位华侨也没有错,她之所以这么说,是因为看见小李的左手无名指上戴有一枚戒指。
>
> 首饰佩戴得体可以提升女士的魅力,但如果戴的过多,并且不注意与服装的合理搭配和自身气质的协调,就难起到提升着装效果的作用。一些表示婚姻状况的首饰,如果戴错或多戴,不但会引起误会,还会让人感到炫耀、庸俗、没有品位。
>
> 资料来源:https://www.docin.com/p-2930489421.html,2021-12-31.

三、男士着装礼仪

男士的着装不求华丽、鲜艳,不宜有过多的色彩变化,以不超过三色为首要原则。

(一)领带

在比较正规的场合,穿西装都须系领带,既礼貌又庄重。领带必须打在硬领衬衫上,领带长度以到皮带扣处为佳,领带颜色和图纹可依西装、衬衫颜色搭配,一般以冷暖色相间为好。若内穿毛衣或背心等,领带必须置于毛衣或背心内,且衣服下端不能露出领带头。领带夹的位置不能太靠上,一般在从上往下数衬衫的第4粒纽扣处为宜。

(二)帽子与手套

在室内的交际场合不能戴帽子和手套,与人握手时,如戴着手套则会被认为是不礼貌的。向人致意时,应把帽子取下,以示对他人的尊重。

(三)衣裤

各式休闲外衣、牛仔裤等日常穿着的服装均为便装,适合一般场合穿,而参加正式、隆重、严肃的典礼或仪式,则应当穿礼服或深色西装。

西装被认作男士的脸面,要让它增彩生色,有"八忌"需要注意。

一忌:西裤过短。

二忌:衬衫放在西裤外。

三忌:不扣衬衫扣。

四忌:西服袖子长于衬衫袖。

五忌:西服的衣、裤袋内鼓鼓囊囊。

六忌:领带太短。

七忌:西服上装两扣都扣上。

八忌:西服配便鞋。

小贴士

穿西装的禁忌

标准西裤长度为裤长盖住皮鞋;领带一般长度应为领带尖盖住皮带扣;西服上装两扣都扣上(双排扣西服则应都扣上);西服配便鞋(休闲鞋、球鞋、旅游鞋、凉鞋等);西装配黑皮鞋穿白袜子。

(四) 鞋袜

在一切正式场合,只宜穿黑色或深棕色皮鞋。至于白色或浅色皮鞋,则适合于娱乐时穿。穿袜要注意袜子的长度、色调及其质地。袜长要高及小腿中、上部,颜色以单一色调为佳,穿礼服时最好配一双与裤色相近的袜子,无论如何不要在正式场合穿一双白色的运动袜,因为这与环境气氛是极不和谐的。

四、女士着装礼仪

"男穿牌子,女穿样子",也就是说女士比男士在穿着上有更大的随意和更多的变化。西方的"女士优先"原则在女士着装上也有充分的体现。

(一) 帽子与手套

正式场合中,无论室内外,女士均可戴帽,但帽檐不能过宽,以免因遮挡别人的视线而显得失礼。与人握手寒暄时,女士可不必一定脱下手套。

(二) 衣裙

应穿着典雅大方的套装(以上衣、下裙为宜)参加各种正式场合的活动,如会议、庆典等。传统古典的礼服或民族服装(如中国旗袍、印度纱丽、日本和服等)较适合在各类文艺娱乐场所穿着。穿着袒胸露背、露脐露肩等过于性感的服装最好不要或少在社交场合露面,工作场所、办公室里更应避免。薄纱型衣、裙、裤,因其透光性较强,穿着时应尤为慎重,需有内衬,不然会显得十分不雅。

小贴士

对外国朋友来说,"透"比"露"更难让人接受。因为在他们看来,"透"不仅有碍观瞻,而且说明穿戴者有不自爱之嫌。裙子长短应适度,不能过短,中老年及职业女性尤应注意,所穿裙子至少应长及膝盖。

(三) 鞋袜

女士在社交场合,除凉鞋、拖鞋外,穿其他任何一种鞋子均可以随意,无统一规定,只是要注意鞋子和衣裙在色彩、款式上的协调。如穿套裙时不能穿布鞋,否则就会有不伦不类的感觉。

穿裙子时,应配穿长筒或连裤丝袜,颜色以肉色为宜,且袜口不得短于裙摆边。袜子是女性腿部的时装,要注意不能穿着挑丝、有洞或补过的袜子外出。另外袜子的大小松紧要合适,不要走不了几步就往下掉,或显得一高一低,当众整理自己的袜子是有失体统的。

小贴士

日常服装五忌

(1) 忌露:职场工作人员上班与公出时,着装不能露出肚脐、脊背等。

(2) 忌透:衣服再薄、天气再热,也不能使内衣、内裤等若隐若现,更不能让内衣外穿之风刮进商界。

(3) 忌紧:衣服过于紧身,追求所谓曲线美,或让内衣、内裤的轮廓显露在外,都是不文雅、不庄重的。

(4) 忌异:职场工作人员不是时装模特,穿着不能过分新奇古怪,招摇过市。

(5) 忌乱:穿着不可过于随便,卷袖子,敞扣子,颜色过杂,饰物乱配。

(四)饰物

饰物的佩戴要有品味,佩戴得当,能向他人传递某种不可言传的美妙,也显现了佩戴者的爱好与修养,对此虽然不必完全循规蹈矩,但在涉外交往中不可不慎。一个人身上一次佩戴的饰物最好不要超过三件。

小贴士

戴戒指的学问

戒指通常应戴于左手。左手食指上的戒指代表无偶求爱;戴在中指上,表示正处在恋爱之中;戴在无名指上,表示名花有主,佩戴者业已订婚或结婚;而把戒指戴在小指上,则暗示自己是位独身主义者,将终身不嫁(娶)。

在不少西方国家里,未婚妇女的戒指是戴在右手的中指上,修女则把戒指戴在右手无名指上,这意味着将爱献给上帝。一般情况下,一只手上只戴一枚戒指,戴两枚或两枚以上均不适宜。

手镯和手链的佩戴讲究相仿。已婚者应将之佩戴在自己的左腕或左右双腕同时佩戴;仅戴于右腕者则表示自己是自由不羁的人。一只手上不能同时戴两只或两只以上的手镯或手链。

项链、耳环、胸花的佩戴因人而异。总的来说,除扬长避短外,只要不过分耀眼刺目就行了。

第五节　人际交往礼仪

一、相见时的礼仪

（一）介绍

介绍是交流与沟通中普遍的礼节，是见面相识和发生联系的最初方式。

介绍就基本方式而言，可分为以下3种。

1. 介绍他人

当你要将某人介绍给别人时，按礼宾顺序应该是：向年长者引见年轻者，不论男女都是按这样的顺序作介绍；向女士引见男士，向职位高的引见职位低的人，同时连同双方的单位、职称一起简单作介绍。在人数众多的场合，如果其中没有职位、身份特殊的人在场，又是年龄相仿的人聚会，则可按照一定的次序——介绍。

为他人作介绍时，应简洁清楚，不能含糊其辞。介绍时，还可简要地提供一些情况，如双方的职业、籍贯等，便于不相识的两人相互交谈。如果你是单独介绍两人相识，应该事先了解一下他们彼此是否都有想认识对方的愿望，免得造成不必要的尴尬。在向他人介绍某人时，不可用手指指指点点，而应有礼貌地以手掌示意。

2. 被人介绍

当自己被介绍给他人时，你应该面对着对方，显示出想结识对方的诚意。等介绍完毕后，可以握一握手并说"你好！""幸会！""久仰！"等客气话表示友好。

如果你是一位男士，被介绍给一位女士，你应该主动点头并稍稍欠身，然后等候对方的反应。按一般规矩，男士不用先伸手，如果对方不伸手也就罢了。如果对方伸出手来，男士便应立即伸手轻轻一握。如果你是一位女士，被介绍给一位男士时，一般来说，女的微笑点头就合乎礼貌了。如你愿意和对方握手，则可以先伸出手来。

3. 自我介绍

当你想同某人结识，却又一时没有找到合适的介绍人时，那么不妨作自我介绍。作自我介绍时，可主动打招呼，说声"你好！"来引起对方的注意，然后说出自己的姓名、身份，同时双手递上事先准备好的名片。也可一边伸手跟对方握手，一边作自我介绍。

在作介绍的过程中，介绍者与被介绍者的态度要热情得体、举止大方，在整个介绍过程应面带微笑。一般情况下，介绍时，双方应当保持站立姿势，相互热情应答。

> **小贴士**
>
> 和人打招呼时，一定要注意：说话时注视对方；保持微笑；专注地聆听；偶尔变化话题和说话方式。

（二）握手

1. 握手的姿势

握手的两个人手掌相握呈垂直状态，表示平等而自然的关系，这是最稳妥的握手方式。

握手时应注意两眼注视对方的眼睛,表示诚意。如要表示谦虚或恭敬,则可掌心向上同他人握手。而如果是伸出双手去捧接,就更是谦恭备至了。但切不可掌心向下握住对方的手,这通常是傲慢无礼的表示。握手时应伸出右手,决不能伸左手与人相握。

2. 握手的顺序

在上下级之间,应先上级伸出手后,下级才能接握;在长幼之间,应长辈先伸手后,晚辈才能接握;在男女之间,应女方先伸手后,男方才能接握。另外,在宾主之间,客人抵达时应由主人先伸手表示欢迎,客人告辞时,应由客人先伸手表示辞行。

3. 握手的力度与时间

握手的力度应当注意,一般情况,相互间握一下即可。如果是热烈握手,可以使劲摇晃几下,这是十分友好的表示。握手的时间通常以3~5秒为宜,除非关系亲近的人或遇特殊情况,一般不宜延续太长时间。

另外,与人握手时应注意双手的卫生,不要戴着手套握手,而戴着墨镜与人握手是十分无礼的表现。

(三)使用名片

使用名片是社交和职业的需要,它可以帮助对方认识和了解你,也可以使你掌握对方的有关信息。

名片的一般规格是:名片的正面上方印有工作单位,中间印有姓名、职务,下方印有地址、电话。名片正面印有中文,背面往往印有相应的英文。

在与人交往前,应先把名片放在易取之处,男士可以把名片放在公文包或西装上衣的口袋里,女士可放于手提包内。

交换名片的一般顺序是:地位低者、晚辈或客人先向地位高者、长辈或主人递上名片,然后再由后者回赠。

当我们向他人递送自己的名片时,应说"请多多指教",同时身体微微前倾,低头示意,最好是用双手呈上名片,将名片放置手掌中,用拇指夹住名片,其余四指托住名片的反面。请注意名片的字迹应面向对方,便于对方阅读。如果自己的姓名中有不常用的字,最好能将自己的名字读一遍,以便对方称呼。

小贴士

礼貌接受名片

接受他人的名片时,也应恭敬。当对方说"请多多指教"时,可礼貌地应答一句"不敢当"或"随时请教"。接过名片,一定要看一遍,绝对不可不看一眼就收藏起来,这样会使人感到你欠诚意。看不清的地方应及时请教。

看过名片后,应将名片放好,不要随意乱置,以免使人感到不快。

(四)称谓

社交中的称谓有以下几种类型。

1. 职务职称型

当知道对方的具体身份时，可称呼职务或职称，如"你好！赵董事长""你好，李教授"。对方的身份往往会在名片中显示出来，应特别注意。

2. 姓名型

当对方无特殊身份时，可称呼姓名，如"你好，张华"。或采用以性别相称的方式，如"周先生""王小姐"等。

3. 长幼型

对年长者称呼要恭敬，不可直呼其名，可称"老张""老王"。如果是有身份的人，可以将"老"字与其姓相倒置，这种称呼是一种尊称，如"张老""王老"。对年轻人则可在其姓前加"小"相称，如"小张""小李"，抑或直呼其姓名。称呼时要注意谦和、慈爱，表达出对年轻人的喜爱和关心的态度。称呼时态度要诚恳，表情自然，体现出你的真诚。可借助你的声调、笑容和谦恭的体态，表示尊敬。

二、交谈与聆听中的礼仪

（一）交谈

1. 交谈时的态度

交谈时应尊重对方、谦虚礼让，善于理解对方，然后因势利导地谈论话题。对别人的谈话应当认真倾听，并鼓励引导对方阐明自己的思想。正确的意见，应表示赞同；不同的看法，若无原则性问题，不妨姑且听之，不必细究；若是事关原则，可以婉转相告，表述自己的看法，但不要得理不让人，使别人难堪。

2. 交谈时的形体动作

两人交谈时，最好目光交流持同一水平，体现相互尊重。说话时不要东张西望，也不要目不转睛地盯着对方或目光冷漠地看着对方，这些都会引起对方的不快。谈话时也可以适当运用一些手势来加强语气、强调内容。但手势不能太多和幅度过大，这会使人感到不舒服，更切忌用手指点对方，这被视作是不礼貌的行为。

交谈时要注意语速和音量总量，要尽可能吐字清晰，不快不慢。讲话时声音要适中，以对方能够听清和不妨碍他人交谈为宜。

小贴士

> 笑容是一种令人感觉愉快的面部表情，它可以缩短人与人之间的心理距离。笑容是人际交往的润滑剂。

（二）聆听

聆听时要专心致志，保持目光接触，听清对方所说的话。不要三心二意，东张西望，这些都会影响我们听讲的效果。应当排除一切干扰：外界的嘈杂声音，内心不良的心境等，集中注意力认真倾听。

聆听时，要积极鼓励对方畅所欲言，表达尽自己的思想。听与说是一个互动的过程，只有当听话者表现出聆听的兴趣时,说话才会有浓厚的谈兴,可以多用这种方式鼓励对方说话。

聆听的同时还要注意观察,俗话讲"察言观色",是有一定道理的。人们在表述自己的想法时,主要通过有声语言,即说话,同时也会有意无意地透过无声语言表达出更为隐秘的心理活动。例如谈话时的表情,兴奋或是沮丧;身体的姿势,紧张还是放松,同样也在透露着某种信息。若将说话者的言与行结合在一起作分析,有助于理解他人的真实想法。

聆听的过程更是一个积极思考的过程,要边听边想,努力体察对方的感觉,敏锐把握对方话语里的深层含意。人们经常会以婉转的方式表达自己的想法,这时就不能仅仅从字面上理解对方,而要"听话听声,锣鼓听音"。做个善解人意的人,会赢得对方的尊敬,并让人乐于与你交谈。而我们也只有准确地把握了对方的真实想法后,才能使自己做出正确的判断。

三、打电话的礼仪

案 例

接电话技巧

某公司的毛先生是杭州某三星级酒店的商务客人,他每次到杭州一定会住这家三星级酒店,并且每次都会提出一些意见和建议。可以说,毛先生是一位忠实友好又苛刻挑剔的客人。

某天早晨8点,再次入住的毛先生打电话到总机,询问同公司的王总住在几号房。总机李小姐接到电话后,请毛先生"稍等",然后在计算机上进行查询。查到王总住在901房间而且并未要求电话免打扰服务,便对毛先生说"我帮您转过去",说完就把电话转到了901房间。此时,901房间王先生因昨晚旅途劳累还在休息,接到电话就抱怨下属毛先生不该这么早吵醒他,并为此很生气。

李小姐应该考虑到通话的时间早上8点是否会影响客人休息,分析客人询问房间号码的动机,此时毛先生的本意也许并不是要立即与王总通话,而只想知道王总的房间号码,便于事后联络。在不能确定客人动机的前提下,可以先回答客人的问话,同时征询客人意见"王总住在901房,请问先生需要我马上帮您转过去吗?",必要时还可委婉地提醒客人,现在时间尚早,如要通话是否1小时之后再打。这样做既满足了客人的需求,又让客人感受到了服务的主动性、超前性、周到性。

资料来源:https://m.ruiwen.com/liyichangshi/1240737.html?from=singlemessage,2020-10-04。

(一)打电话

打电话的礼节,可以归纳为"礼貌、简洁、明确"六个字。

使用电话交谈时,除了礼貌以外,还应做到言简意赅。在办公室打电话,更要照顾到其他电话的进出,不可过久占线。在打电话之前请做一下准备,将要说的问题和顺序整理一下,这样打起电话来就不会啰啰唆唆或者丢三落四了。

拨通电话后,应当先自报家门和证实一下对方的身份。如果你找的人不在,可以请接电话的转告。这时可以先说一句"对不起,麻烦你转告×××……",然后将你所要转告的话告诉对方,最后,别忘了向对方道一声谢,并且问清对方的姓名。切不要"咔嚓"一声就把电话挂了,这样做是不礼貌的,即使你不要求对方转告,也应说一声:"谢谢,打扰你了。"

如果你打的电话是要通过总机转接的,别忘了对总机小姐说一个"请"字,"请转×××分机",你的礼貌会使你得到礼遇。

打电话的时候要考虑到对方是否方便,最好在早上八时后及晚上十时前,午间一、二点钟时最好也不要打电话,特别是年长者,通常都有午休的习惯。

(二) 接电话

在接电话时,当听到电话声响起,应迅速起身去接。拿起听筒,若对方没有发话,你也可先自报家门:"您好!这儿是×××公司",或"你好!我是×××",让对方知道你的身份。作为接话人,通话过程中要仔细聆听对方的讲话,并及时作答,给对方以积极的反馈。

如果对方请你代传电话,应弄明白对方是谁,要找什么人,以便与接电话人联系。传呼时,请告知对方"稍等片刻",并迅速找人。如果不放下听筒呼喊距离较远的人,可用手轻捂话筒或保留按钮,然后呼喊接话人。

如果要接电话的人不在,打电话的人要求你转告的话,你应做好电话记录,记清:打电话者的姓名、所属单位;需要转告的具体内容;是否需要回电,以及回电号码、时间;对方打电话时的日期、时间。记录完毕后,最好向对方复述一遍,以免遗漏或记错。

当接到拨错的电话时,应礼貌温和地告诉对方"您打错了",而不要粗暴地挂上电话。对方若说"对不起"时,你可以回答:"没关系,再见!"

通话结束时,作为接话人,一般来说,应等对方先挂上了电话后再放下话筒。

四、发短信(微信)的礼仪

手机短信(微信)已经是我们生活中不可缺少的一个沟通方式。因此,运用得好坏将影响我们的生活。注意以下几点将会使你的沟通更顺畅。

(一) 发短信一定要署名

短信署名既是对对方的尊重,也是达到目的的必要手段。我们经常会在过年过节的时候接收到若干条短信,但就是因为有的没署名,不能及时回复而产生了很多误会。

(二) 有些重要电话可以先用短信(微信)预约

有时要给身份高或重要的人打电话,知道对方很忙,可以先发短信(微信):"您现在方便接电话吗?我有事找您",如果对方没有回短信(微信),一定不是很方便,可以过一段时间再联系。

(三) 及时删除自己不希望别人看到的短信

一些人经常把手机放在桌上,如果出办公室办事或者去卫生间,也许有好奇之人就会顺手翻看短信。如果上面有一些并不希望别人看到的短信,就可能引起麻烦。如果不幸被对方传播出去,后果就更严重。因此,骚扰或经不起推敲的短信(微信)一定要及时删除。

（四）上班时间不要没完没了发短信（微信）

上班时间每个人都在忙着工作，即使不忙，也不能没完没了的发短信（微信）。否则就会打扰对方工作，甚至可能让对方违纪。如果对方正在主持会议或者正在商谈重要事项，闲聊天式的短信（微信）更会让对方心中不悦。

因此，现在有很多单位上班时不许员工带手机，实际上也是为了控制这种频繁的短信（微信）来往影响工作。

（五）发短信（微信）不能太晚

有些人觉得晚上10点以后不方便给对方打电话了，发个短信（微信）告知就行。短信（微信）虽然更加简便，但如果太晚，也一样会影响对方休息。

（六）提醒对方最好用短信（微信）

如果事先已经与对方约好参加某个会议或活动，为了怕对方忘记，最好事先再提醒一下。提醒时适宜用短信（微信）而不要直接打电话。打电话似乎有不信任对方之感。短信（微信）就显得非正式亲切得多。短信（微信）提醒时语气应当委婉，不可生硬。

五、发电子邮件的礼仪

发电子邮件应遵循以下礼仪。

（1）如果要群发邮件，你要仔细检查接收者的名单，有时因为粗心把不该选的接收者选上，结果出现了不必要的麻烦。

（2）你的联系方式有没有附在邮件末尾？如果没有，应考虑加上。

（3）你是不是在转发别人发给你的邮件？如果是，要考虑别人是否同意，否则会引起很多麻烦。

（4）回复群发邮件的时候，你点击了"回复所有人"吗？如果是，想想是否真的需要让每个人都看到你的回复。尤其是中间的接受者中有矛盾的，会不会引起对你的误解。

（5）有没有引用原邮件中有用的部分？仅说一个"同意"会让人摸不着头脑。也就是不应该在回复一些重要问题时过于简捷。

（6）好好检查一遍拼写和语法。中国字同音、近似音的字很多，尤其在运用词组、联拼时要特别注意。如想打"展示"，由于粗心打成"战士"。意思就完全不一样了。

小贴士

表达真诚的技巧

（1）真诚的眼睛。坦荡如水，平静地注视，不用躲躲闪闪或目光垂下不敢直视。

（2）真诚的举止。自然，大方，从容不迫，举手投足一副安然之态。

（3）真诚的微笑。如一缕温馨阳光，充满暖意。皮笑肉不笑、故意挤出的笑，都缺少真诚。

（4）真诚的称赞。称赞别人要发自内心，是心灵之语，否则就属于奉承的范畴了。

六、拒绝与道歉的礼仪

（一）拒绝

在与他人交往时，难免会发生一些矛盾，有时会碰到一些不合理的要求，需要我们说"不"字。为此我们要讲究一些拒绝的技巧，做到婉拒他人而又不失礼貌。

1. 位置置换法

有的时候要拒绝对方时，可以朋友的口吻相待，将自己的难处讲出，请对方站在自己的角度体察和谅解。只要你态度诚恳，对方便不会再计较。

2. 先肯定再否定

当对方提出的问题需要你明确地表示"否定"的，你可先选取一个局部的枝节方面予以肯定，然后再对问题的主要方面提出否定，因为不是采用一口否定的形式，使对方有一个下台的机会，对方也就比较容易接受了。

3. 让我考虑一下

拒绝别人时，最好不要太快，稍微拖延一段时间，让气氛缓和些比较好，若能避免当面拒绝则更好。这样做，不仅可以避免当面拒绝时的尴尬，又可使对方觉得你对他提出的问题，确实是经过慎重考虑才做出了回答。

案　例

拒绝的技巧

张先生工作一直很忙，好不容易有一个休息的时间要陪自己的太太出去度假。刚刚安排好具体的度假时间，这时，一个客户打电话约他打高尔夫球。张先生经过再三考虑，不陪客户打球也不会影响公司业务。

张先生诚恳地回绝了客户的邀请，说："啊，真可惜！如果您能早点通知我，也许还有办法，我已经订好了去外地的机票……"他把自己已有约的意思传达给对方，然后，在对方还想说明之前，委婉地拒绝道："承蒙您的邀请，实在对不起，以后有机会我们再一起打球。"在这种情况下，对方也不好强求。

（二）道歉

由于自己的疏忽或失误影响了他人的情绪，就应当及时说声"对不起！"以求得对方的谅解。这类情形在人际交往中是时常碰到的，可能因为语言或行为不当产生误解，也可能因为事情紧急或性格的原因，致使对方无法接受。当对方表示出不满或自己已经有所觉察时，便应及时说一声"对不起"。

主动道歉对消除人与人之间的怨恨和恢复感情确有奇效。当我们道歉时，态度要真诚，是发自内心的表达歉意，决不可敷衍了事，做表面文章。当然，也不必过于紧张，奴颜婢膝，纠正自己的过失是一件值得尊敬的事，应当堂堂正正。

本章小结

礼仪是一门综合性较强的行为科学,是指在人际交往中,自始至终地以一定的、约定俗成的程序、方式来表现的律己、敬人的完整行为,是一种为时代共识的行为准则或规范,即大家认可的,可以用语言、文字和动作进行准确描述和规定的行为准则,并成为人们自学学习和遵守的行为规范。礼仪具体表现为礼貌、礼节、仪表、仪式等。

礼仪的基本原则有:系统整体原则、公平对等原则、遵时守约原则、和谐适度原则、尊重习俗原则和风俗禁忌原则、外事礼宾顺序原则、女士优先原则等。

注重仪表是讲究礼节、礼貌的表现,是对他人的一种尊重,同时又是一个人自尊自爱的表现。如果一个人衣冠不整、不修边幅,会被认为是作风拖沓、生活懒散、社会责任感不强,因而难以得到人们的信任。

服饰是个人形体的外延,包括衣、裤、裙、帽、鞋、袜、手套及各类饰物。它们除了起着遮体御寒的作用,更重要的是起着美化人体的作用。服饰是一种文化,它可以反映一个民族的文化素养、精神面貌和物质文明发展程度。服饰又是一种无声的语言,它显示着一个人的社会地位、思想修养、个性特征、心理状态、审美情趣等多种信息,也能表现出一个人对自己、对他人以至对生活的态度。

礼仪体现在日常交往的各个环节,应该从相见、交谈、聆听、打电话、拒绝与道歉等每个方面入手。

复习思考题

(1) 什么是礼仪?
(2) 什么是礼貌?什么是礼节?什么是仪表?什么是仪式?
(3) 礼仪有哪些原则?
(4) 礼仪有哪些作用?
(5) 你对中国是"礼仪之邦"这一美称如何认识?
(6) 什么是仪表?什么是风度?
(7) 化妆礼仪应注意哪些问题?
(8) 服饰穿戴有哪些基本原则?
(9) 如何介绍他人?
(10) 怎样做到拒绝他人而又不失礼貌?

案 例 分 析

案 例 一

张华大学毕业,加入了一家公司,被分配到销售部做产品推销工作。他早就听说过公司职员的个人形象在业务交往中备受重视,因此头一次外出推销产品时,便穿上了一身刚买的深色西装、一双黑色的皮鞋、一双白色的袜子,希望自己形象不俗,并且有所收获。让张华大惑不解的是,他虽然跑了不少地方,但与接待他的人刚一见面,对方往往朝他打量几眼,便把他支走了。有的大厦的保安,甚至连楼门都不让他进去。小李把自己从头看到脚,却找不到屡屡被拒之门外的原因,这究竟是为什么呢?

思考:
(1) 张华屡屡被拒之门外的原因是什么?
(2) 你如果去公司求职,应该怎样着装?

案 例 二

郑小姐在一家国内的公司工作。有一回,上级派她代表公司前往南方某城市参加一个大型的外贸商品洽谈会。为了给外商留下良好印象,郑小姐在洽谈会上专门穿了一件粉色的上衣和一条蓝色的裙裤。然而,正是她新添置的这身服装,使不少外商对她敬而远之,甚至连跟她正面接触一下都很不情愿。

思考:
(1) 郑小姐为什么遇到这样的尴尬呢?
(2) 在与外商交往的场合,应当怎样着装?

实 践 课 程

训练一

组织全班进行讨论,大学生该如何打扮自己,才能体现自我个性,又不失大学生的水准呢?

大学生的仪容要求

现今的时代是一个张扬个性的时代,同时又是一个讲究团队精神的时代。大学生化妆应以所在群体为标准,以显示出年轻人的朝气蓬勃、积极奋进的精神风貌。

化妆应以自己面部的客观条件为基础,适当强化和美化,不可以失真。要妆而不露,化而不觉,达到"清水出芙蓉,天然去雕饰"的境界。化妆还应该随着环境、场合、时间、身份的不同而不同。

应该注意的是大学生在日常学习、生活中,以不化妆为宜;在社交娱乐活动中,适当浓一点是可以的。化妆的时候,应以自然、清淡为主,切忌人工痕迹过重,那会丧失年轻人自然的美感。

化妆应和服饰相协调。穿着不同,妆的浓淡和体现的格调就要不同。化妆品的色彩要和服饰色彩一致或具有一定的反差;化妆和服饰的格调也要一致。化妆还要突出重点,"以点带面"。化妆的目的就是要突出和强化美点,这个美点,或是眉,或是眼,或是唇,或是肤,只要能正确、客观地评价自己,总会找出这个值得突出强化和令人美慕的美点。

关于大学生的着装要求,根据教育部颁布的《高等学校学生行为准则》,各高校又都制定了《学生文明行为规范》,其中要求大学生"服饰简洁、大方,在进入教室、图书馆等地,参加集会、演出,参加集体活动以及在各公共场所不穿着跨栏背心、吊带背心、拖鞋、运动短裤、超短裙等不适宜学生穿着的服装"。

大学生作为社会最具希望的一个群体,应该自觉地以高标准要求自己。在日常的学习、生活、工作中多穿着便于行动、适合年龄要求的休闲装、便装等;在一些特定的场合,着装上应体现出自己的文化层次、道德水准、审美品位。

训练二

参加一次同学的聚会,注意着装合体。托同学介绍自己想认识的朋友,应该注重哪些礼仪?

训练三

同学之间,每五人组成一个小组,每位成员扮演一类当前社会中的职业人员,例如扮演售票员、医生、出租车司机、银行职员等,评测一下谁扮演得最好,讨论一下所扮演的这些角色都应该注意哪些礼仪?

第九章

CHAPTER 9

求 职 应 聘

🔑 学习目标

（1）了解自己大学毕业前的求职应聘准备。
（2）领会将自己推销给用人单位，找到满意工作的具体要求。
（3）掌握求职应聘的技巧，并在自己求职中加以运用。

技能要求

（1）掌握简历的主要内容及好简历的标准。
（2）了解应聘者应做好哪些方面的心理准备，熟悉求职应聘技巧并能灵活运用。

大学生要注意求职中的细节

应届大学毕业生求职高峰期已经到。人才交流中心有关负责人剖析大学生求职的一些失败案例，提醒大学生要注意求职中的细节。

细节一：学生气。

会计专业的李丽收到知名企业发来的面试通知时，心里既高兴又紧张。一开始，考官对她的素质挺满意。最后，考官对她说："根据你的性格特点，我们想把你安排在办公室，可能跟你的专业不对口，但是我们认为你更适合这个岗位。"李丽拿不定主意，小声地说："要不，我回去和爸爸妈妈商量一下。"主考官愣了一下："好吧，"他微笑着说，"不过要记得，以后你参加面试的时候，不要说和爸爸妈妈商量一下，因为这样会显得你没有主见，明白吗？"

学生气太重是一些大学生的"通病"。要记住，走上社会后就要学会独立自主，凡事依靠父母的学生，很难获得用人单位的信任。

细节二：不自信。

招聘会上，法律专业的小郑看上了一家外商投资的外贸公司招商部职员岗位。走进面试场地，她发现居然是老板亲自来面试，不由自主地有些慌张起来。

考官的第一个问题就把她"呛"住了。"我们招的是专科学历，你是本科，怎么会来应聘这个岗位？"考官问。她支支吾吾地回答："我觉得你们公司挺好的，也比较适合我的专业。""我们公司好在哪里？这里工作压力很大，平时要经常加班，你可以适应吗？"几个问题问下来，小郑已有点迷糊了。

缺乏自信会让人产生能力差、不堪重用的联想,肯定不受用人单位欢迎。

细节三:过于表现自己。

参加招聘会时,国际贸易专业的小金"杀"入了一家国内知名企业的面试现场,据说投简历的就有两百多人,最后获得面试资格的只有30多人。在三人一组回答面试官的问题时,小金觉得要脱颖而出必须表现得更积极。

所以在回答时,总是抢在别人前面,多说两句。面试官看到这一点,特意问他:"如果你跟同事发生矛盾,怎么办?"小金不假思索地说:"最重要的是工作,有没有矛盾无所谓。"一个星期后他被告知不必参加复试了,因为公司觉得他不注重团队合作精神。

自信和骄傲有时就在一线之间,骄傲的人令人生厌,没有团队合作的概念、不合群的人也很难受到青睐,用人单位不会喜欢一个单打独斗的独行侠。

资料来源:https://www.wcqjyw.com/wendang/qitafanwen/435807.html,2023-03-23.

第一节　自荐材料的准备

准备一份好的自荐材料是求职的必要准备,也是能否找到一份好工作的关键。因此,在起草自荐材料时要注意以下两点。

(1)自荐材料主要应包括:①求职信;②个人简历;③本专业介绍、学习成绩、各种奖励和证书、作品等的复印件。

(2)自荐材料规格,建议用A4纸张,用激光打印机输出,页面要简洁,布局要合理。

一、求职信

(一)求职信的格式

求职信的格式和一般书信大致相同,即称呼、正文、结尾、落款。开头要写明用人单位人事部门领导,如"某单位负责同志:您好"等字样,结尾写上"祝工作顺利"等祝愿的话,并表示热切希望有一次面试的机会,最后写明自己的学校、通信联系地址、姓名和时间。

(二)求职信的内容

求职信的主要内容应包括自己具有用人单位所需要的哪些条件、才能及自己对工作的态度。具体地讲大致有以下几个方面。

(1)简单的自我介绍,包括姓名、性别、出生年月、政治面貌、学历、毕业院校、所学专业、特长爱好、主要优缺点等。

(2)简述自己对该单位感兴趣的原因。

(3)说明自己期望能在该单位供职。

(三)如何写好求职信

成功的求职信应该表明自己乐意同将来的同事合作,并愿意为事业而奉献自己的聪明才智。要写好一封令人满意的求职信,必须注意以下几点。

1. 字迹整洁，文字通顺

古人云："字如其人，文如其人。"如果你的文章流利，字又写得漂亮，首先从门面上就压倒了竞争对手，并且能够把你的工作态度、精神状况、性格特征介绍给对方，加上你的求职条件，就会使你在众多的求职者中取胜。事实上，现在都用打印机打印求职信，那就要求文件必须做到整洁，即没有手印。且字体、字形、字号以及排版等都让人看着很舒服。所以，为了达到求职目的，就应该将求职书信做到让人一目了然，赏心悦目。

2. 简明扼要有条理

用简练的语言把你的求职想法以及个人特点表达出来，切忌堆砌辞藻。因为阅求职信的大都是单位负责人，他们不会把很多时间浪费在阅读冗长的文章上。因此，写作求职信要开门见山，简明扼要，切忌套话连篇，浮词满纸。求职信不在于长，而在于精，精在内容集中、明确、语言凝练明快、篇幅短小精悍上。最好做到一"纸"禅，即一页纸搞定。

3. 要有自信

先想好自我推销的计划再下笔。不论你是从报纸上看到的招聘广告，还是从亲友那里得来的信息，都要说明自己的立场，以便能让收信者印象深刻。写开场白之前一定要深思熟虑，如果气势不足，一开始自然就没有吸引力。应按照写一则新闻导语或是拟广告词的态度来对待。

4. 富有个性，不落俗套

书写一封求职信，正如精心策划一则广告，不拘泥于通俗写法，立意新颖，以独特的语言及多元化的思考方式，给对方造成强烈的印象，引人注意，并引起兴趣。一封求职信，无论内容多么完备，如果吸引不了对方的注意，或对你的陈述不感兴趣，则前功尽弃。

5. 确定求职目标实事求是

一个人对求职目标的确定并不是一件容易的事情，一定要符合人才市场的供求规律和竞争法则。在我国实行社会主义市场经济的今天，人才从某种程度上来讲，也可以被看成"商品"。市场的供求规律无时无刻不在影响着商品的价格。供不应求时，价格高于价值，也就是说，这是人才的卖方市场；供大于求时，价格就低于价值，是人才的买方市场。了解了这一规律，你进入就业市场的时候，就不会一厢情愿地只凭学历，时刻想着应该得到什么样的工作，而只有去适应市场的运行机制和竞争法则。至于你能"卖"到什么样的价格，要凭市场行情而定。

在大学生多如牛毛的今天，你要价太高，势必无人问津。最明智的选择是顺应市场，调价处理。同样道理，如果你学的是社会冷门专业，即使是博士生，恐怕也只能找到一个本科生的职位。同时，市场竞争法则也制约着你对职业的选择。求职的竞争从本质上讲，是人的才能、素质的竞争。参与竞争前，你应先对自己有一个明确的估价，确定一下自己是哪个档次上的，然后再确定向哪个水平的职位挑战。只有这样，你才能在符合市场供求规律和竞争法则的前提下，摆正自己的位置，确定合理的目标，也才能使你的求职信有的放矢，提高成功率。

6. 自我推销与谦虚应适当有度

写求职信就是推销自己，就要强调你的成就，强调你对所选单位的价值，这就少不了自我介绍一番，但是一定要讲究技巧。如你信中要表达"有能力开创企业的新局面"，让人听起来就很刺耳。应用点儿技巧来表达,可以说"我可以用所学的知识,建立一套新的管理计划,以提高企业的生产率"或"可以为企业搞一些形象设计"等。

对于中国人来讲,谦虚是一种美德。一个谦虚的人,可以使对方产生好感。但对于求职者来说,过分的谦虚,同样会使人觉得你什么也不行。谦虚不是自我否定,是实事求是、恰如其分地表现自己。所以,写求职信应遵循"适度推销"的原则。但要视具体情况而定。由于文化上的差异,对外资企业可多一些自吹,对国内企业应多一些谦虚。对不同的企业求职信的内容不能一样,要针对用人单位的要求修改自己的推销词。

7. 少用简写词语,慎重使用"我"的字句

平时你与人交谈时,可能习惯简称自己的学校或所学的学科专业,但在求职信上最好不要用简称,因为用人单位的领导不一定都了解你的学校或专业、简写,往往容易使他们因不明白而产生误解。如"科大",究竟是指中国科技大学还是北京科技大学?专业的简称有时就更让人莫名其妙。

另外,多处简写有时还会使人觉得你做事不能脱离学生本色,或认为你态度不够慎重,从而影响录用。此外,在求职信中需要用"我觉得""我看""我想""我认为"等语气来说明自己的观点时,要慎重,否则会给用人单位留下你自高自大,思想不成熟的感觉。

8. 突出重点

求职信要突出那些能引起对方兴趣、有助于获得工作的内容,主要包括专业知识、工作经验、自身特长和个性特点等。有一点特别注意,即在介绍专业知识和学历时,切忌过分强调自己的学习成绩。许多人,特别是刚出校园的学生容易产生一种错觉,以为社会上也和学校一样,重视学习成绩,认为只要学习成绩优秀就会谋到一份好职业,甚至为自己全优成绩而沾沾自喜,这是不成熟的表现,很容易导致求职失败。

因为以自己的学习而夸夸其谈,只能给人以幼稚和书生气十足的感觉。而用人单位要重视的是经验和实际能力,所以应一般地写知识和学历,而重点突出工作经验和能力。这里所谓的"工作经验和能力"主要是写在校期间参与的社会实践活动或者是老师布置的以小组为单位的大作业,自己从中从事的职位或在组内起的作用。

应该鼓励在校期间在不影响学习的情况下,尽早找到实习单位,学生可以不计报酬,但一份实习岗位的历练更重要,如果你实习时单位不断看到了你的进步,很有可能毕业时就留在公司工作。另外,自己的兴趣一定要写具体。如"喜好音乐"就太笼统了,再加上"是校合唱团团员"就具体了。

9. 建立联系,争取面试,莫提薪水

在求职信中,不要提薪水的具体数目。求职信所要达到的目标是建立联系,争取面谈的机会。此时谈钱为时尚早,以后会有更适当的场合,更何况薪水的数目并不是你选择职业的主要因素。如果同时有两个职位,其中低薪的那个职位更有利于今后发展,那么应当毫不犹豫地选择它。这种例子在应聘者中比比皆是。在求职信的最后,要特别注意提醒聘人单位留意你附加的简历,并请求给你回音,以争取能够建立下一步的联系,获得面试的机会。

10. 以情动人，以诚感人

写求职信也要有感情色彩，语言有情，会更有助于交流思想，传递信息，感动对方。那么写求职信怎样做到以"情"动人呢？关键在于摸透对方的心理，然后根据你与对方的关系采取相应的对策。如果求职单位在你的家乡，你可以充分表达为建设家乡而贡献自己聪明才智的志向；如果求职单位在贫困地区，你就要充分表达为改变贫困地区面貌而奋斗的决心；如果是教学单位，你就要充分表达献身教育事业的理想……总之，你要设法引起对方的共鸣，或者得到对方的赞许。这样对方会自动地伸出友谊之手，给你以热情的帮助。

写求职信在注重以情动人的同时，还要以"诚"感人，以诚取信。只有诚于中才能形于外。"诚"指"诚恳""诚实""诚意""诚信"。就是态度诚恳、诚实，言出肺腑，内容实事求是，言而可信，优点要突出，缺点不隐瞒，恭敬而不拍马，自信而不自大。只有"诚"才能取信于人，令人喜欢。人们常说"真诚能感动上帝"，就是这个道理。

11. 要不断地修正

建议你先打一个草稿，把所有的想法列出先后次序，并巧妙地将它们串联起来。切忌把第一份草稿寄出去。无论日期怎么紧迫，都要谨守"纪律"。经过一番改正、推敲之后，才能邮寄。

小贴士

求职信范例

××经理：

您好！

我写此信应聘贵公司招聘的经理助理职位。我很高兴地在招聘网站得知你们的招聘广告，并一直期望能有机会加盟贵公司。

两年前我毕业于首都经济贸易大学国际贸易专业，在校期间学到了许多专业知识，如国际贸易、国际贸易实务、国际商务谈判、国际贸易法、外经贸英语等课程。毕业后就职于一家外贸公司，从事市场助理工作，主要是协助经理制订工作计划、一些外联工作以及文件、档案的管理工作。本人具备一定的管理和策划能力，熟悉各种办公软件的操作，英语熟练，略懂日语。我深信可以胜任贵公司经理助理之职。

个人简历及相关材料一并附上，希望您能感到我是该职位的有力竞争者，并希望能尽快收到面试通知，我的联系电话：139×××××××××

感谢您阅读此信并考虑我的应聘要求！

此致

敬礼

您真诚的朋友：

××××年××月××月

对于即将毕业找工作的大学生来说,虽然没有工作经历和经验可写,但是要把自己在学校的实习经历或者分小组做的大作业,在其中担任的角色及任务完成情况写出来,这样你给用人单位领导的印象并不是死读书,而是学以致用,进行了岗位练兵,从而加大了录用你的概率。

二、个人简历

个人简历是自己学习和实习生活的简短集锦,也是求职者自我评价和认定的主要材料。它是一扇窗户,能使用人单位透过它了解到求职者的部分情况,也能激起用人单位与求职者进一步接触的浓厚兴趣。

一般用人单位会主要看四个方面的内容:基本信息、所学课程及成绩、在校期间的社会实践活动、所获奖项。

(1) 个人简历一定要写得充实,有内容,有个性,至少能在一定程度上反映出毕业生的真实情况来。

在简历中要充分展示你的专业特长和一般特长,强调过去所取得的成绩,最好能写出三种以上的成绩和优点(以后有了实习或工作任职经历,重点写出在每个任职期间的三条突出业绩)。如果有的同学在学校没有获奖,那一栏不要填"无",应把获得奖项那一栏删掉。即不说假话,也不说"真话",不要取长补短,要做到扬长避短。对方不问又是你欠缺的,不要主动说出来。

(2) 排版考究,一般2~3页。简历的格式应便于阅读,有吸引力并使人对自己和自己的目标有良好的印象,并且要讲究材料的排列顺序。

(3) 一般而言,白纸黑字应该是个人简历的最佳载体。打印排版时,注意间隔及字体的常规性,同时注意语法、标点用措辞,避免错别字的出现。

(4) 不要写那些对你的择业不利的情况,如对薪水的要求和工作地点的要求,即使是成绩也不必一股脑儿全写上,主要写专业课的成绩就可以了;尤其要注意避免补考的学科。

简历模板在网上即可搜到,但是不管什么样格式的模板在填写时都要切记以上几点。建议求职者最好使用带照片格式的简历模板,这样可以选一张自己满意的照片粘贴上去,可以给用人单位留一个好的第一印象。

小贴士

个人简历示例

本章开头案例引例中提到了2017届毕业生小W的简历,如表9-1所示。

表9-1 个人简历

应聘职位
本人应聘网络安全维护管理、数据库管理、计算机系统安全维护、软件策划/开发等以及相关的职业。

续表

个人概况			
姓　　名：		性　　别：女	
户口所在地：北京市××区		年　　龄：	照片
毕业院校：北京××大学		专　　业：信息安全专业	
手　　机：		电子邮件：	

教育背景

- 主修方向：信息安全。
- 主修课程：现代密码学、通信原理、数据结构、数据库基础、计算机网络、微机原理与接口技术、计算机组成原理、C语言、控制工程基础等。
- 专业课程：电子商务、信息对抗原理、网络管理与安全、数字图像处理、数字签名等。
- 专业排名：9/60。

计算机水平

- 能够使用C语言熟练编写程序。
- 熟练应用SQL Server，进行数据库的建立和基本维护。
- 能够申请以及更新数字签名，熟练使用专业版网络银行。
- 熟悉Photoshop，能够进行基本的图像处理。
- 熟悉Matlab和电路设计软件的使用。
- 能够熟练使用Windows系列操作系统以及基本办公软件（Office系列）。

个人技能

- 大学英语四级522分，具有一定单词量，能够听懂日常英语，熟练运用计算机进行高质量全文翻译，高效而准确。
- 有机动车驾驶执照。
- 有很强的文字功底。
- 有中央音乐学院电子琴六级水平。

实践与实习

- 2016年在校实践中实现Visual C++平台编程，完成万年历和控件播放器项目。
- 2016年7月暑假在北京×××健康管理集团公司任讲师实习，其间获得会员及领导好评。
- 2017年在校实践完成了放大音频设备电路板的设计、刻画以及焊接，并成功播放音质很好的歌曲。
- 2016—2017学年度软件工程课程实践中，在Visual Studio C♯平台完成病毒程序美杜莎之瞳的设计开发，实现键盘及鼠标锁定的攻击以及重开机自启动的攻击。
- 2017年在校实践中实现了古典密码的编程，包括恺撒密码以及置换密码的加密及解密。
- 2016年1月寒假在海南省三亚市做海南省作为旅游城市近20年发展成果及弊病调研，并完成了调研报告。

兴趣爱好

- 喜欢游泳、羽毛球、登山以及垂钓、台球等项目。
- 喜欢阅读现代文学，设计撰写博客等。

续表

获奖情况
· 2015—2016 学年二等奖学金。 · 2017 年社会实践先进个人。 · 2016—2017 学年度年级组织委员,成功担任元旦联欢晚会主持人。
自我评价
我是一个性格开朗随和,谦逊而有主见,很有亲和力的人。具有很强的责任心和团队合作意识,与人沟通的能力出色,对别人交付的事情一向是尽自己最大努力按时保质完成。我有一定的自学能力,对环境适应力强,面对困难能够积极地应对和克服,对亚健康管理很有研究,能够让自己的身体状况时刻保持在最佳的状态。

第二节　应聘者的心理准备

要得到一份称心如意的工作绝非易事,尤其刚刚从象牙之塔中展翅欲飞时,请做好以下几个方面的心理准备。

一、必要的心理准备

(一)了解社会需求

首先,要了解职业的社会需求及行业发展的趋势,哪些行业处于发展上升时期,哪些处于发展平稳时期,哪些将会出现收缩或下降趋势,要做一个比较,选出自己所希望参与的领域。其次,在做出选择之前,多收集一些相关资料,以便择优而选。

(二)职业选择

选择最熟悉的行业和自己最熟悉的职业,这样才有可能全身心地投入到工作中去,才有可能有所发展,有所创造,有所前进,才有可能从中体会到工作的乐趣。

(三)认识自我,把自己好好剖析一番

要了解自己的长处和不足,全面分析自己,列出自己的长处和优点,评价工作能力,问问自己:能干什么?想干什么?定出自己的求职目标,希望能胜任什么职位,薪水多少合适,工作环境怎样等,在经过仔细分析之后,再决定自己到什么公司应聘何职。

(四)应聘时间

要考虑自己准备在某职业从事多长时间,如 3 年、5 年或更长的时间,或是通过目前的职业学习一些东西,积累一些经验,以图更大的发展。忽略这一问题,可能会出现定位不准、目标不明、频繁跳槽等一些对自己不利的结局,以致最终影响自己的发展。

(五)薪金

薪金无疑是选择职业的一条较为重要的参考标准,但如果把薪金放在首位考虑就常常会与机会擦肩而过,可能会失掉适合自己的工作机会。

(六)重新选择

在选择职业时可能因一时冲动,择业后发现所选职业并不满意,此时不妨选换另一个

职业,这也许是个转机。

二、角色转换的准备

一个人从学校走向社会,身份发生了重大的转换,所处的环境也发生了变化,在求职应聘的同时,更要为适应将来的岗位做好转换的准备。

(一)充满信心

请相信天高任鸟飞,海阔凭鱼跃,天生我材必有用。保持良好的心态,快乐的心情,对你大有好处,让你不仅有信心,可能还因为状态极佳,不再厌烦手头枯燥的工作,良性循环会事半功倍。

(二)充电是必要的

世界日新月异,复合型人才才会有竞争力,满足于现状的井底之蛙只会被淘汰。充足了电,再为自己好好策划一下,打印一份漂亮的履历表。谦虚是美德,但恰如其分地表现自己,包装自己,非常重要。

(三)恰当修饰一下自己

你的着装外貌要适应职场的氛围,给人以庄重成熟的印象。

整好衣冠,拿上你的简历,带着你的微笑,到人才市场来应聘。应聘的时候,你要先有概念:应聘什么职位,应聘什么样的公司,是选择三资企业还是国有企业,是选欧美公司还是亚洲公司,必须先决定好。

小型交流会可以一家家慢慢看,大型交流会场内摊位多,求职者也多,所以建议先在场内浏览一圈,看看哪几家公司有吸引力,决定好主攻目标和次要目标。主攻目标,你要多费些心思,好好展现你的魅力,坐下来和招聘者认真谈一谈,向他展示你的才能,表明想为公司效力的强力愿望;次要目标,留下你的简历和简短介绍即可,自始至终,你都要充满信心,从容不迫。

案 例

转换角色、突破自我

张晓是一名优秀的大学生,他在大学期间表现优异,成绩名列前茅。毕业后,他顺利进入了一家知名企业工作。然而,在初入职场的阶段,他遇到了很多挑战和困难。

在大学期间,张晓习惯了自由自在的学习和生活方式,他可以按照自己的兴趣和时间安排来学习任务。但在职场上,他需要适应企业的规章制度和工作流程,这让他感到非常不适应。面对这些问题,张晓没有气馁。他开始主动调整自己的心态和沟通方式,积极向同事和上级请教和学习。他开始注重团队合作和协调,努力提高自己的工作能力和职业素养。

经过一段时间的努力,张晓逐渐适应了职场的工作方式。他不仅在工作中取得了很好的成绩,还得到了同事和上级的认可和赞赏。他深刻认识到,从学生到职场人的转变需要一个过程,需要不断地学习和适应。

资料参考: https://www.sohu.com/a/737903555_121769699,2023-11-21。

第三节　应聘者的应试准备

一、笔试准备

笔试是招聘单位利用书面形式对求职者的各类知识和技能进行的综合性考查。主要适用于应试人数较多,需要考核的知识面较广或需要重点考核文字能力的情况,大企业、国家机关选聘公务员,往往采用此种考核形式。

笔试的题目,有相对的标准答案,答卷可以设计得科学、全面、重点突出,而且有案可查,相对公平。因而越来越多的招聘单位喜欢采用笔试方式,在众多应聘者中通过笔试筛选出一定比例的人员进入面试。因此,求职者不可小视笔试,它是你走向成功的第一步。

(一) 要了解考试的范围和具体方针,有针对性地进行必要的准备

要了解考试的范围和具体方针,有针对性地进行必要的准备。

特别要注意那些在学校没有讲授过的知识的学习和早已遗忘的有关课程的复习。一般来说,这种备考应以扩充知识量为主,而不必花费大量的精力去思考有难度的问题。

(二) 要适当复习专业知识,复习专业知识应做到重要五点

要适当复习专业知识,复习专业知识应做到重要五点。

1. 提高解决实际问题的能力

现在外企公司的笔试越来越多地强调学以致用,用学过的知识解决实际问题。如用数学求解交通拥堵、十字路口的红绿灯多长时间变颜色最合理等。国内的各公司都转向大量采用这类实用题型。因此,要多加练习。

2. 系统复习基础知识

笔试题不可能铺天盖地,最可能出的顺序为:科技知识(包括数理化、科普)、文史知识、经济知识、政法知识。这些知识,不是高精尖,而是基础性的。

3. 多练习

现在市面上流通着很多求职应聘题,特别是著名外企公司的应聘题。可选择一部分题作训练用。练习时注意做到:"眼到心也到"——不能光"看"(浏览),而是有选择地拿来做练习。每练一道题,应思考该道题的出题思路和解题关键,争取举一反三,归纳出类型,以后再遇见同类型题目就会做。不能指望看答案。

4. 熟悉企业或机关应用文格式

选择比较规范、比较权威的应用文写作工具书,熟读乃至记忆重点应用文格式。

优先熟读乃至记忆的应用文:通知、报告、请示、函、备忘录、申请书等。

5. 模拟写作练习

草拟一、两篇论文(如人文方向的一篇,专业技术方向的一篇),并请老师指导。

(三) 笔试的注意事项

求职考试的主要内容是基础知识和专业技能知识,其次是同专业有关和同招聘单位有关的某种知识。用人单位对毕业生进行笔试考核,不仅仅考查文化、专业知识,往往还考核

心理素质、办事效率、工作态度、修辞水平、思维方法等。所以毕业生在参加笔试时要认真审题,将自己的认识水平、知识水平和能力水平通过笔试能较好地显示出来。

1. 要做好充分的准备

提前熟悉考场环境,掌握注意事项,有利于消除应试时的紧张心理。除携带必备的证件外,一些考试必备的文具也要准备齐全。考试前要有良好的睡眠,以保证考试时有充沛的精力和良好的竞技状态。

2. 要了解考试的规则和具体要求

考试时切不可违反规则,否则不但被取消录用资格,还会使人怀疑你的品格,以致影响其他单位的录用。

3. 要掌握科学的答卷方法

拿到试卷后,首先应通览一遍,了解题目的多少和难易程度,以便掌握答题的深度和速度。其次要按照先易后难的原则排出答题顺序,先答相对简单的题,最后再攻难题。答题时要掌握好主次之分。有时毕业生见简答题是自己准备较充分的,洋洋洒洒写了上千字,而对论述题目则准备不够,就随便写了几十个字。这样功夫没用到点上,成绩当然会受到影响。所以毕业生要在统揽全卷的基础上,抓住重点题目下功夫,认真答写,充分显示自己的知识水平。再次要尽可能留出时间对易出错的地方进行复查,特别注意不要漏题。最后要注意卷面整洁,字迹应力求清晰,书写不要过于潦草,字迹难于辨认会影响考试成绩,不要做大面积的涂改。认真的答题态度,细致的书写作风,会大大增加被录用的可能性。

大家都知道,要在求职考试中胜出,主要是依靠平时的努力学习和不断积累,因此打好基础、积极准备、沉着应对才是考试过关的关键。

二、面试准备

面试是用人单位直接对应聘者面对面考核、录用的形式。它是通过招聘者与求职者面对面地观察、交谈等双向沟通方式来了解求职者的思想观念、气质类型、性格特点、能力水平等素质状况,以确定是否录用的一种人才选拔方式。

"知己知彼,百战不殆",机遇总是降临到那些有准备的人身上。在此,我们主要讨论在应聘面试前应做好哪些具体的准备工作。

(一)精心准备

面试前准备一份在一两分钟内的推销自己的"广告",可以肯定的是对方将要求你回答"请谈谈你自己"或某个类似的问题。你应该背一小段与所求职位相符的有关自身背景的"广告词"。

(二)面带微笑,保持自信

脸上带着愉快轻松和真诚的微笑会使你处处受欢迎,因为微笑使你显得和和气气,而每个人都乐于与和气、快乐的人一起共事。你应该表现出热情,但不要表现得太过分。人们之所以被录用不是因为他们需要救济,而是因他们可以做事。

(三)核实对方需要什么及如何满足其需要

如果你是一名出色的应试者,那么你事先就应该了解你所应聘的职位的工作职责以及理想的人选应该具备什么样的资格。在面试时你可以用问题加以证实了解到的信息。如果对方的回答让你意识到你了解的信息有误,那么你应该对谈话内容进行及时的调整。对于整个面试来说,通过面试者的回答证实你获得的信息是相当关键的。

(四) 留心你的一举一动

面试时你的方方面面都会受到对方的仔细观察,包括你的衣着、你的回答,还有你的身体语言如脸上的表情、姿势、仪态和手势等,你要始终做出积极、肯定的反应。

(五) 以最佳方式、在最佳时间开始你的面试

有人说求职面试的头5分钟最关键,也有人说是否会被录用取决于面试的头60秒的表现。如何才能在面试的关键时刻就给人留下好印象呢?以下的几点对你也许有所帮助。

(1) 严格守时。事先要弄清楚面试的地点,提前到达,稳定情绪。
(2) 事先确定好要穿的衣服,对接待人员要和蔼。
(3) 说几句话打破沉默,如赞美一下漂亮的办公室、有趣的图画等。
(4) 在对方招呼你坐下以前不要坐下,不要主动和对方握手。

(六) 不要局限于用一两个字回答考官的问题

雇主常说员工的交流技巧是他们最看重的才能。求职者要遵守的交谈技巧如下。
(1) 不要突然打断对方的说话。
(2) 不要使用亵渎的语言。
(3) 不要说没有事实根据的大话。
(4) 你不能仅局限于一两个字的回答,但是也不能为了掩饰自己内心的紧张而滔滔不绝地说个不停。

(七) 文凭不能解决所有的问题

你所受的教育是你职业生涯中行动的支点,但指望仅凭受过良好教育便在激烈的求职竞争中取胜,是不现实的。用具体事例清楚地说明你所学的东西,并说明在实践中你能应用所学的东西做些什么。

(八) 随身携带一支笔和一个笔记本

面试时偶尔做一点笔记是明智之举,不过不要装作煞有其事的样子。在面试时,你也许真的需要把一些东西记在本子上(如有什么事你一时想不起来,需要过后再答复面试者)。况且,把面试者所说的话记录下来对对方也是一种尊重,这会使对方觉得高兴。

(九) 注意聆听,仔细观察

不要一味地只顾推荐自己。如果你经常只忙于思考接下去要讲什么,那么这时你要培养听别人说话的技巧。如果你没听清面试者的问题,可以向他提问,以便将问题弄清楚。

你应该掌握好何时结束面试。同时,为了给今后进一步的联系创造机会,你可以问他以下问题:面试时,你们在录用员工方面的下一个步骤是什么?你预计你们在什么时候会做出决定?如果我还有其他的疑问,我可否随时与你们联系?然后,你就静候佳音。

(十) 做好身心准备

健康的身体是参加面试的前提,良好的精神状态是面试成功的重要保证。求职者一定

要注意身心准备工作。

(1) 要加强身体锻炼,保证睡眠,保持充沛的体力。应聘前的几天内,不做过于劳累辛苦的事情,也不从事过于紧张、刺激的活动,保持心理稳定与愉悦。

(2) 要克服消极的心理紧张。临场前过度紧张和焦虑,临场时呆板和木讷,是应试的大忌。求职者应注意调整好临场前的心理状态,自然而又精神饱满地参与面试中的竞争。

(3) 要充满必胜的信念。应聘成功取决于自己平常养成的内在特质,如高尚的品德、良好的习惯、健康的人生态度、自觉的人际亲和力和学有所成的业务技能。既然已准备好了,那么就一定成功。

案 例

职业生涯教育宜尽早介入

大学应该怎样过、以后打算做什么,大学生入校时可能都存有疑惑,甚至许多大学生临近毕业时也难以给出答案。近日,北京交通大学就为本科新生准备了一份特别的"见面礼"——"生涯体验日"活动,帮助他们了解兴趣偏向和专业发展,提前树立职业生涯规划意识。

这无疑是学生们的福音,也是职业生涯教育的一次好尝试。类似活动,多多益善。对刚踏入校门而又即将面临选课、专业分流、实习等问题的大学生来说,类似活动有助于他们缩短适应大学的调试期,明确自己的目标规划并及时调整,明明白白地度过大学生活。于学校而言,这是高校责任意识、服务意识的体现,有助于开展好职业生涯教育,更好地匹配教育资源和学生资源,提升教育工作质量。

职业生涯教育的重要性在当下愈发凸显。对于学生来说,如果他们能更早地获得职业生涯教育机会、树立职业生涯规划意识,或许他们在选择专业、择业就业甚至是面临人生走什么路、过什么样的生活的抉择时,都会少一点迷茫,多一些底气,在踏入社会后走得更稳。于社会而言,职业生涯教育关系到国家未来人才的质量,通过个人合理的职业愿景和职业规划,实现人才与社会需求相对接,使人尽其才、才尽其用。因此,职业生涯教育尽早进入教育系统,将大有裨益。

据了解,部分国家对此已有一些尝试,有的早在中小学就为学生提供职业生涯教育和生涯发展咨询服务。目前,我国一些大学已经开设了职业生涯教育课程,但大多是以课堂教学的形式开展,效果有限。而对大学生的职业指导,很多学校倾向于在大三、大四时以就业指导的形式提供给学生。要知道职业生涯教育并不等于就业指导。

职业生涯教育是一个系统工程,需要综合考量、系统规划。这既需要相关部门进行整体规划,也需要高校对这方面工作持续优化,实现课程和教师的专业化发展。此外,还要有更多社会力量参与进来,扩大活动范围和形式,为学生提供更多职业体验机会。与此同时,大学生也要自主建立清晰的职业规划,为未来人生做足准备。

资料来源:http://opinion.people.com.cn/n1/2019/0830/c1003-31326901.html,2019-08-30。

三、网络应聘

网络招聘是一个并不新鲜的名词,排除了时间、地点、金钱的限制,网络招聘获得了更多的受众。上海人才热线最新资料显示,近期网络招聘单位和个人求职者的数量都以超过70%以上的速度直线上升。将自己的简历投放到知名招聘网站的人才库中,以备企事业单位用人时从人才库中自选,也是一种不错的求职策略。

(一)网络应聘前的准备工作

(1)拥有一台计算机或者上网方便的场所,这是最基本的条件。

(2)要掌握基本的网络知识,包括如何进入并顺利地浏览网页、如何使用网络搜索工具,还要学会理解网页上的语言等。推荐几家知名招聘网站:智联招聘网、中华英才网、前程无忧网。

(3)准备电子版照片一到两张。如果没有数码照片,请事先把纸版照片进行扫描,照片应该选择生活照,不能是艺术照。

(4)各种学历证书、职业资格证书以及所获奖励的有关材料要准备齐全,并扫描为电子版。

(5)要把近期学习阶段所学课程进行一个总结,比如把在校期间所学专业课程、在校期间接受的各种培训等方面内容归纳一下。

(二)网络应聘成功六要素

1. 要有针对性

不管是递交书面简历还是电子简历,针对性都应该是简历投递的第一要素。针对性体现在三个方面:针对自己的职业定位与生涯规划选择真正适合你的岗位;针对特定的岗位设计有针对性的简历;根据岗位性质使用针对性的语言。其中最重要的是你准确的职业定位,很多人无法充分表达"针对性",其根本原因就是职业定位不清。

在此还要特别提醒:不要同时在一家公司应征数个职位,因为对公司来说,重复阅读相同的简历不仅浪费时间,而且很容易让他们觉得应聘者其实根本不知道他们到底想做什么。

2. 用准关键词

随着智能化技术在招聘中的应用,关键词的设置越来越显得重要了。越来越多的企业,特别是一些大公司,通常都会用智能化的搜索器来进行简历筛选。很显然,从企业的角度来讲,这会大大降低招聘成本,而对于求职者而言,无疑降低了求职的成功率。所以,如何分析所应聘的岗位可能需要的一些关键词信息就显得很重要。有些信息是必需的,如高校名称、行业类别、特定的知识/技能(如知识管理、助理会计师、Photoshop等)。

3. 讲求诚信

不讲诚信给社会造成了很多损失,也给企业招聘造成了大量成本的浪费。确切地说,企业人事经理很讨厌应聘过程中的造假行为。有就是有,没有就是没有,即便欺骗过了第一轮,也通不过后期审查。求职者这样做会降低自己的诚信度,不但进不了公司,还浪费了大量的时间,而且这些公司之间会互通有无,以后想在这个行业找到好工作都很难了。

4. 不断更新

勤快的刷新简历至少有两个好处。一是表明你现在正在求职,而不是让人感觉你是找了很长时间工作找不到的。二是当招聘人员在搜索人才时,符合条件的简历通常都是先按刷新的时间顺序排列的,而他们一般只会看前面一两页。

很多求职者其实并不知道刷新简历可以获得更多求职机会,因此每次登录,最好都刷新简历,刷新以后,就能排在前面,更容易被找到。

　　5.简历要易读

　　招聘负责人不会有太多的时间停留在你的简历上,更重要的是,你不能让招聘经理看了你的简历后感到烦,所以让你的简历易读就显得很重要,而不是轻易地被删掉!

　　6.准备一份求职信

　　求职信集个人介绍、自我推销和下一步行动建议于一身,它总结归纳了履历表,并重点突出求职者的背景材料中与未来雇主最有关系的内容。一份好的求职信能体现你清晰的思路和良好的表达能力,也就是说,它体现了你的沟通交际能力和你的性格特征。

　　如果你想通过应聘资料使招聘单位进一步感受到你"鲜活"的形象,想让未来的雇主知道你适合这份工作的理由,你可以在应聘资料中增加一份"求职信"。

(三)网络应聘注意事项

　　针对涉世未深、急于求职的高职毕业生,网络应聘是一种便捷的求职方式,但是任何事物都有利有弊,由于网络的安全性还无法控制,个人或企业在网络上输入的信息有可能被他人窃取利用,同学们也要充分了解网络应聘的弊端,以防给自己带来麻烦甚至危害。

　　1.信息虚假

　　虚拟的网络世界给少数虚假信息提供了可乘之机,对求职者和招聘者双方来说,都存在对虚假信息的担忧。

　　2.无效信息多

　　有些网站为了提高点击率,便将一些过时的招聘信息也发布在网上,使得求职者常常看到大量过时失效信息,劳而无获。

　　3.资料泄露带来麻烦

　　不少求职者会突然接到一些自己从来没投过简历的保险公司或传销公司的电话,还有些人发现,自己用来求职的照片被放在了不法网站。

　　4.网络招聘陷阱

　　骗子惯用的伎俩通常是先在网上公布一些薪酬诱人的"招聘信息",利用求职者急于找到工作的心理,要求求职者汇款到指定的可以全国通存通兑的账号,钱一到账立刻就被取走,公安部门难以追查。近年来,北京、上海、西安一些高校的毕业生在网上求职就遇到了"雇主"以录用后需要进行职位培训,要求购买培训教材为由,被骗去钱财,而此后"雇主"就再也没有任何消息了。

小贴士

> **面对选择,我该何去何从**
>
> 　　很多时候,同学们还会遇到一个很常见的问题,如果有笔试、面试冲突,我该选择哪一个,如果我拿到了 n 个 Offer,我该选择哪一个?这时候要切记,不要跟你的同龄人探讨,或者交换意见。这是一个在经济管理学里,被我们称作机会成本的问题,当你选择了一个去向,就必然要放弃其他去向在未来将会为你带来的个人利益,这是一个利益最优化的问题。

因此，这样的选择，一定要由你自己来决定，如果你一定要参考意见，请参考你的亲属长辈的意见。我见过很多同学，就是因为其他同学的一句话，或者网上的一个帖子，毅然放弃了某个面试机会而去参加另一个，结果导致全盘皆输的结果，输了不重要，输了以后十分后悔才是最可怕的。

最后，不管你的选择是对是错，都请不要后悔，对于你它仅仅是一个选择，它错了带来的是更多的智慧和理智；它对了，恭喜你，为自己做了一次改变人生的选择。

如何签约

走到这一步的同学首先是要祝贺你的，你已经历尽千难万难，找到了适合自己的工作，或者是迫于无奈，必须要接受这样一份工作，这都不重要，因为这只是你职业生涯的一个起点，或许起点很重要，但是太多曾经的案例告诉我们，一个成功的人，他的人生转折点，通常都不是他的第一份工作。先入职，再择业，是你要记住的核心，一定要走过入职的这一步，除非你真的决定自主创业。

关于签约，其实并不难，你要确认的无非以下几点。

第一，究竟是和谁签，这是所有问题的关键所在，说到底，也就是两个选项，是和劳务公司(也就是中介)签，还是和公司签。如果和公司签，是和本部签，还是与分部，母公司，子公司，还是分支机构？一定要彻彻底底地弄清楚搞明白，不要怕问，糊涂地签了以后上当受骗才是最可怕的，你多问一句，如果真的是好公司、好企业，它不会让你因此丢了工作。

第二，究竟能否实现我要求的待遇？这主要牵涉到户口、档案、住宿这样的问题，一定要确定，"可能"这样的字眼就等于没有，或者是表现出色者提供什么什么，也相当于没有，一定要是确定的字样。

第三，如果毁约，我将承担什么样的责任？通常没有同学一签约就想毁约的，就如同没有人结婚的时候就想着离婚的。但是最后还是会有毁约的同学，这里面的原因太多了，最常见的还是自己没有彻底地了解公司性质或者工作性质，通常多见于无实习的公司，很多同学觉得能签到一份不需要实习直接上岗的工作很好，觉得这样正规、踏实。其实这样的工作也有它的弊端，因为你完全不知道你去了以后到底是干什么的，到底是什么样的工作环境。因此，了解毁约以后要承担的责任是必要的，太过苛责的责任，里面通常都有它的问题，这一点在签约的时候也是要注意的。

本 章 小 结

本章共三节，内容着重讨论了在求职信和求职简历的书写格式、主要内容以及应聘的心理准备及应聘技巧等方面的知识，希望同学们通过本章的学习，结合自己的实际情况写出自己的求职信及求职简历，并在投放过程中得到更多的面试机会，找到自己满意的工作。

(1) 应聘者的书面准备，包括求职信及求职简历的准备。

(2) 应聘者的心理准备。

(3) 应试准备(笔试、面试、网络应聘)。具体内容教材内部写得很清楚,也希望大家多通过网络了解更多的求职经验及面试经验,灵活运用本章所讲的知识,把自己成功地推销出去。

复习思考题

(1) 写一封求职信,后面附上本人简历。
(2) 应聘时除了带上求职信和简历外,还应该做些什么准备?
(3) 假如进入面试阶段了,求职者应该怎样做才能赢得用人单位的欣赏?

拓展阅读

2023届高校毕业生就业总况

1. 应届生职位增长情况

(1) 行业。能源/化工/环保应届生职位同比增长超40%,增长居行业首位。

较2022届应届生职位同比增长较明显的TOP 5一级行业为能源/化工/环保、医疗健康、汽车、机械/制造、电子/通信/半导体,其中能源/化工/环保同比增长为42.30%,增速最高。

在全世界都提倡低碳环保、致力实现碳中和碳达峰的趋势下,能源/化工/环保的重要性日益显现。在这TOP 5行业中,应届生招聘平均年薪最高的是电子/通信/半导体,为18.83万元,也领先所有一级行业。

(2) 职类。售后技术支持、科研人员、带货直播应届生职位增长均超100%。

在2023届应届生新发职位同比增长最多的三级职能TOP 20中,售后技术支持、科研人员、带货直播位居前三,增长率分别为133.75%、130.85%、104.93%。

售后技术支持在售后服务中发挥着重要作用,深刻影响着用户体验和口碑,因而需求大增。我国正从科技大国向科技强国迈进,对科研人员需求较多。当前直播和短视频成为各领域新宠,带货直播是其核心角色,备受年轻人青睐,也需要大学生的加入提升从业者的素质。

在这20个职能中,应届生招聘平均年薪最高的是科研人员,为27.11万元;位居第二、第三的为仿真工程师、半导体技术工程师,平均年薪分别为24.80万元、24.14万元。

2. 应届生城市就业分析

(1) 上海应届生职位最多,北京应届生招聘年薪以18万元居首。

从2023届应届生新发职位城市分布TOP 20来看,上海、北京、深圳、广州位居前四,占比分别为11.13%、9.00%、6.93%、5.27%。

从其招聘平均年薪来看,排名前四的是北京、上海、深圳、杭州,分别为18.30万元、17.67万元、16.86万元、15.86万元;南京位居第五,为14.27万元。这个五个城市的招聘平均年薪均高于全国应届生招聘平均年薪(13.55万元)。

(2) 投递上海的应届生最多,投递北京的应届生期望薪资最高。

在2023届应届生投递的TOP 20城市中,上海、深圳、北京、广州位居前四,占比分别为 10.20%、8.38%、8.05%、7.21%。

杭州、苏州、成都位居第五至第七。与上届应届生投递城市排名对比,2023 届投递的城市中,深圳(从第四到第二)、苏州(从第八到第六)上升了 2 个名次,名次上升最多;青岛、佛山、宁波、无锡各上升一个名次;其他城市名次不变或下降。这一定程度上表明长三角和大湾区城市对应届生的吸引力持续增强。

从投递这 20 个城市的应届生期望平均年薪来看,北京、上海、深圳、东莞最高,分别为 24.29 万元、22.45 万元、21.15 万元、20.85 万元,均高出应届生整体期望平均年薪(17.43 万元)。

(3) 投递新一线城市的应届生占比最多,超五成应届生认为新一线城市是最理想的工作城市。

从 2023 届应届生投递不同梯队的城市来看,新一线城市占比最高,为 38.54%;其次是一线城市(37.32%)。投递各梯队城市的应届生人数较上届同比增长均超 70%,排序为:三线城市及以下(88.41%)＞二线城市(87.70%)＞新一线城市(74.77%)＞一线城市(71.44%)。

针对 2023 届应届生的调研显示,53.64% 的应届生表示最理想工作城市是新一线城市,其次是一线城市(占比 24.24%)。

在选择城市时,应届生最优先考虑的前四要素有,工作机会、房价及生活成本、教育和医疗等资源、落户政策及对外地人的友好程度。新一线城市近几年迅速崛起,出台了各种优厚的招才引智政策。生活成本较低而品质较高,渐成气候的产业集群,使得新一线城市成为应届生青睐的潜力股。

资料来源:http://news.10jqka.com.cn/20230802/c649394061.shtml,2023-08-02.

实 践 课 程

训练一

5～8 人组成小组,对"该不该鼓励在校大学生创办公司"发表观点,准备 10 分钟,在讨论前,每个人自我介绍 2 分钟;之后轮流发言;最后,选出一人代表小组陈述本组观点,时间不超过 5 分钟(整个活动不超过 30 分钟)。

招聘对于每一个人来说都是很重要的,如何在短短的 30 分钟内让招聘人员了解你,沟通起了很大作用。

训练二

(1) 将学员分成几个小组,每一组负责某一个方面的问题,每个方面都需要想出 3～5 个问题。例如:

① 关于应聘者个人。你如何看待你的专业背景与这个工作的分歧之处?

② 情商。你如何处理顾客满意度与行业规则问题?

③ 价值和态度。你的处事态度是什么?你是否希望每个人都喜欢你?

④ 任务。你是否会加班工作？如果会,为什么？如果不会,为什么？

(2) 给每个小组 5 分钟时间,大家群策群力地设想在面试过程中可能会遇到的问题,并将其记录下来。

(3) 请每个小组选出他们将要提问的三个问题,这三个问题可以是任何标准(如最尖锐的或最具有挑战性的)。

(4) 挑选出 4 位志愿者,其中一位是面试考官,三位为面试者。发给三个面试者每人一张角色卡片。

(5) 现在面试官给每个应聘者 10 分钟时间来回答问题,问题可以是刚才大家提出来的,也可以是面试官认为很重要,但大家并没有提到的。大家轮流回答问题,一直到 10 分钟的时候停止。

(6) 请面试官选出他想要录取的应聘者,并陈述理由。

(7) 大家投票表决招哪个人,记录每个投票者的支持人数,并排序,注意每个人只有一次投票机会。

CHAPTER 10 第十章

跨文化沟通

🔑 学习目标

（1）了解文化的含义及差异性的表现。
（2）理解文化差异对跨文化沟通的影响因素。
（3）掌握跨文化沟通的原则和策略。

🎲 技能要求

（1）掌握跨文化沟通的基本技巧。
（2）熟悉几个主要国家的文化风俗。

文化差异对沟通的影响

飞利浦照明公司某区人力资源的一名美国籍副总裁与一位被认为具有发展潜力的中国员工交谈。他很想听听这位员工对自己今后五年的职业发展规划以及期望达到的位置。中国员工并没有正面回答问题，而是开始谈论起公司未来的发展方向、公司的晋升体系，以及目前他本人在组织中的位置等等，说了半天也没有正面回答副总裁的问题。副总裁有些疑惑不解，没等他说完已经不耐烦了。同样的事情之前已经发生了好几次。

谈话结束后，副总裁忍不住向人力资源总监抱怨道："我不过是想知道这位员工对于自己未来五年发展的打算，想要在飞利浦做到什么样的职位而已，可为什么就不能得到明确的回答呢？""这位老外总裁怎么这样咄咄逼人。"谈话中受到压力的员工也向人力资源总监诉苦。

文化差异对这次沟通产生的影响，副总裁是美国籍人，而那位员工则是中国籍。显然，对于出生于两个不同的国度的人，中美之间思维方式、生活习惯、文化背景、教育程度、文化差异等多个方面都存在着显著的差异。正是由于这些文化差异的存在，才使得双方在沟通交流的过程中产生一系列障碍。

资料来源：https://www.diyifanwen.com/fanwen/tanpanjiqiao/7451190.html，2022-08-10.

第一节 文化与文化差异

一、文化含义

所谓文化,就是一种生活方式,它是由某一群体的人们发展、共享并代代相传的。

文化由很多复杂的要素构成,它是一个社会的民族特征、价值观念、生活方式、风俗习惯、伦理道德、教育水平、语言文字、社会结构等的总和。文化主要由两部分组成:一是全体社会成员所共有的基本核心文化;二是随时间变化和外界因素影响而容易改变的社会次文化或亚文化。

人类在某种社会中生活,必然会形成某种特定的文化。不同国家、不同地区的人民,不同的社会与文化,代表着不同的生活模式。我们穿衣打扮的方式,同父母、亲戚、朋友的关系,对婚姻、工作的期望,每天吃的食物、说的话都深刻地受到文化的影响。

二、文化的差异性

不同国家,不同地区,由于自然地理状况、历史发展过程的差异,使不同国家和地区的价值观、生活习俗等表现出差异性。这些差异主要体现在以下六个方面。

(一)价值观念

价值观念是人们对社会生活中各种事物的态度、评价和看法。不同的文化背景下,人们的价值观念差别是很大的。价值观的差异表现在人们对年龄价值、时间价值、自我价值、生命价值等方面的差异。不同的价值观念在很大程度上决定着人们的思维方式、生活方式,影响着对人、对事的看法,决定着人们与人交往的范围与方式和处理问题的方式。

(二)宗教信仰

不同的宗教信仰有不同的文化倾向和戒律,从而影响人们认识事物的方式、价值观念和行为准则。据统计,全世界信奉基督教的教徒有10多亿人,信奉伊斯兰教的教徒有8亿人,印度教徒6亿人,佛教徒28亿人,泛灵论者3亿人。教徒信教不一样,信仰和禁忌也不一样。这些信仰和禁忌制约了教徒的生活方式。

(三)审美观

审美观通常指人们对事物的好坏、美丑、善恶的评价。不同的国家、民族、宗教、阶层和个人,往往因社会文化背景不同,其审美标准也不尽一致。有的以"胖"为美,有的以"瘦"为美,有的以"高"为美,有的则以"矮"为美,不一而足。

如缅甸的巴洞人以妇女长脖为美;而非洲的一些民族则以文身为美,等等。因审美观的不同而形成的消费差异更是多种多样。如在欧美,妇女结婚时喜欢穿白色的婚礼服,因为她们认为白色象征着纯洁、美丽;在我国,妇女结婚时喜欢穿红色的婚礼服,因为红色象征吉祥如意、幸福美满。又如中国妇女喜欢把装饰物品佩戴在耳朵、脖子、手指上,而印度妇女却喜欢在鼻子上、脚踝上配以各种饰物。

(四)风俗习惯

风俗习惯是指个人或集体的传统风尚、礼节、习性。它在饮食、服饰、居住、婚丧、信仰、节日、人际关系等方面,都表现出独特的心理特征、伦理道德、行为方式和生活习惯。

小贴士

> 不同的国家、不同的民族有不同的风俗习惯,它对人们的嗜好、生活模式、交往行为、消费行为等都具有重要的影响。如中国人在送礼物给对方的时候,收礼物一方一般都不会当面拆开礼物以表达对对方的尊重;而西方人则恰恰相反,他会当面拆开礼物以表达自己对礼物的喜爱。

(五)语言文字

语言文字是人类交流的工具,它是文化的核心组成部分之一。不同国家、不同民族往往都有自己独特的语言文字,即使同一国家,也可能有多种不同的语言文字,即使语言文字相同,也可能表达和交流的方式不同。一些企业由于其产品命名与产品销售地区的语言等相悖,给企业带来巨大损失。

例如,美国一家汽车公司生产了一种牌子叫"Cricket"(奎克脱)的小型汽车,这种汽车在美国很畅销,但在英国却不受欢迎。其原因就在于语言文字上的差异。"Cricket"一词有蟋蟀、板球的意思,美国人喜欢打板球,所以一提到"Cricket"就想到是蟋蟀,汽车牌子叫"Cricket",意思是个头小、跑得快,所以很受欢迎。但在英国,人们不喜欢玩板球,所以一说"Cricket"就认为是板球。人们不喜欢牌子叫板球的汽车。

(六)伦理道德

道德是调整人与人之间关系的行为规范。不同国家和地区,经济发展水平不同,习俗不同,相应的道德规范也就不同。

第二节 文化差异对跨文化沟通的影响

一、跨文化沟通的含义

所谓跨文化沟通,是指拥有不同文化背景的人们之间的沟通。从广义上讲,凡属于不同文化特征的主体之间的沟通都属于这一范畴,无论是国与国之间,还是同一国内的不同民族之间,都存在跨文化沟通的问题。但习惯上,跨文化沟通是狭义的,专指跨国沟通的行为,因为跨国沟通行为往往是敏感的,也是复杂的。

二、跨文化沟通的意义

在当前经济全球化的趋势下,越来越多的企业进入了全球化发展的阶段,其经营的环境不再是单一的本土化经营,而是多种文化主体和多种差异很大的文化环境,这就不可避免地涉及企业的跨文化管理问题。要进行成功的跨文化管理,离不开成功的跨文化沟通。企业管理人员必须面对跨文化沟通问题。

就我国而言,随着我国加入世界贸易组织,跨国经济活动日益频繁,在这个过程中所碰到的文化冲突也日益增多。目前,我国已成为仅次于美国的外商投资最多的第二大国,外商在华办企业的一个重要障碍是中外文化的差异和隔阂,而我国本土企业与外商的合作与竞争的最大障碍也是因文化差异而导致的方式和处事方法的冲突与互不理解。

文化差异增加了企业管理沟通的复杂性和难度。实践证明,要想在国际市场上占有一席之地,提高企业的国际竞争能力,具备有效的跨文化沟通的能力对每一个管理者来说都是非常必要的。

三、文化差异的影响

(一)感知差异对跨文化沟通的影响

感知是指人通过自己的感觉器官对外部世界的刺激进行选择、评价和组织的过程。影响人的感知的有生理因素、环境因素和文化因素三大类。其中,文化因素对人的感知会产生重大影响。如欧美人把干酪作为一种美食,可中国人对它的味道却感到恶心,难以入口,而欧美人对中国的臭豆腐的味道也难以接受,认为它有一种发霉的味道。这些都是因为不同的生活习惯、成长环境,造成了对事物不同的感知。

(二)思维方式差异对跨文化沟通的影响

思维方式是指人们的思维或思维程序。思维方式因人而异,来自不同文化背景的人之间,其差别是很大的。世界各种文化群体既有人类所共有的思维规律,也有在自己文化氛围中形成的具有各自特色的考虑问题、认识问题的习惯方式和方法。如中国人偏好综合思维,欧美人偏好分析思维;中国人注重"统一",欧美人注重"独立"。

在跨文化沟通中,很多人都倾向于认为对方用与自己同样的方式进行思维。正是这种错误认识,常常使跨文化沟通难以顺利进行。由一种思维方式组织起来的一系列语言信息发出后,接受者以另一种思维方式去破译或者重新组织,就可能发生歧义或误解。

(三)价值观的差异对跨文化沟通的影响

价值观是个人或社会对某种特定的行为方式或存在状态的一种判断和持久的信念。价值观具有相对稳定性或连续性,即不会每时每刻发生变化,也不会完全僵化和一成不变。价值观直接决定着人们对事物的判断,从而决定着人的行为方式。这种文化价值上的差异对管理观念起着重要的影响。

1. 年龄观念差异

在对员工年龄的看法上,不同文化背景的管理者有不同的看法。东方文化强调"尊老",认为这是一种美德,而西方文化却强调"尊重青年"。大多数亚洲国家在管理上都是尊重年长的,视年长者为知识、经验能力和权威的代表,因而在用人政策上实行传统的"论资排辈"的模式。

日本企业实行"参与管理"尽管很有特色,但真正得到参与机会的,大多数是中老年员工,企业所重视的也是老员工提交的合理化建议。对此,现代意识较强的日本青年人对企业中盛行的这种"年龄价值观"尤为不满,使日本企业历来重视"培养员工对企业的忠诚信念"管理传统产生了动摇。

2. 时间观念差异

不同文化中,人们对时间的利用差异很大。在很多国家人们不愿意让时钟控制其活动,对时间表现得相当随便,如拉美地区,人们相约迟到是常有的事。例如在巴西,你的合作伙伴可能让你等上1小时,巴西人赴约迟到是常有的事。整个拉美地区,只有圣保罗的商人最守时。墨西哥人和希腊人目前的时间观念还不强。

有趣的是,法国人要求别人赴约一定要准时,而自己却常常迟到。如果有求于法国人,自己应及时赴约;对方若迟到,不必感到意外,因为这种习惯为普通法国人广泛接受。另外应注意:在法国越有身份的人参加活动时越晚出现,以此显示其身份。

在发达国家情况就大不相同了,尤其是在大城市,人们的活动深深地受时间的影响,"时间有价"的观念深入人心;不守时被认为是不礼貌的。美国人具有强烈和坚定的"时间神圣"的观念,非常注重和计较人们对待时间的态度。

反映到管理观念上,美国首先提出了"时间就是金钱"的思想,并将"时间"列为现代企业的资源要素之一,认为在任何产品的生产和加工中,不仅消耗了人力、物力和财力,而且还消耗了时间;时间这种资源相对于其他企业资源,又具有稀缺性和不可替代性的特点。

所以,作为管理者,如果让一位美国来访者白白等上30分钟,他一定会发怒,并一走了之。这种怒气的心理动机是出于时间价值观,而东方人如果发怒的话,大多是因为礼仪的因素,认为受到了冷淡接待等。

我国员工的时间观念比较淡漠,开会迟到,工作拖拉,甚至签约还迟到。在与外商的交往中,由此带来的损失是巨大的。

小贴士

西方人的时间观

西方人的时间观和金钱观是联系在一起的,时间就是金钱的观念根深蒂固,所以它们非常珍惜时间,在生活中往往对时间都做了精心的安排和计划,并养成了按时赴约的好习惯。在西方,要拜访某人,必须事先通知或约定,并说明拜访的目的、时间和地点,经商定后方可进行。而中国人则属于多向时间习惯的国家,在时间的使用上具有很大的随意性,一般不会像西方人那样严格地按照计划进行,西方人对此往往感到不适应。

3. 自我观念差异

如何看待和认识"自我"以及"自我"相对于其他事物的重要地位,也是价值观体系的重要内容之一。

西方文化倡导竞争精神,其心理动因是出于强烈的自我意识和"自我"在价值观体系中的"中心地位",在这种以"自我为中心"观念的驱动下,西方人表现得自主独立、争强好胜,注重个性的发挥和个人利益。

而自我观念在东方传统文化中却被视为一种否定自我、主张"无我"的精神信念。在这种观念的长期统治下,就形成了一种自制的行为模式,它要求人们克制自己的个性表现,一切行为都以"从众"为判断的标准。在管理上,"无我"观念的表现处处可见。如在处世行为方面,表现为顺从、小心翼翼、决不冒尖、言谈谨慎、虚多实少、甘愿夹着尾巴做人;在价值取向上、自恃清高、重义轻利。"无我"观念一方面带来社会的祥和；而另一方面导致了不良的后果：故步自封、不求进取、不思改革，使企业失去竞争和发展的活力。

4. 成就观念差异

不同文化中成就观也是很相同的。西方文化中的成就观注重创新、注重务实、注重效率，是一种"创业"的观念；而东方文化中的成就观注重人情的表面平稳、人情和气，是一种"守业"的观念。

另外，西方的成就观较侧重个人的自我表现和个人目标与价值的自我实现；而东方的成就观侧重于集体表现和集体利益的实现。团队管理在日本的成功实施，就是东方集体成就观的很好体现。

（四）行为动机的差异对跨文化沟通的影响

行为动机取决于人的需要，不同国家的经济发展水平与文化背景不一样，人们的需求表现也不一样。按照马斯洛的需要层次理论，人们总是为满足某种需要而工作，一旦某种需要得到满足，这种需要就不再是工作的动力。因此，在贫穷的国家，企业只要能给工人们提供足够的食物和住所，他们就会努力工作；而富裕国家，也许必须强调其他需要的满足才能使工人更好地工作。

不同国家，人们对不同需要的重要性看法也不一样。如荷兰和斯堪的纳维亚半岛国家的人比美国人、奥地利人和瑞士人更看重社会需要，较少看重自我利益的实现。换句话说，在荷兰和斯堪的纳维亚利用群体激励更有效，而在美国鼓励个人工作绩效激励的措施可能更有效。具有不同行为动机的人们进行沟通，是很难接受或理解对方的思想和行为的。

（五）社会规范的差异对跨文化沟通的影响

社会规范是指人们应该做什么、不应该做什么，可以做什么、不可以做什么的规则。社会规范的具体形式主要有风俗习惯、道德规范、法律规范和宗教规范，它们是跨文化沟通中容易引起误会和冲突的重要因素。

1. 风俗习惯

风俗习惯是流行最广的社会规范，是各族人民在长期历史发展中形成的一种生活方式。它表现在饮食、服饰、节庆、婚姻、丧葬、交际礼仪等各个方面。在国际商务活动中，跨文化沟通必须了解、尊重、适应当地的风俗习惯，特别要注意其中的禁忌。

案 例

跨文化沟通的8个法则

法则1："勤拜访"与"以礼相待（酬答接待）"。

要经常到合作伙伴所在地和他们见面，当面交流积累的问题和讨论解决方法，再做一些有助关系发展的活动。

法则2："增加话语交流"与"放慢语速"。

尽量多通过打电话、视频会议、面对面谈话和当众的讲话等方式来沟通关键敏感的问题，并在关键时刻勇于发声。同时，建议与西方业务伙伴在沟通时应该"放慢语速"，为澄清要点和提问留出足够间隔时间，并且尽量使用基本和简单的英语表达。

法则3:"入乡随俗"与"给面子"。

尽可能地按照国际标准(着装、社交活动、文件和资料样式、称谓等)行事,并在拜访他国时尊重当地风俗和业务伙伴的习惯。

法则4:"老板亲做发言人"与"自带翻译"。

请公司级别最高的人员代表发言,介绍公司和陈述本方观点,而不是直接让翻译按照事先准备好的资料和PPT用英语陈述。如果老板讲话时需要翻译,则应让在场级别高、对题目熟悉、会讲英文的代表来承担。

法则5:直接说"不"与事后书面确认。

直接说"不"并有意识地在对方提出要求时暂停一下,可以做三个深呼吸来帮忙缓解紧张情绪,以有机会摆脱潜意识产生的冲动,想好之后再做是否可以的回答。

法则6:"用价值说话"与"投资关系"。

花时间了解业务伙伴的难处和痛点,用西方伙伴可以直接感受的方式告诉对方可以帮他们解决的问题和提供的方案。同时,我们建议对西方业务伙伴应该在业务开始时适当花时间"投资关系",尤其是和对方的老板和高层之间,良好的关系能让他们放心地和你沟通业务中的敏感问题。

法则7:"从相同点开始"及"拥抱多样化"。

找到共同熟悉和感兴趣的话题,比如音乐、体育人物、两个国家历史上的友好合作经历、业务上共同的竞争对手、共同想打入的行业等,而不是一开始就强调合作中的困难和分歧。

法则8:"有所不谈"与"看向一边"。

不去谈及自己没有把握、不知道是否会引起误解的话题,尤其不要谈及对方的个人问题。如果说西方国家的体育英雄一般是个好话题的话,他们的政治英雄或国际公认的反面政治人物就是需要避免的话题。如果发现对方对于话题出现"不舒服",就立即转到"安全话题"。

资料来源:https://new.qq.com/rain/a/20210423a002e600,2021-04-23.

2. 道德规范

不同文化中有共同的道德,也有不同的道德。如忠诚、不偷盗,在各国文化中都认为是道德的。但有些道德在不同国家却存在认识上的差异。如中国文化中不赡养老人是不道德的,美国文化中这种观念很淡薄;在美国,父亲请儿子帮忙干活还要付款,这在美国人看来是正常的事,在中国人看来则不成体统。

为了确保一个合同顺利执行,而付给供货人一笔钱,在美国被认为是"行贿",在某些国家这种行为并不是非法的,可能被认为是"佣金"。在美国的办公室里男女之间某些言语或相当开放的行为被认为是"性骚扰",并且是不道德的。在地中海国家的办公室里,同样的言辞或行为却并不被认为如此严重。

跨文化沟通中,由于道德规范比风俗习惯更高一个层次,因而,沟通者对道德规范上的差异更难适应。道德规范上出现的摩擦或冲突往往会造成沟通者心理上的不悦或痛苦。

3. 法律规范

法律规范差异是影响跨文化沟通的一个重要因素。在涉外经营过程中,不可避免地要遇到法律问题。有时候"法不接轨"会导致国际商务活动寸步难行。

另外,法律规范的不同也会给跨文化交流带来一定的困难。由于经济体制的不同,中国和西方国家在经济概念上往往难以相互理解。如对什么是全民所有制、专业户、联产承包责任制等经济形态常常使西方人迷惑不解,有时甚至产生误解。

4. 宗教规范

宗教规范包括信仰、宗教节日、宗教仪式、礼拜所在地点、教规、组织系统等方面。不同的宗教信仰有着不同的价值观念、行为准则和清规戒律,因而会有不同的思维方式、消费偏好、工作态度和习惯,这对跨文化沟通影响很大。

宗教规范上的冲突往往比风俗习惯更难以调和。在政教合一的国家,违犯教规常常就是违犯法律。中国人的宗教意识比较淡薄,对异文化的宗教规范往往不了解,在跨文化沟通中要格外注意,否则将会引起很大麻烦。

(六)物质文化差异对跨文化沟通的影响

物质产品是通过人们的劳动创造出来的物品,如工具、武器、器具、服装、饰物、住宅、寺庙、都市、坟墓、公园等。在它们上面凝聚着人的观念、需要和能力。不同的文化创造了各具特色的物质产品。在跨文化交流中,最容易发现的明显的文化特征,就是物质产品方面的不同,它体现在衣食住行生活的各个方面。

如在衣着上,阿拉伯人的大袍、印度妇女的面纱、日本人的和服、朝鲜妇女的长裙就代表了着衣者的文化属性。不同民族的物质文化差异对跨文化沟通会产生障碍和影响。

在与外国人的交往中,我们经常遇到这样的情况:对于中国许多传统的物件,如十八般兵器、传统的风味小吃、装饰品等,我们往往找不到合适的词来表达,因为每一种物件可能都反映了一定的文化特征,只有了解它的历史和文化背景后,才可能对它清楚地认识和准确地表达。这也增加了我们进行跨文化沟通的难度。

(七)语言差异对跨文化沟通的影响

语言是人们进行交际、沟通的工具,每个民族都有自己独特的语言及语言规则。这些往往会给跨文化沟通带来最直接、最明显的障碍。往往语言或非语言的共同点越少,沟通越困难。全球说英语的人约有 7 亿,但英国人、美国人、印度人、澳洲人等说的英语不尽相同。如美国人称戴的小圆软帽和穿皮靴分别是 bonnet 和 boot,而在英国,人们却指汽车引擎的盖子和汽车的后车厢。美国人的 scheme 是阴谋的意思,英国人却可能指一个计划。通过背单词学英语的中国人夸人聪明时常用 clever 一词,而英国人常把它用作贬义词。英国人最怕自己被别人称老,这一点与我国截然不同。我们可以说"老张""老李",倒过来称"张老""李老"更表尊敬之意,后者还特别适用于称呼德高望重的老前辈。

这一思维定式已经无数次使国人在对外交往中遇上麻烦与尴尬。譬如,曾经有一批中国留学生在英国格拉斯哥举办隆重的聚会,特别邀请了大学校长的母亲。当中方主持人特别表示感激老夫人光临晚会而提到"老太太"时,校长大人的母亲吓得脸色煞白,夺路而逃。

同一种语言因不同人群使用,沟通时会出现障碍,完全讲不同语言的人们之间沟通时要通过翻译的过程,此时就会有麻烦产生。如中国古代美女王昭君被日本人译为"昭君先生"。

非语言沟通中的误解也数不胜数。在所有的文化中,大量的沟通是通过非语言进行的。在欧洲和中东两个男人行走时手牵着手,甚至环抱着肩膀都是很平常的事。但在美国却被认为是同性恋的表现。跟美国人交往如果你不看着他的眼睛,或者让人觉得眼神游移不定,那么他就会担心:你是否不够诚实,或者生意中有诈。而跟日本人交往如果你老盯着他,他可能认为你不尊重他。在德国或澳大利亚,员工对老板说话时,从不两手插在口袋里。有趣的是,美国西南部的印第安人跟日本人有着相同的看法。

小贴士

使用外语的重要性

了解你即将去生活的国家的语言究竟有多重要,没有人能百分之百地断定。但是,在工作中,如果能使用外语,你会发现自己拥有胜过别人的本领。你能翻译信件资料,与重要的外国访客沟通交流,你一定能成为公司重要的人。

第三节 跨文化沟通的基本原则和策略

一、跨文化沟通的基本原则

上述所论述影响沟通的因素都可能成为跨文化沟通的障碍。要成为有效的跨文化沟通者,必须努力跨越这些障碍。这涉及一些跨文化沟通的原则。

(一)因地制宜原则

来自不同文化背景的沟通者,要根据当地的实际情况来制定沟通策略。对于在国外投资办厂的企业和与外方合作经营的企业,一定要针对东道国的宏观环境,考虑企业的情况和员工的接受、适应能力,因地制宜地确立适合本企业的跨文化沟通模式。

(二)平等互惠原则

管理沟通与一般的人际沟通的不同之处在于它有很强的目的性,总是为了获取一定的利益。在这个过程中,要坚持平等互惠的原则。平等互惠有利于保护各自利益,有利于沟通双方建立长期的合作关系。

(三)相互尊重原则

相互尊重是沟通过程中树立诚意和信誉的保证。相互尊重不仅要尊重彼此的人格,还要尊重彼此的文化、思想和行为表现。当然,尊重并不等于违背自己的利益,对对方的差异给予接受和采纳,对于不正确的或不合理的要坚决予以抵制。

(四)相互信任原则

相互信任是在沟通双方相互理解和相互尊重的基础上,在合作共事的过程中达到的。相互信任能促进相互学习、共同的发展。对于合资企业来说,相互信任是共同管理的重要机制。

（五）相互了解原则

跨文化沟通过程中的障碍，很多都是由于相互不了解造成的。只有相互了解才可能因地制宜、相互信任。相互了解原则还要求沟通双方敞开心扉，采取积极的姿态来促进对方了解自己。

例如，许多外方投资者不理解中方企业要设立党委。一些企业主动向外方经理介绍、说明党委的性质及工作原则，从而得到了外方的理解和支持。广州的"中国大酒店"刚成立时，外方就反对设置党组织。但经过相互了解，他们把党的干部视为"管理专家"，主动提出要加强"党团工青妇"的组织建设。

二、跨文化沟通的总体策略

（一）正视差异，求同存异

跨文化冲突是不可避免的，关键在于如何在跨文化冲突的背景下以积极的心态来寻求发展。冲突往往带给人不适的心理感觉，因此人们往往不愿正视冲突，甚至逃避冲突。其结果，不但冲突得不到解决，而且个人目标也难以实现。如果我们正视文化冲突的存在，以求同存异的理念去解决冲突问题，反而可以实现双赢。

> **小贴士**
>
> **了解自己的文化背景，有助于我们去研究别人的文化**
>
> 不同文化背景的人们在交际时，经常出现的一个现象就是套用自身所在社会的行为规范来判定对方行为的合理性，由于双方的行为规范存在差异，常常会产生误解、不快甚至更坏的结果。比如说中国人轻拍小孩子的头部表示一种友好，而在西方国家，这是一种极不尊重小孩子的做法，父母会对此非常愤怒。所以说在跨文化交际中是否能够正确地识别和运用行为规范是保证跨文化交际顺利进行的重要因素。要保障跨文化交际的顺利进行，就必须理解对方的行为规范，尤其是什么行为是被禁止的，最好的办法就是遵循入乡随俗的原则。

（二）取长补短，兼收并蓄

具有较高跨文化沟通素质的人，在跨文化沟通中，既懂得宣传自身文化的优点，又懂得赞美其他文化的优点；碰到文化差异时，既有能力设法消除文化壁垒，又能理解和尊重文化差异；既能够较好地掌握外语、了解当地的风土人情，又具有较高的跨文化沟通技能。在跨文化沟通中，最关键的是能够敏锐地意识到文化差异，并积极面对挑战和变化。

（三）兼顾多元，差别管理

在进行跨文化沟通活动中，由于文化的多元化，会导致方法和途径的多样化。随着经济全球化的加快，文化多元化现象将越来越明显。在同一企业内部，可能有来自世界各地的员工；在国际商务活动中，一个企业可能会同时与不同国家的商人打交道。在这样的背景下，差别化管理将是跨文化沟通中一个有效的途径。

差别化管理,首先要求管理者为所有不同文化背景的员工、客户、合作者提供平等的机会和公平的意愿,而不考虑他们在性别、种族、年龄和其他方面特征的差异。其次要注意遵守法律和制度,按照既定的为大家所公认的规则行事,避免因疏忽法律规定而出现投诉行为和相关损失。最后要根据工作地所处的社会主流和非主流文化的特征,考虑双方的文化偏好,选择相应的沟通方式和方法。

三、锻造跨文化沟通能力

既然跨文化沟通能力如此重要,那么公司的管理者应该如何培养这种能力呢?从世界各大公司的实践中,我们发现许多可行的方法。

(一)不同文化背景的经理人体验工作和相互学习

为了提高跨文化管理能力,许多公司将经理人派到海外工作或者学习,让他们亲身体验不同文化的冲击,或者把他们留在自己的国家,与来自不同文化背景的人相处,外加一些跨文化知识和理论的培训。

例如,日本富士通公司(Fujitsu)为了开拓国际市场,早在1975年就在美国檀香山设立培训中心,开设跨文化沟通课程,培训国际人才。现在,该公司为期四个月的跨文化管理课程(Intercultural Management Program,ICMP)除了用于培训本公司的人员,还用于其他公司和国家跨文化管理人才的培训。

韩国三星公司(Samsung)每年派出有潜力的年轻经理到其他国家学习,学习计划由学员自己安排。但是公司提出一些要求,例如学员不能坐飞机,不能住高级宾馆,除了提高语言能力外,还要深入了解所在国家的文化和风土人情等。通过这样的方法,三星公司培养了大批谙熟其他国家市场和文化的国际人才。

(二)设立全球服务项目

例如,可口可乐公司(Coca-Cola)成立"全球服务项目",这个项目由500位中高级管理人员组成,每年约有200人调动工作岗位。这些人一方面为公司的全球发展做出贡献,一方面提高自己的国际经验。这个项目的最终目的之一,是建设一个具有国际头脑的高层经理团,公司的高层管理人员将从这些人中进行选拔。

高露洁公司(Colgate-Palmolive)从1987年开始,就设立全球性强化培训项目,项目成员是美国的商学院MBA毕业生,他们至少会讲一门外语,并且在国外生活过,他们中有很大一部分是外国公民。受训者要在美国培训24个月。在每项为期三个月的培训中,他们除了学习商务和产品外,还要参加语言和跨文化知识教育。项目成员完成项目培训后,被派到世界各地担任助理产品经理。

许多著名的跨国公司都设立类似的特殊项目来培养高级国际人才,如花旗银行(Citibank)的全球管理人才项目(Global Management Associate Program)、渣打银行(Standard Chartered Bank)的国际毕业生项目(International Graduate Program)。

(三)设立企业学院

大部分跨国公司都在内部设立企业学院,培训国际人才,如摩托罗拉大学、西门子大学、海尔大学,等等。在这些企业学院中,最有名的要数通用电气公司(GE)的Crotonville

管理学院,通用电器前行政总裁 Jack Welch 每月都要花两天时间亲自到 Crotonville 给他的经理们讲课,十几年风雨无阻,Crotonville 成为通用电气全球发展的"引擎"。

本章小结

不同国家,不同地区,由于自然地理状况、历史发展过程的差异,使不同国家和地区的价值观、生活习俗等文化表现出差异性。

所谓跨文化沟通,是指拥有不同文化背景的人们之间的沟通。从广义上讲,凡属于不同文化特征的主体之间的沟通都属于这一范畴,无论是国与国之间,还是同一国内的不同民族之间,都存在跨文化沟通的问题。

跨文化沟通的原则:因地制宜原则、平等互惠原则、相互尊重原则、相互信任原则、相互了解原则。

跨文化沟通的总体策略:正视差异,求同存异;取长补短,兼收并蓄;兼顾多元,差别管理。

复习思考题

(1) 跨文化沟通的意义是什么?
(2) 缺乏跨文化沟通能力有哪些表现?
(3) 影响跨文化沟通的因素有哪些?
(4) 有效跨文化沟通的策略是什么?
(5) 如何提升自己的跨文化沟通的技能?
(6) 试述不同地域或国家的文化习惯对跨文化沟通的影响。
(7) 从跨文化沟通角度分析你如何体会"入乡随俗"的含义。

拓展阅读

"一带一路"国家是怎样过中国的端午节的

中国的端午节到了"一带一路"国家和地区,与本土文化会擦出怎样的火花?

1. 日本:端午节讲究挂"鲤帜"

端午节是日本的儿童节,又称"男孩节"、"鲤日",日本的家庭会在这天庆祝孩子的长大。这一天除了中小学举行一些儿童庆祝活动外,一般家庭仍按端午节、男孩节的习俗来过。端午节这天讲究挂"鲤帜",居民家中的院子和公共场合都会高高耸立许多鲤鱼形状的旗帜。其中,"竖鲤帜"是希望孩子像鲤鱼那样健康成长,类似于中国家长的望子成龙。在日本,包粽子不是用糯米,而是用磨碎的米粉,其粽子的形状也与中国的不同,他们习惯于包锤形粽子。

2. 越南:拴五彩丝线采草药

端午节是越南人的"正阳节",节日清晨,越南人家起床后第一件事便是在孩子的手腕、脚腕和脖子上拴上五彩丝线,等到夏季第一场大雨或第一次洗澡时才能将丝线摘下,扔到河里,寓意让河水冲走疾病。端午采药也是一项必不可少的活动,人们认为"端午草药"最为灵验,许多集市上有此药专卖摊。另外,赛龙舟、吃粽子、戴五彩线吉祥符、涂雄黄酒驱虫等活动都是越南人在端午节的庆祝方式。

3. 新加坡:"娘惹粽"热带风味

新加坡华人把家乡庆祝端午节的习俗带到了这个热带国家,由于籍贯不同,新加坡汇集了福建肉粽、广东咸水粽子、豆沙粽,还开发出肉碎冬瓜馅的热带风味"娘惹粽"。端午来临时,很多家庭都用粽子祭拜祖先和神明,再与全家分享。新加坡还会在端午节举行全国龙舟大赛,东海岸公园年年举行精彩的龙舟邀请赛,来自世界各地的龙舟队伍云集于此,一较高低。

4. 泰国:椰汁泡出绿色粽

泰国粽子以甜味为主,包粽子前,先将糯米在椰汁里浸泡,使之浸入椰味清香。粽子馅用椰子、黑豆、芋头、地瓜等做成,外形小巧精致,泰国粽子有蒸、烤两种吃法。泰国人包裹的粽子个头小如鸡蛋,因为是用绿色粽叶包裹,所以蒸熟后呈淡绿色,味道十分清香。

5. 德国:趣味龙舟赛气氛热烈

端午节举行龙舟比赛,在德国已有整整二十年的历史。龙舟活动传入德国,并在汉堡举行首届"龙舟节",后改在德国金融中心法兰克福举行并一直延续至今。按照传统,每支龙舟可容纳20人,选手允许使用自带划桨。莱茵河畔每年这天聚集很多专门来观看比赛的市民,岸边气氛非常热烈。关于粽子,德国的粽子个头较大,形状也较为多样,不仅有传统粽子形状的,还有圆形和方形。德国人喜欢吃方形的大粽子,个头是一般粽子的两倍多。

6. 美国:赛龙舟过端午,中国节日一个也不能少

由于中国及在美华人的影响力日益增大,在美国几乎所有的大城市都开始过华人的节日了,华裔的春节、元宵节、端午节、中秋节等,在美国都不落下。在波士顿儿童博物馆举行的一年一度的波士顿龙舟会,已经逐步成为美国传统的文化节日。中国龙舟赛已成了美国发展最快的流行体育娱乐项目之一。美国龙舟协会负责人透露,从旧金山、纽约到沿密西西比河周围的很多地方,都有人专门组建了龙舟队,目前共有400多支。

资料来源:https://www.bilibili.com/read/cv11714594/,2021-06-14.

实践课程

训练一

衡量一下你与部分国家人们的沟通技能

(1) 同外国人交往,有时选择合适的话题非常重要,下面哪项是正确的?
① 同英国人交往最安全的话题不是天气。
② 同法国人谈论"性"很随便。如果碰到这种情况,比较合适的处理方式是佯装听不懂。
③ 在土耳其,我们可以随便地谈论有争议的国际问题。
④ 巴西是个多民族国家,因此种族问题是个合适的话题。

(2) 许多文化中都有数字的禁忌与偏爱,下面哪一项是错误的?
① 日本人忌讳"4"和"9"。
② 英国人喜欢"7"。
③ 西欧人普遍不喜欢"13"。

④ 韩国人不忌讳"4"。

(3) 送礼是国际交往中的重要手段。但如何恰当送礼却大有学问,以下哪一项是不正确的?

① 日本人送礼盛行,但如果中方管理人员出差日本先于日本人送礼,则会令日本人感到突然,其实日本人并不指望你这么做。恰当的做法是:等日本人先送礼,之后再根据职位高低准备好不同的礼品回赠日本人。

② 沙特阿拉伯人喜欢比较贵重的礼物,他们喜欢比较谁更慷慨,他们希望对方送的礼物也很值钱。

③ 如果送给英国人的礼物太贵重,会有行贿之嫌;法国人富有审美情趣,所以唱片、艺术画册、书籍等都是受人欢迎的礼品。

④ 应邀到阿根廷人家里作客,空手上门更能体现宾主的友情。

(4) 商务活动应避开当地假期,否则会找不到沟通对象。以下哪一项是不正确的?

① 法国:圣诞节及复活节前后两周不宜造访,法国人一般在7月15日至9月15日度假。

② 巴西:狂欢节前后一周商业活动几乎完全停顿,每年12月至次年2月为当地"暑假"度假期,商务访问最好避开这两段时间。

③ 土耳其:最佳商务活动的时间为每年9月至次年5月,6—8月许多人会休假,而且一休就是一个月。

④ 南非:除了避开犹太节日外,一年四季都宜前往。

答案:(1) ② (2) ④ (3) ④ (4) ④

训练二

衡量一下你的对外沟通能力

约翰是一位60多岁的新西兰人,他对守时赴约的要求极其严格。一天有个广告代理商与他约好来谈一个广告的设计问题。由于司机不熟悉来广告公司的路线而且又遇到堵车,广告代理商迟到了半个小时。当广告代理商匆匆忙忙赶来时,约翰却没有与他谈论广告之事,反而起身离开了办公室。约翰的中国助理知道,老板平时就是这样对待约会迟到的人。但是今天这项广告的设计工作关系后面好几件工作,他虽然很生气,但是又拿老板没办法。你对这件事的看法是怎样的?

(1) 老板的助理有一定的责任,他既然知道外籍老板对时间的苛刻的要求,就应事先提醒广告代理商。这样他就会事先做好准备,即使遇到堵车这样的不可控事件,他一定会在路上进行联系,说明缘由,不至于最后闹得不欢而散。

(2) 责任主要在广告代理商对此事不够重视,准备不足。

(3) 约翰的做法不太近人情。

结果说明:选(1)得5分,选(2)得3分,选(3)得1分。

得5分说明你有良好的对外沟通技能;得3分表明你对外沟通能力还存在某些不足,需要改进;得1分表明你对外沟通能力还不尽如人意,需要全面锻炼,提高自己。

APPENDIXES 附 录

附录 1 沟通能力自我评价——协商一致（商务）

序号	问题	经常	有时	很少
1	立即就座，加以讨论			
2	尽力做出一个对大多数人都有利的决定			
3	参加讨论时，中途离开			
4	即使很费时间，也乐意帮助他人解决问题			
5	尽力去理解别人的观点			
6	常常有人带着问题来征求意见			
7	告诉别人存在什么样的问题			
8	以事实为依据，从不冒犯别人			
9	不强迫别人改变主意			
10	为了避免尴尬，回避任何可能引起争议的问题			
11	先让别人讲述自己的观点			
12	即便别人说的话带有偏见，也不提出异议			

评分标准：

1、3、7、9、10、12 题，1 分、2 分、3 分；2、4、5、6、8、11 题，3 分、2 分、1 分；32 分以上，具备很强的能力与别人协商并解决问题，但在某些方面或许还有提高的余地；26～32 分，具备一定的技能，但有待进一步提高；26 分以下，技能有待全面提高。

附录 2 沟通能力自我评价——团队里的面对面交流

序号	问题	经常	有时	很少
1	面对一些人说话时，我很紧张			
2	如果必须主持一个集体会议，我会让与会成员事先了解会议内容			
3	一些成员没有出席会议			

续表

序号	问　　题	经常	有时	很少
4	我事先准备好了会上的发言			
5	在会上,只有我一个人说话,没有人参与			
6	我分派工作之后,他们从不提问			
7	会上,我允许大家畅所欲言			
8	我允许大家讨论以澄清问题			
9	我总是会问:"大家还有什么问题吗?"			
10	我总是用同样的方式与不同的人交谈			

评分标准:

1、3、5、7、8、10题,1分、2分、3分;2、4、6、9题,3分、2分、1分;26分以上,直接交流的能力很强,但在某些方面还有提高的余地;20~26分,具备一定的技能,但有待进一步提高;20分以下,技能有待进一步提高。

附录3　沟通能力自我评价——面对面交流

序号	问　　题	经常	有时	很少
1	别人曾经误解你的意思吗?			
2	当与别人谈话时,你经常离开谈话的本意而跳到别的话题上吗?			
3	有人曾经让你进一步确认你的意思吗?			
4	你嘲笑过他人吗?			
5	你总是尽量避免与他人面对面交流吗?			
6	你总是尽量表达你的意思吗,并且以你认为是合适的方式与他人交谈吗?			
7	交谈时,你注视着对方的眼睛吗?			
8	谈话结束时,你是否询问他或她明白了你的意思吗?			
9	你总是找一个合适的时间和地点与他人交谈吗?			
10	你总是把事情的前因后果都澄清给别人吗?			
11	如果你要表达的意思很复杂,令人难以明白,你会事先考虑吗?			
12	你征求过别人的观点吗?			

评分标准:

1~5题,1分、2分、3分;6~12题,3分、2分、1分;32分以上,具有很强的与他人面对面交流的能力,但在某些方面或许还有提高的余地;26~32分,具备一定的能力,但有待提高;26分以下,技能有待全面提高。

附录4 沟通能力自我评价——提出意见，表明态度

序号	问题	经常	有时	很少
1	仅仅具体评论相关工作			
2	只是发表描述性的主观评论，而不利用具体数字进行客观评估			
3	宁愿暂时不发表意见，而等到年终总评时才进行详细讨论			
4	最后确认大家是否很好地了解了我的意见			
5	提出建议的同时，也给出批评，以便他们更快地提高			
6	意见着眼于过去的成绩，而没有放眼于未来的发展			
7	即使存在问题，也只是给出表扬意见			
8	询问别人的观点，以便我更好地提出意见			
9	仅仅告诉相关人员希望他们将来怎么做，而不经过协商讨论			
10	先询问他们如何看待自己的业绩，然后给他们提出意见			
11	很难在适当的时候给出批评性意见			
12	只要做得好，从不吝啬表扬下属			

评分标准：

2、3、6、9、11题，1分、2分、3分；1、4、5、7、8、10、12题，3分、2分、1分；32分以上，具有很强的批评指正的能力，但在某些方面或许还有提高的余地；26～32分，具备一定的技能，但有待进一步提高；26分以下，技能有待全面提高。

附录5 沟通能力自我评价——电话的运用

序号	问题	经常	有时	很少
1	铃声响过五次，拿起听筒			
2	首先报出姓名和部门，接着说："要我帮忙吗？"			
3	边听电话边看备忘录或信件，以节省时间			
4	核实一下对方当时是否方便交谈，然后再开始话题			
5	中途打断对方以尽快结束交谈			
6	不明白对方的意思时，请求再次澄清一下			
7	某个电话谈话时间很长或涉及的事情很复杂时，不能集中注意力			
8	从不记录谈话内容			
9	定期检查并更新电话录音			
10	电话结束之后，总是立刻记下具体事情			

评分标准：

1、3、5、7、8 题，1 分、2 分、3 分；2、4、6、9、10 题，3 分、2 分、1 分；26 分以上，直接交流的能力很强，但在某些方面还有提高的余地；20~26 分，具备一定的技能，但有待进一步提高；20 分以下，技能有待全面提高。

附录 6　沟通能力自我评价——书面交流

序号	问　　题	经常	有时	很少
1	即使条件允许，也尽量避免做记录			
2	经常有人不明白记录的内容，要求解释			
3	先仔细考虑，再动笔记录			
4	对所做记录，不做修改就递交上去			
5	记录中含有难以理解的术语			
6	记录内容简明扼要			
7	请同事核实一些重要内容			
8	如果能够进行语言交流，那么就避免进行书面交流			
9	他人能理解记录的内容			
10	很容易完成一份书面记录			

评分标准：

1、2、4、5、8 题，1 分、2 分、3 分；3、6、7、9、10 题，3 分、2 分、1 分；26 分以上，具备很强的写作能力，但在某些方面或许还有提高的余地；20~26 分，具备一定的技能，但有待进一步提高；20 分以下，技能有待全面提高。

附录 7　沟通能力自我评价——听的技巧

序号	问　　题	经常	有时	很少
1	听别人说话时，注视着他的眼睛			
2	通过对方的外表和讲话内容及方式来判断是否有必要继续听下去			
3	说服自己接受讲话人的观点或看法			
4	着重听取具体事例而不注意全面的陈述			
5	不但注意听取事实的陈述，而且参考事实背后别人的观点			
6	为了澄清一些问题，经常向别人提问			
7	知道别人结束一段话，才对它的发言发表看法			

续表

序号	问　题	经常	有时	很少
8	有意识地去分析别人所讲内容的逻辑性和前后一致性			
9	别人说话的时候,预测他的下一句话,一有机会就插话			
10	等到别人说完全后才发言			

评分标准:

2、4、9、10题,1分、2分、3分;1、3、5、6、7、8题,3分、2分、1分;26分以上,具备很强的倾听能力,但在某些方面或许还有提高的余地;20～26分,具备一定的技能,但有待进一步提高;20分以下,技能有待全面提高。

以上测试均有评定沟通能力是否强弱的标准,根据个人的习性和能力来判断个人沟通能力的优势和劣势,从而发扬优势,弥补不足。

附录8　沟通技能综合测试

一、沟通技能测试

评分标准:

非常不同意/不符合(1分)　　不同意/不符合(2分)

比较不同意/不符合(3分)　　比较同意/符合(4分)

同意/符合(5分)　　　　　　非常同意/符合(6分)

测试问题:

(1) 我能根据不同对象的特点提供合适的建议或指导。

(2) 当我劝告他人时,更注重帮助他们反思自身存在的问题。

(3) 当我给他人提供反馈意见,甚至逆耳的意见时,能坚持诚实的态度。

(4) 当我与他人讨论问题时,始终能就事论事,而非针对个人。

(5) 当我批评或指出他人的不足时,能以客观的标准和预先的期望为基础。

(6) 当我纠正某人的行为后,我们的关系能够得到加强。

(7) 当我与他人沟通时,我会激发出对方的自我价值和自尊意识。

(8) 即使我不赞同,我也能对他人观点表现出诚挚的兴趣。

(9) 我不会对比我权力小或拥有信息少的人表现出高人一等的姿态。

(10) 在与自己有不同观点的人讨论时,我将努力找出双方的某些共同观点。

(11) 我的反馈是明确而直接指向问题关键的,避免泛泛而谈或含糊不清。

(12) 我能以平等的方式与对方沟通,避免在交谈中让对方感到被动。

(13) 我以"我认为"而不是"他们认为"的方式表示对自己观点负责。

(14) 讨论问题时我更关注自己对问题的理解,而不是直接提建议。

(15) 我有意识地与同事和朋友进行定期或不定期的、私人会谈。

自我评价：

(1) 80~90分，你具有优秀的沟通技能。

(2) 70~79分，你略高于平均水平，有些地方需要提高。

(3) 70分以下，你需要严格训练你的沟通技巧。

二、果断程度测试

在下面每个问题后面记下0、1、2、3或者4，然后得分相加，看看你最后的分数以评价你的果断程度。

0分＝从不，1分＝很少，2分＝有时，3分＝经常，4分＝总是。

(1) 当有人对你的判断、决定、选择或者感受提出质疑时，你有没有觉得因胆怯而失语或者觉得受到了冒犯？

(2) 你会不会让人们利用你的好心，或者让你为没能帮助他们摆脱困境而觉得内疚？

(3) 你有没有因为不敢拒绝老板或同事提出的要求，从而让自己的工作陷入被动？

(4) 有没有因为朋友或者家庭的批评而不能作出自己的决定或者追求自己的梦想？

(5) 推销员有没有曾经说服过你购买其实并不需要的商品或者服务？

(6) 对你来说批评别人的行为是不是很难，哪怕对方已经严重地影响到了你？

(7) 在你生气的时候，你有没有不想告诉朋友或者家里人的心理？

(8) 你在面对一群人或者一对一交谈时，有没有难以表达自己想法的情况？

(9) 在吃饭或购物时，你有没有遇到糟糕的服务，但却不愿意向主管投诉的情况？

(10) 在交谈中，你是不是几乎一言不发，你觉得这样才不会因为说错话而冒犯对方？

评分标准：

0~10分，你的果断技巧非常出色。你是个充满信心的人，知道如何在要求交谈技巧的谈话中坚持自我立场。

11~16分，你的果断技巧很好。多数情况下你能够忠实于自己，但是你仍然会让自己在压力更大的情况下受别人的摆布。

17~25分，你的果断技巧还可以。你一般情况下会说出自己的想法，但是经常会在交谈结束后回想自己应该说的话。

26~34分，你的果断技巧需要更多的练习。你没有为自己充分考虑。人们知道如果他们对你的催逼时间足够长、力度足够强，你就会屈服并做他们想让你做的事情。你需要运用坚持的力量。

35~40分，你需要学习基本的果断技巧。人们把你看作可以呼来喝去的小人物，总会占你的便宜，其原因就是你放任他们这样做了。你要以成为果断沟通者为目标，让他们改变对你的看法。

(资料来源：唐·加博尔.5分钟和陌生人成为朋友Ⅱ：101个瞬间化解尴尬的沟通技巧[M].何云，译.北京：中华工商联合出版社，2012.)

三、同理心测试

对现有的沟通方式进行仔细反思是提高你沟通能力的一种途径。每一个"了解你自己"知识框都会为你提供一些自测量表,帮助你更好地了解自己现在的沟通方式。阅读下面的句子,看看它们在哪种程度上符合你自身的情况,评分的标度分别从1分(一点也不符合)~7分(非常符合)。

(1) 在一群人中看见一个非常孤独的人时,我会感到不好受。
(2) 如果周围的人很紧张,我也会随之变得紧张起来。
(3) 我会深刻体会朋友的烦恼。
(4) 有时候,我会对情歌里的歌词颇有感触。
(5) 我的情绪很容易受到周围人的影响。
(6) 看见别人哭,我会很难受。
(7) 看见别人受到虐待,我会义愤填膺。
(8) 如果周围的人很抑郁的话,我很难做到泰然处之。
(9) 看到动物遭受痛苦的时候,我会感到很难过。
(10) 看到那些无助的长者时,我会感很不好受。

完成自测题以后,算算自己的得分。

得分如果在10~25分,则说明你仍需要继续培养自己的同理心。

得分如果在25~55分,则说明你已经具有一定同理心了,你对他人的情感有比较好的理解能力。

得分如果在55分以上,则说明你已经具备十足的同理心了,这一种能力在人际沟通方面对你而言大有裨益。

(资料来源:科里·弗洛伊德. 沟通的力量:成功人际交往12法[M]. 李育辉,译. 北京:机械工业出版社,2011.)

四、自尊程度测试

你对下面陈述的是否同意呢?请根据你的实际情况,按照1~7分的计分方法,给每个陈述打一个分数。分数越高,代表你越赞同该陈述的说法。

(1) 总的来说,我对自己很满意。
(2) 多数情况下,我认为自己是一个好人。
(3) 我认为自己有很多优良的品质。
(4) 我做事可以做得和大多数人一样好。
(5) 我觉得自己有很多值得自豪的地方。
(6) 我从来都不会感到一无是处。
(7) 我认为自己是个有价值的人,至少与别人不相上下。
(8) 我很尊重自己。
(9) 总的来说,我认为自己是一个成功者。
(10) 我对自己持乐观的态度。

当你完成量表以后,把分数加起来看看总分是多少。你的得分应该在10~70分,这个得分反映了你的自尊水平。

如果你的得分在10~30分,则说明你是一个低自尊的人。

如果你的得分在 31～50 分,则说明你拥有中等的自尊水平。

如果你的得分在 51～70 分,则说明你是一个高自尊的人。

(资料来源:科里·弗洛伊德. 沟通的力量:成功人际交往 12 法[M]. 李育辉,译. 北京:机械工业出版社,2011.)

五、宽容度测试

请对下列问题作出"是"或"否"的选择。

(1) 有很多人总是故意跟我过不去。

(2) 碰到熟人,当我向他打招呼而他视若无睹时,最令我难堪。

(3) 我讨厌和整天沉默寡言的人一起生活、工作。

(4) 有的人哗众取宠,说些浅薄无聊的笑话,居然能博得很多人的喝彩。

(5) 生活中充满庸俗趣味的人比比皆是。

(6) 和目中无人的人一起共事真是一种痛苦。

(7) 有很多人自己不怎么样却总是喜欢嘲讽他人。

(8) 我不能理解为什么自以为是的人总能得到领导的重用。

(9) 有的人笨头笨脑,反应迟钝,真让人窝火。

(10) 我不能忍受上课时老师为迁就差生而把讲课的速度放慢。

(11) 有不少人明明方法不对,还非要别人按着他的意见行事。

(12) 和事事争强好胜的人待在一起使我感到紧张。

(13) 我不喜欢独断专行的领导。

(14) 有的人成天牢骚满腹,而我觉得这种处境全是他们自己造成的。

(15) 和怨天尤人的人打交道使自己的生活也变得灰暗。

(16) 有不少人总喜欢对别人的工作百般挑剔,而不顾及别人的情绪。

(17) 当我辛辛苦苦做完一件工作却得不到别人的认可和赞赏时,我会大发雷霆。

(18) 有些蛮横无理的人常常事事畅通无阻,这真令我看不惯。

每题答"是"记 1 分,答"否"记 0 分。各题得分相加,统计总分。

13～18 分,说明你需要在生活中加强自己的灵活性,培养宽容精神。

7～12 分,表明你具有常人的心态,尽管时时碰到难相处的人,有时也会被他们的态度所激怒,但总的来说尚能容忍。

0～6 分,说明外界的纷繁复杂很难左右你平和的心态。

参 考 文 献

[1] 郭台鸿. 高效沟通24法则[M]. 北京：清华大学出版社，2009.
[2] 陈乾文. 别说你懂职场礼仪[M]. 上海：龙门书局，2010.
[3] 刘墉. 创造双赢的沟通[M]. 北京：文化文艺出版社，2011.
[4] 苏珊娜·杰纳兹，等. 组织中的人际沟通技巧[M]. 时启亮，孙相云，译. 北京：中国人民大学出版社，2011.
[5] 约瑟夫·格雷尼，科里·帕特森，等. 关键对话[M]. 毕崇毅，等译. 北京：机械工业出版，2012.
[6] 杨连顺. 职场人际关系与沟通技巧[M]. 天津：天津大学出版社，2012.
[7] 麻友平. 人际沟通艺术[M]. 北京：人民邮电出版社，2012.
[8] 李家龙. 沟通谈判与社交礼仪[M]. 北京：清华大学出版社，2013.
[9] 玛丽·蒙特. 管理沟通指南：有效商务写作与演讲[M]. 北京：清华大学出版社，2014.
[10] 艾里斯·瓦尔纳，琳达·比默. 跨文化沟通[M]. 5版. 大连：东北财经大学出版社，2014.
[11] 张岩松，孟顺英. 人际沟通艺术[M]. 北京：清华大学出版社，2015.
[12] 卢冬明. 大学生人际关系与沟通能力培养[M]. 北京：北京理工大学出版社，2016.
[13] 徐珍. 商务礼仪与沟通技巧[M]. 北京：电子工业出版社，2016.
[14] 宋卫泽. 职场沟通与写作训练教程[M]. 北京：机械工业出版社，2016.
[15] 刘平青. 管理沟通——复杂职场的巧技能[M]. 北京：电子工业出版社，2016.
[16] 李林峰. 所谓大格局就是知取舍[M]. 北京：台海出版社，2017.
[17] 约翰·斯图尔特. 沟通之桥：人际传播经典读本[M]. 王怡红，陈方明，译. 10版. 北京：北京大学出版社，2017.
[18] 钱静. 跟谁都能交朋友[M]. 北京：中国工商联合出版社，2017.
[19] 闫秀荣，杨秀丽. 现代社交礼仪[M]. 3版. 北京：人民邮电出版社，2018.
[20] 范晓莹. 人际沟通与交流[M]. 2版. 北京：清华大学出版社，2019.
[21] 陈建伟，刘艳华. 沟通的艺术＋沟通心理学[M]. 北京：中华工商联合出版社，2019.
[22] 樊登. 可复制的沟通力[M]. 北京：中信出版社，2020.
[23] 张零. 极简沟通[M]. 北京：中国纺织出版社有限公司，2021.